古代千島列島ルートについて考える

旧石器時代のホモ・サピエンスも通った北海道とカムチャッカ半島を結ぶルート

大谷 和男
Kazuo Otani

風詠社

▲摩周岳が隣に飛んで行ったという爺爺岳（1996 年）

▲サハリンから見た利尻島（2016 年）

▲摩周岳と藻琴山（2021 年）

▲根室納沙布岬から見た爺爺岳と羅臼山（2022 年）

▲オロロンラインから見た利尻岳（2023 年

コズレフスク付近の蛇行する川（1994 年）

▲ペトロパブロフスク太平洋海岸（1994 年）

◀クリュチェフスカヤ
（1994 年）

阿頼度山から見た幌筵島、
占守島は雲で見えず（2004 年）

▲阿頼度島海岸から見た幌筵島（2004 年）

▲左から千倉岳、後鏃岳、志林規島（2004 年）

▲国後島太平洋海岸（1996 年）

▲国後島太平洋海岸の立岩（1996 年）

▲遺跡も多い国後島太平洋海岸を歩く（1996 年）

▲セベロクリーリスク（2004 年）

▲ラッコと占守島（2004 年）

▲占守島片岡湾（2004 年 8 月）

▲幌筵島から見た占守島（2004 年）

▲別所二郎藏の『わが北千島記』から
郡司ヶ丘の写真

▼幌筵島柏原湾、兜山と占守島占守崎方面（2004 年）

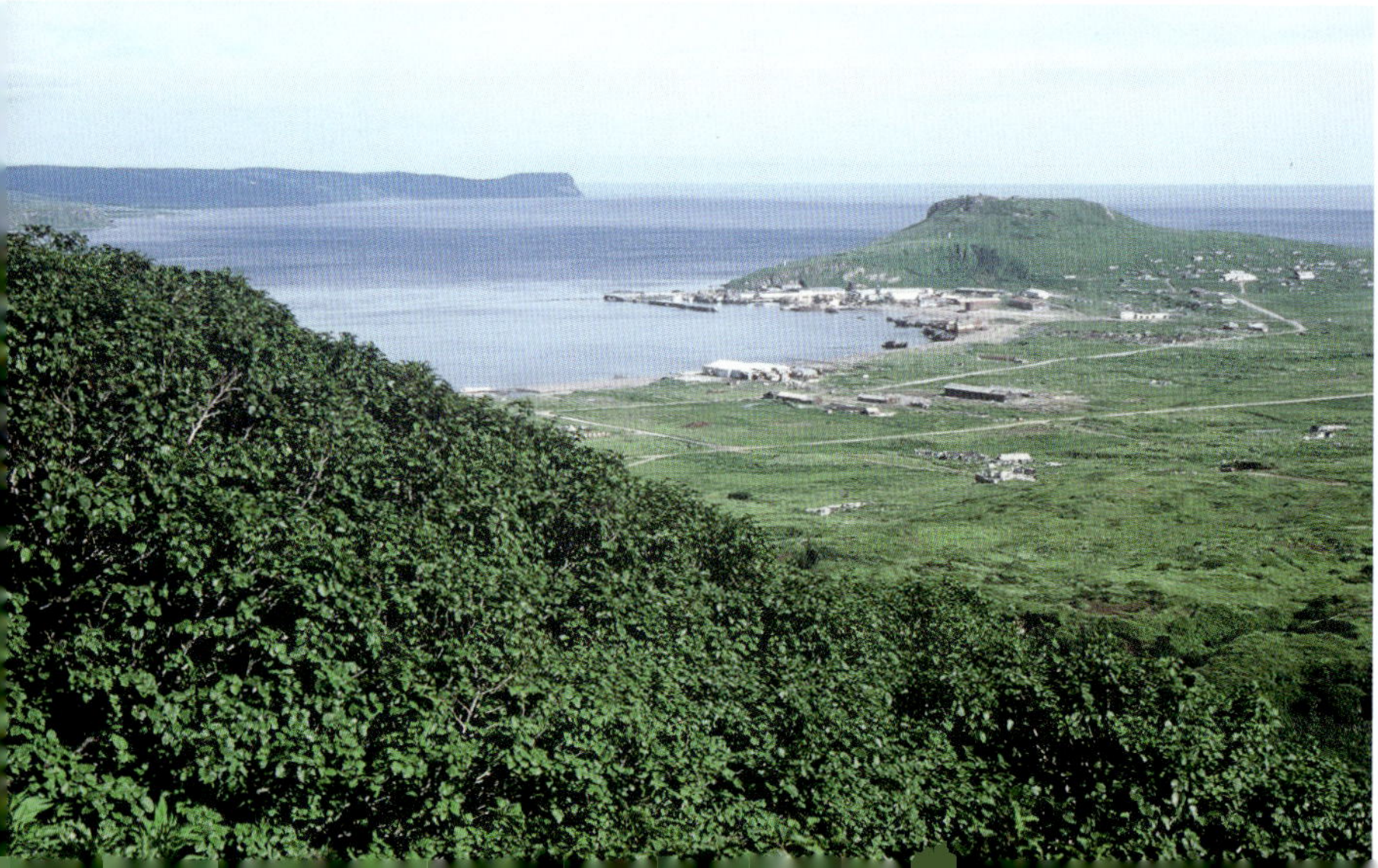

はじめに

西側にノトロ（ノテト）岬を従えるシレトコ岬の配置を「シレトコ岬の法則」と定義したが、その3つのシレトコ岬の東に目を向けるとオホーツク海が広がり、中シレトコ岬を頂点として北シレトコ岬と北海道のシレトコ岬に線を結ぶと平べったい二等辺三角形となり、その東側には神秘的な千島列島が広がる。

なぜ神秘的かというと、千島列島は調査が十分に行われたとは言えず、謎の部分が多いからである。今現在、不幸なことに日本人がとても入れない地域となってしまったこともあり、新しい発見の情報も入り難い状況だと思う。現時点では先人たちが発見したものを1つ1つ確認していくしかないであろう。旧石器時代は、カムチャッカ半島のウシュキ遺跡と道南の知内・湯の里遺跡や今金・ピリカ遺跡の墓から共通の副葬品（北海道にはない材質の小玉、おそらく大陸由来）が出土していることから、大陸からカムチャッカ半島、千島列島を通って道南まで人が到達している可能性がある。これは旧石器時代は知床半島と国後島が陸続きで繋がっていたとはいえ、シレトコ岬が大地の終焉ではなく文化の入り口だったことを示す例とも言えるかもしれない。また、北海道に人が入ってきたルートとしての可能性もある。サハリンルート以外に千島列島ルートもあったのではないかということである。

縄文時代も、特に中部〜北千島での遺物の発見が少なく、実際の人の動きが分からない。北千島ではオホーツク人が来た痕跡、アイヌの痕跡は残っているが、オホーツク文化時代とアイヌの時代の間がどうだったのかもよく分からない。

　アイヌの痕跡としては、カムチャッカ半島南部までアイヌ語地名が残っているというのが決定的である。ロパトカ岬は、アイヌ語のTapere（肩甲骨）をロシア語に訳したもので、元を辿るとアイヌ語に行き着く。またロシア人は千島列島を見たときにたばこの煙をいっぱい吐いているように見えたという。「クリル」の由来（たばこを吸う：クルーチェкурить→クリール）という説があるが、どうやら違うらしい。クリルは南カムチャッカの部族の呼称であり、これはアイヌ語起源で「人々」「部族」が原義らしい。クリル人（アイヌ）の呼称クシン（クジン）がコサックたちによってクKuril（クリル）に変えられたという。

　北千島は南千島からもサハリンからもかなり遠い。サハリン・北知床岬から占守島までは約900km、サハリン・中知床岬から占守島までは1100kmを超え、北海道・知床岬から占守島までも約1100km離れている。

　もしこれから何か新しい事実が見つかるとすれば、ロシア国内で未発表のものとかサハリンの博物館（千島列島はサハリン州に属する）の学芸員が調査した未発表のものなどがあるかもしれないが、その情報を得るのは現状簡単ではないだろう。そう思うとアイヌに伝わる伝説を読み解いていく必要もあるのではないかと思う。多分に想像が含まれるものになるが、それは仕方のない部分もある。

　実は、筆者は南千島は国後島、択捉島に、北千島は阿頼度島、幌筵島、占守島（片岡湾の船着き場）に行ったことがある。ただ山登りに行っただけだが、現地を実際に見ているので想像するには有利ではないかと思い、その想像を進めてみたいとも思った。

私が北千島へ行ったのは2004年8月だが、そのときの記録を読み返してみると、登山終了後に幌筵島のセベロクリーリスクを離れる直前にセベロクリーリスクの博物館に行っている。全く忘れてしまっていたが、石器を見て北海道由来かカムチャッカ由来かという議論をしていた。

現在の千島列島は根室から知床半島にかけての陸地から眺めるしかない。あるいは羅臼でホエールウォッチングの船に乗れば、もう少し近くから見ることができる。但し南部の国後島、歯舞諸島の一部のみである。私は2022年夏に知床へは何度も行き国後島を眺めた。8月には羅臼のホエールウォッチング船に乗り込み、やや近くから国後島を眺めた。また9月の1ヶ月間は根室に住み、毎日のように納沙布岬に日の出を見に行って歯舞諸島や国後島を眺めた。納沙布岬から見ると、国後島の泊山の右肩の奥に知床岳が見え、知床半島と国後島の間に国境があるという現実が信じられない感覚となる。

11万年前頃の屈斜路カルデラ形成の火山活動の頃、知床半島基部は国後島と陸続きになっており、1万年前頃の縄文早期が始まるあたりまで陸続きが続いていて、マンモスの通り道にもなっている。人も通っていたのであろう。1万年前頃、この辺りが再び海となって北海道の知床岬が出来た。

知床岬はいつから「シレトコ（シリ・エトコ shir-etok）」と呼ばれるようになったのであろうか。私は縄文時代の前の旧石器時代からアイヌ語を使う人達が住んでいたと考えているが、シレトコという言葉はいつ出来たのかは分からない。標津で発見された最も古い土器は1万年前のものだが、それは知床半島と国後島の間が再び海となった頃である。国後島が北海道から離れていくのを見ていた人は何を感じたのであろうか。シレトコは「モシリ・パ（国の・頭）」とも言われていたことを考えると、国後島が北海道から離れてからシレトコと呼ばれるようになったのであろう。また、「シリ（地の）・エトコ

（突出部）」の「シリ」とは、山あるいは島をあらわすときにも使われ、遠くに望むものを指すときの意味もあるが、それが合っている気がする。景色が望めるのは網走から湧別辺りまでのオホーツク海側である。とりわけ知床岬と対になる能取岬からの景色はぴったりである。この視点に立つと知床岬が誕生する前からシレトコと呼ばれていたかもしれない。

知床岬の東側に広がる千島列島はとても長い列島で、北千島と南千島ではかなり異なる世界が広がる。この長い千島列島をオホーツク人やアイヌはなぜ北上していったのか？旧石器時代からアイヌの時代までの千島列島ルートについて考えてみたい。

筆者は若い頃、山登りが目的で北千島やカムチャッカ半島まで行ったが、北千島にまた呼び寄せられた気がする。勿論機会があればもう一度行きたいが、行けなくてももう一度北千島を思い出して考えてくれと。

目次

装幀　2DAY

Ⅰ．旧石器時代の千島列島

1．旧石器時代から人の通り道（知内町湯の里遺跡、今金町ピリカ遺跡とカムチャッカ半島のウシュキ遺跡との関係）

（1）きっかけは知内町郷土資料館での展示

旧石器時代の千島列島が人の通り道だったのではないかという疑問を持ったのは、知内町郷土資料館で見た次の内容の展示だった。

北島三郎の出身地でもある知内町では、旧石器時代の墓や縄文時代のストーンサークルなど多数の遺跡が発見されている。また、アイヌと倭人との戦いの館もあったところでもある。青函トンネルの工事でも随分発見されたらしい。

・後期旧石器時代最末期（2万年前）の墓から、垂飾・小玉などの装飾具や石器類が出土した。

・墓（長径1・1m、短径0・9mの楕円形）は、床面に赤色土壌が散布され、そのわきにカンラン岩製垂飾1点、小玉3点、琥珀製垂飾1点のほかに頁岩製の石刃核4点、石刃1点、細石刃2点、剥片2点が置かれ

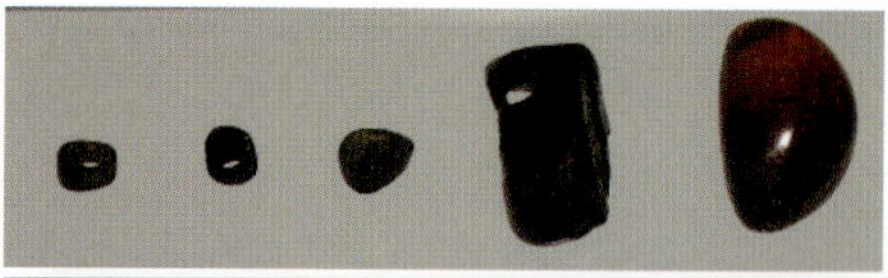

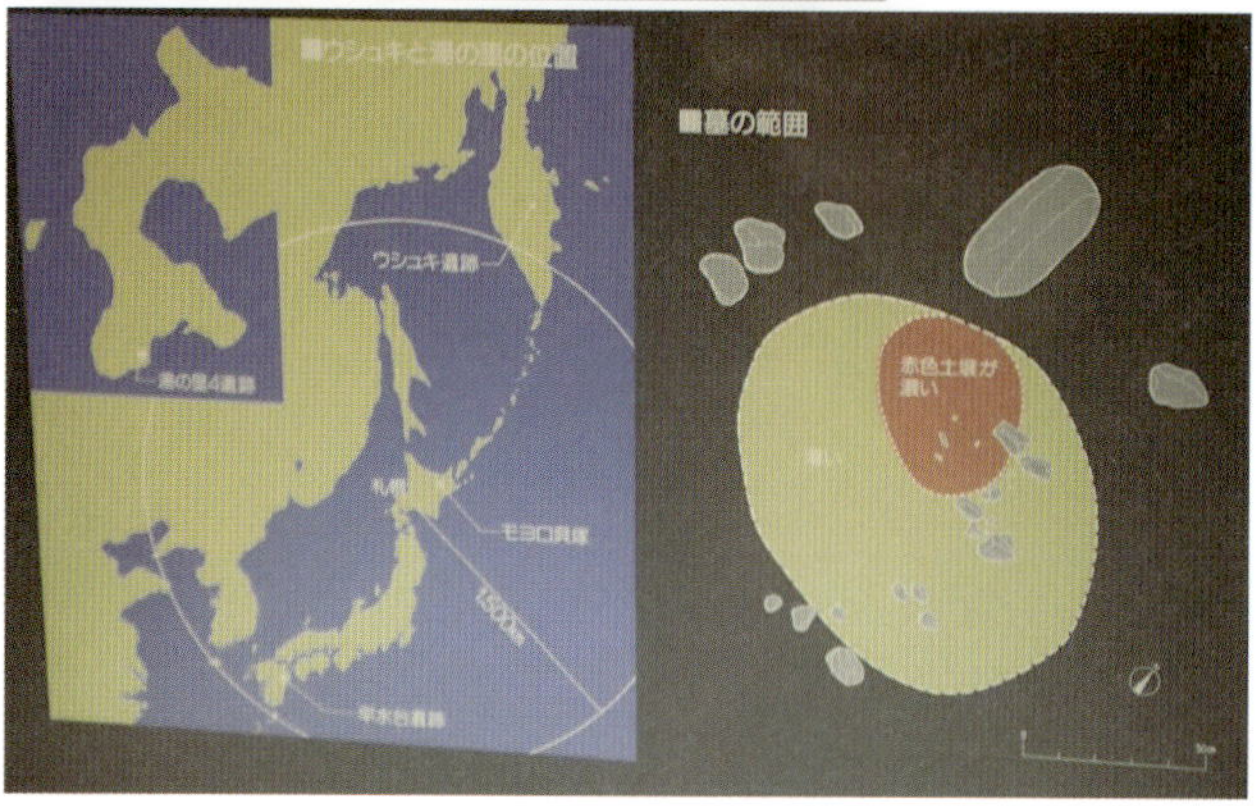

ていた。

・石製と琥珀製の装身具は日本で最も古い装飾品であり、墓に埋葬された人の副葬品である。このような副葬品が伴う例は、カムチャッカ半島のウシュキ遺跡の墓がある。

・装身具の原材料は日本原産のものではない。旧石器時代から人と物資は動いていた。

・装身具や石器などの副葬品は、当時の人々の生活や文化を知るための貴重な資料であり、わが国の墓制の起源を縄文時代から旧石器時代に遡ることなど、学術的にもきわめて価値が高いことから、1991年6月国の重要文化財に指定された。

(2) ピリカ旧石器文化館でも同様の副葬品の展示あり

知内町と同様の展示が今金町ピリカ旧石器文化館にもあった。ピリカ旧石器文化館でのピリカ遺跡の説明は次の通りである。

・興味深いこととして、ピリカ遺跡で発見された7点の装飾品の内3点は知内町で発見されたものと区別ができないほどよく似ていて、国内産のものではないことが確認されているという。

・ピリカ遺跡は旧石器時代のもの。ダム建設時に必要だった粘土を探すために試し掘りをしたところ、石器が発見された。

・約2万5千年前〜1万5千年前まで、細石刃が主な狩猟具として使われた。陸続きだった大陸からマンモス等を追ってきた人々が

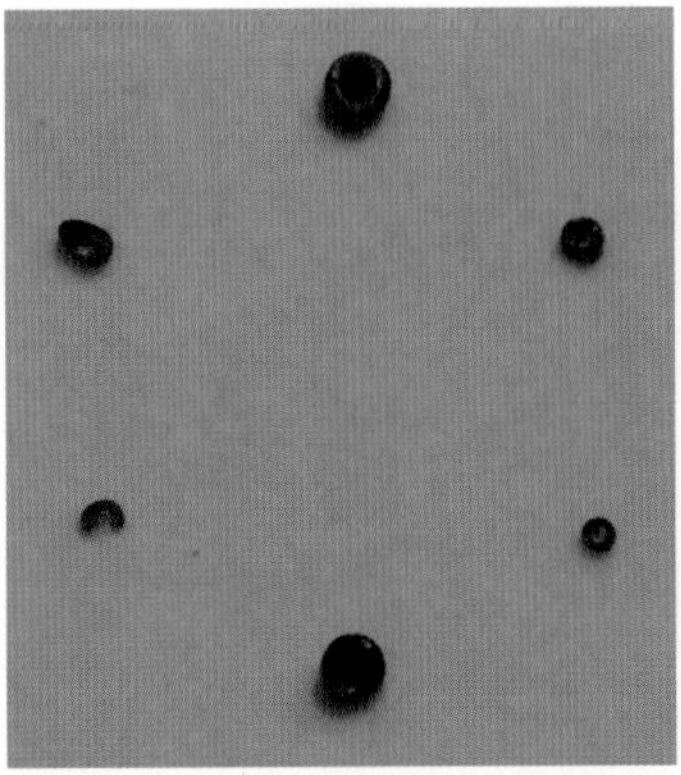

生活していた。ピリカ遺跡もその1つ。シベリアにその系統を辿ることができる。

・ピリカ遺跡の土中の花粉分析では、現在のサハリン北部やシベリア地方に相当する気候であったことが分かった。北緯49度のポロナイスク位。現在の今金町の平均気温と比べると7～8℃低く、年間降水量は6割程度。

・ある程度の期間は定住していたらしい。石器作りの大拠点だったという見方もある。

・道南は頁岩が多いが、ここの石器は頁岩が85％でメノウが13％。黒曜石は僅かだが赤井川産が多く白滝や置戸産も僅かにある。

・縄文人はここには住んでない。食料の問題か。

(3) 知内町郷土資料館の学芸員の話

・旧石器時代の墓から発見された副葬品には、今金のピリカ遺跡で発見されたものと同じものがあり、同時期に発見された。

・カムチャッカのウシュキ遺跡は墓の形が同じ。副葬品については分からない。（但し説明文には「こ

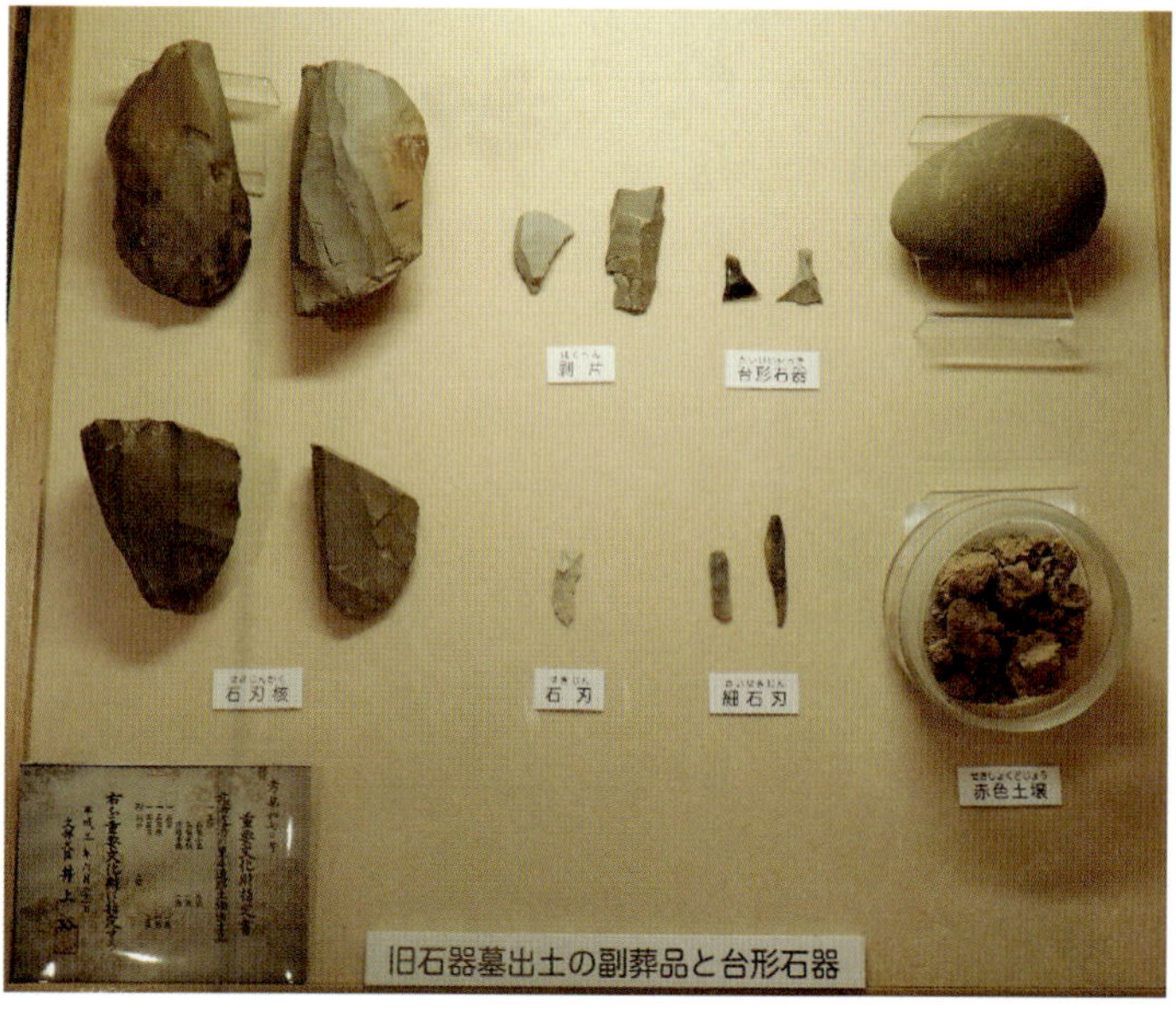

旧石器墓出土の副葬品と台形石器

のような副葬品がともなう例としてカムチャッカ半島のウシュキ遺跡の墓があります」とはっきり書かれている。この部分については現在の学芸員はよく知らないらしい。）
・同様の遺跡は最近千歳でも見つかっていて、2万年前との分析結果が出された。
・旧石器人のルートはサハリン経由ばかりではなく、千島列島経由も考えてよい。
・台形様石器*も重要で、これは本州由来とも考えられる。
・また沖縄で古い墓が発見され、ここが最古の墓とは言い難くなった。

＊台形様石器は、始良Tn火山灰（あいら-たんざわ／ティーエヌ-かざんばい、約2万9千年前〜2万6千年前に、九州のシラスを形成した始良カルデラの巨大噴火で噴出した九州から関東に広がる大量の火山灰）以前の石器で関東から関西に分布している。

（4）今金町ピリカ旧石器文化館の学芸員の話

・知内、ピリカ遺跡、カムチャッカ半島のウシュキ遺跡から同様の石製の小玉が発見されているが、この学芸員はカムチャッカについては知らないとのことだった。
・知内の湯の里遺跡で石製小玉が発見された時期と、ここで発見された時期はほぼ同じ。
・石製小玉が北海道産ではないことは、北大の分析で明らかになった。但し、最近日高で同じ成分の岩脈が見つかったらしいが色が全く違う。おそらく大陸由来と考えられる。
・頁岩は黒曜石より硬く加工しにくい。メノウもとても硬く加工しにくい。白滝の学芸員と一緒に石器を作る作業を札幌でやったことがあるが、頁岩と黒曜石を入れ替えたら白滝の学芸員は頁岩で石器が作れなかった。それだけ頁岩は硬く石器を作り難いということ。

・頁岩は川で採ったもの。石器を作る道具として鹿の角が有用なのは、黒曜石でも頁岩でも同じ。

・名寄の博物館で見たロシアの研究機関が出した2人がかりでの石器を作る構図は正しい。テコの原理を利用している。特に大きい石器は1人では難しい。

・旧石器人は定住してないといいながら、数ヶ月は留まっていたのではないか。ここも石器製作場所の規模が大きい。

・石器の完成品はどこへ行ってしまったか分からない。特に頁岩は分析が難しい。

・石器は交易品になっていた可能性はある。ここにも黒曜石が来ている。

・旧石器人にとって、頁岩と黒曜石はどのような位置付けだったのであろうか？　黒曜石が非在地石材ということになれば黒曜石の方が貴重な存在だったのではないか。

・旧石器人は尾根を歩いていた。海岸は歩いてない。

（5）千島列島の旧石器時代の遺跡、遺物

川上淳の『千島通史の研究』[1)]には表1に示す遺跡や遺物が示されており、次に示すような記述がある。

北千島では占守島片岡、占守島別飛沼岸から表1に示す石器が出土している（サローヴァ、1976）。報告者のサローヴァは、これらは日本の不二山・権現山・早水台・岩宿Iなどの石器群と類似している

表1　千島列島で確認されている旧石器時代の遺跡、遺物

<table>
<tr><td>1. 占守島片岡（コーズイレフスク）</td><td rowspan="2">チョッピング・トゥール、チョッパーが出土（類似石器がカムチャッカ南端のロパトカⅣ遺跡で確認）</td></tr>
<tr><td>2. 占守島別飛沼（ボリショエ湖）岸</td></tr>
<tr><td>3. 択捉島オーリャⅠ遺跡</td><td>有舌尖頭器、掻器</td></tr>
<tr><td>4. 国後島古釜布</td><td>有舌尖頭器</td></tr>
</table>

＊礫器（pebble tool）：最も原始的な石器の１つ。**＊チョッパー**（chopper）：礫の一部に片面から数回の打撃によって打ち欠いて刃をつけた石器。片刃の礫器とも呼ばれる。刃の断面の角度は 20° − 30° くらいが多い。**＊チョッピング・トゥール**（chopping tool）：礫の一部に両面から交互に打撃を加えて、表面を剥離させジグザグ状の刃をつけた石器。**＊尖頭器**（point）：先端を鋭く尖らせた石器。槍先に付けたと考えられる。細長く鋭く尖る形のものが典型的だが、それ以外にも多くの種類の尖頭器がある。石槍ともいう。

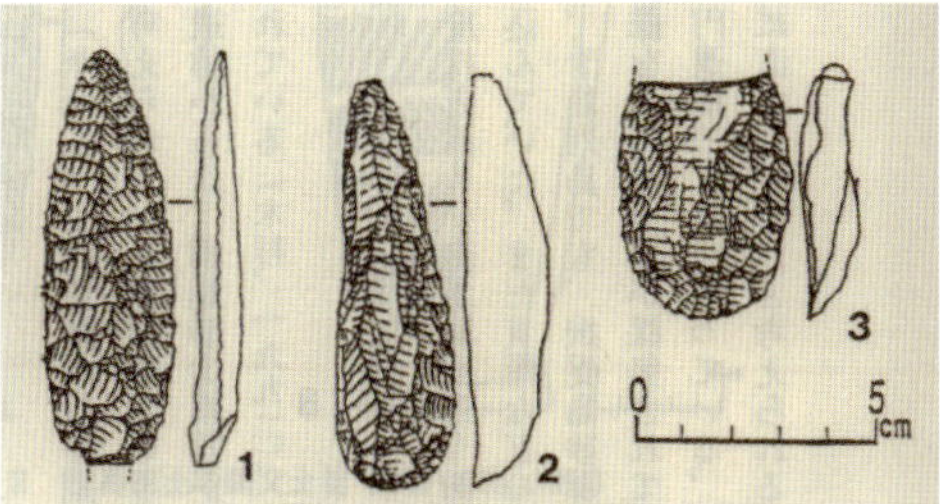

図1―1　択捉島〔オーリャⅠ〕遺跡出土の旧石器
（野村・杉浦、1995）

出典：『千島通史の研究』P.19 より

と指摘したが、菊池俊彦は「北海道・東北地方にそうした礫器は発見されておらず、これが日本の旧石器に結びつく可能性はあり得そうにない」（菊池俊彦、１９８６）と関係性を否定し、これと類似した石器はカムチャッカ半島南端のロパトカⅣ遺跡で確認されており、コルィマ川流域のシベルジク遺跡の資料に類することから、占守島の２ヶ所の遺跡から出土した石器はカムチャッカから占守島に南下したと推定している。杉浦重信氏は「これらの前期旧石器的な形態を示す石器群が真に古いステージの所産であるかについては今後の検討課題」（杉浦、１９９５）としている。

南千島では、択捉島オーリャⅠ遺跡から確実な旧石器が発見されている（ポロコーフィエフ、１９８４）。

立川ポイントと称される有舌尖頭器とそれに伴う掻器であるという。国後島古釜布では戦前の表採資料に有舌尖頭器がある（加藤、１９７９）。

これらの結果から、占守島にはカムチャッカからの旧石器人が足跡を残し、南千島では国後島と択捉島までこの占守島と別個の旧石器人が北海道から移動したと考えられているようである。ロシアでも同様に考えられているようだが、「占守島、国後島、択捉島においては、今までのところ旧石器時代の石器がほんの僅かしか発見されていないという事実である」（ヴィソーコフ他、２０００）と叙述されている。

以上が『千島通史の研究』に記載されている内容だが、「占守島ではカムチャッカから旧石器人が足跡を残し、南千島には北海道から別の旧石器人が移動したと考えられている」としている点は違う気がする。旧石器人の活動範囲はかなり広かったはずである。「今までのところ旧石器時代の石器がほんの僅かしか発見されていない」という事実があっても、本州由来の石器が少なくとも択捉島まで来ているとすれば、占守島まで来ていたとしても全く不思議ではない。真実はもっと驚くべきことが起きていたような気がする。

⑹ ロシア側の研究成果

（財）北海道北方博物館交流協会の会誌『北方博物館交流28号』[2)]によると、次の興味深い点が報告されている。

ロシアの研究者（ヴァシリエフスキー・A・アレクサンドル、グリシェンコ・A・ヴィアチェスラブ）より「互いに遠く離れた領域間における石材交換の存在が、更新世後期～完新世初頭（著者注・旧石器時代～縄文時代早期）の極東島嶼・半島世界―北海道・本州・サハリン・モネロン島・礼文島・利尻島・クリール列島・カムチャッカーの考古学における顕著な現象となる」とされている。また「サハリン島の遺跡群から出土した黒曜石製人工遺物に対するこれまでの自然科学分析によれば、北海道の原産地（置戸・白滝（赤石沢・幌加沢）・白滝（幌加沢・八号沢・あじさい滝））は、古代サハリン居住者にとっての黒曜石産出地の役割を、まさに担っていた」とあり、サハリン中部の工房遺跡についても言及されている。

また、サハリン州立郷土誌博物館歴史部門の主任のオーリガ・A・シュービナ氏によると「V・O・シューービンの実施した考古学的調査のうち最も重要なものは列島の最も僻遠で近づき難い部分で行われた。一九七二年、占守島で旧石器時代の型式に属する礫器を伴う遺跡が発見された」とある。さらに「既存の資料が証明しているのは、クリール列島の島々に旧石器、早期・中期・後期新石器、初期金属器及び鉄器の各時代の遺跡が存在し、新しい時代については集落跡も存在するということである。これらの考古学遺跡のうち発掘調査が行われたのはごく一部に過ぎない。大多数の古代遺跡は今後の調査を待っている」と述べている。

縄文晩期以降の「2750年前～700年前の時期については、島々への居住が予想以上に積極的に行われた状況が顕著である。続縄文及びオホーツク文化期の集落跡がクリール列島全域にわたって確認された。クリールの居住には空白の時期があり、なぜこの時期に関係した考古遺物がないのかという問題がある」とも言っている。

（7）まとめ

旧石器時代のウシュキ遺跡の墓について筆者自身は十分に調べ切れてないが、知内町郷土資料館の記述等を信じると、どうやら知内町湯の里遺跡、今金町ピリカ遺跡と関係があることは確かなようである。知内町と今金町で発見された小玉は同一産地でありそれは大陸らしい。旧石器時代に千島列島を通り道に北から来たものである可能性がある。

また、知内町で発見されている台形様石器が示唆することは、本州から旧石器人が来た可能性があるということである。旧石器時代の北海道は、マンモスを追ってきた旧石器人の世界というイメージが強いが、マンモスハンターだけの動きではなかったのであろう。南から北上してきた人もいた。占守島で発見された石器は、菊池氏に否定されたらしいが報告者が日本の不二山・権現山・早水台・岩宿Ⅰなどの石器群と類似していると指摘した点も興味深い。不二山・権現山・岩宿Ⅰは岩宿周辺である。２万５千年前にサハリンルートで北海道に人が入ってくる前の３万年前以前に本州に入った人が北千島まで移動した可能性もあるのではないか。おそらく旧石器人の動きは広範囲に活発で、我々現代人からは想像できない世界だったのではないか。

さらに北海道、サハリン、千島列島、カムチャッカという広範囲で石材交換が存在していたという興味深い報告が、ロシア研究者からなされている。古サハリン／北海道／クリール列島（Paleo-SHK）と呼ばれる半島があった頃から、北方だけでも広範囲にわたって石材交換が行われていたということが事実であれば、その行動範囲の広さは驚くべきものである。

『千島通史の研究』に記載されている消極的な内容は信じられない気がする。確かに南千島は北海道との関わりが深く、北千島はカムチャッカと関係が深かったことは事実と思われるが、旧石器人の動きはそんなものでは済まされないはずである。かなり広範囲に動いていたとしか思えない。

ピリカ遺跡はサハリン経由で入ってきた細石刃を作る旧石器人達だが、北海道には本州で見られるナイフ形石器を作る人達も入っている。その両者の関係がどうだったのか聞いてみたいと思い、再度ピリカ遺跡のピリカ旧石器文化館を訪れた。しかし、この日は学芸員が不在で話は聞けなかった。よく見るとパネルに「どんな関係にあったのかはいまだよくわかっていません」という答えが書かれていた。

細石刃石器群の流れ
細石刃石器群
マンモスゾウ
ステップバイソン
オーロックス
ナイフ形石器
ナイフ形石器の流れ
大陸から北海道、そしてピリカへ
道内には250ヶ所以上《いじょう》の細石刃石器群《ぐん》が確認《かくにん》されており、約2万5千年前から1万5千年前まで細石刃が主な狩猟具として使われ続《つづ》けました。
この細石刃を携《たずさ》えた人々は、大陸からマンモス動物群を追って、陸続きとなっていたこの大地へたどり着いた人々と考えられます。ピリカ遺跡《いせき》もその一つで、シベリアにその系統《けいとう》をたどることができます。
細石刃石器群とは別に、道内各地《かくち》には不定形剥片《ふていけいはくへん》や台形様石器、ナイフ形石器などを主とする石器群がありますが、これらを残《のこ》した人々と細石刃を携えた人々とがどんな関係《かんけい》にあったのかはいまだよくわかっていません。

パネルに記されている本州由来と考えられるナイフ形石器は、上ノ国採集、今金町神丘2遺跡、長万部町オバルベツ2遺跡のものだが、知内町も台形様石器が出土している。

前述の択捉島オーリャI遺跡で発見された有舌尖頭器の立川ポイントとは蘭越町立川遺跡のことで、ここでは有舌尖頭器と細石刃が発見されている。[3] ここも北から南下してきた人と本州から北上した人の接点だったのかもしれない。出会った人たちは喧嘩をしたのか握手をしたのか?

そこで、まずそもそも日本列島に、北海道にどこからどのような人達が入ってきたのか、ということろから考えて行きたい。

2. そもそも日本列島に人はいつどこから来たのか

ピリカ遺跡の資料館の人類の動きの説明を引用すると次のようになる。ホモ・サピエンスは20万年前頃にアフリカで生まれ、5~6万年前にユーラシア大陸に進出し、やがて世界各地へ拡散していった。日本列島には3万8千年前頃に南方から、2万5千年前頃に北方から入ってきたと考えられている。

このように人類となるとホモ・サピエンス以降の話になってしまうが、実は人類はホモ・サピエンス以前にもいた。人類が出現してから現生人類までの流れは次のようなものである。[4]

〈人類の出現~現生人類〉

・人類の出現:700万年前のアフリカ。猿人・原人。

・前期旧石器時代：原人・旧人。
・中期旧石器時代：旧人（ネアンデルタール等）、早期現生人類、ムステリアン（25～4万年前）。早期現生人類の一時的出アフリカ：レヴァント（12～9万年前）。
・後期旧石器時代：現生人類（約25万年前～現在）。第2次出アフリカ：6～5万年前、現生人類型行動の本格的な現生人類の世界拡散。
・石器を使い始めるのは、330万年前～220万年前。石器が出てから土器が出るまでが旧石器時代。旧石器時代は3段階（前期、中期、後期）ある。
・現生人類は、30～20万年前にアフリカに出現。10～6万年前以降に出アフリカ、世界中に拡散。
・6～5万年前にホモ・サピエンスがアフリカ大陸を飛び出した。3万8千年前に日本に到達。3万5千年前には武蔵台などの都内最古級の遺跡が残される。
・日本列島の4万年～3万5千年前以降の遺跡数の爆発的増加は、現生人類の拡散と関連したもの。
・日本列島へのルートは、①北回り：古サハリン・北海道・千島半島経由（サハリンから北海道、南ク

リルまでが1つの半島)、②西回り：陸化していた黄海、朝鮮半島を経由して対馬海峡を渡る（韓国・中国に3万年前以前の遺跡が沢山ある)、③南回り：琉球列島を経由（海洋渡航、石器が出土する遺跡生活痕を示す遺跡は見つかってない、人骨は発見されている）の3ルート。

2－1．ホモ・サピエンスより前の人類

(1) アジアのデニソワ人

ホモ・サピエンスの前の時代は、ヨーロッパの大草原地帯ではネアンデルタール人が歩き回り、デニソワ人はアジア中に広がっていた。インドネシアには小型の人類ホビットが、アフリカには他に少なくとも3種のヒト族が存在していた。日本人はネアンデルタール人とデニソワ人の両方に由来するDNAを持っているという。

デニソワ人とは（ウィキペディアより抜粋）

デニソワ人（デニソワじん、Denisova hominin）は、前期・中期旧石器時代にアジア全域に分布していた旧人類の絶滅種、または亜種である。（中略）2008年にアルタイ山脈のシベリア・デニソワ洞窟から出土した女性の指の骨から抽出したミトコンドリアDNA（mtDNA）に基づいて、2010年にデニソワ人の個体が初めて特定された。核DNAからはネアンデルタール人との近親性が示されている。この洞窟には定期的にネアンデルタール人も住んでいたが、ネアンデルタール

人とデニソワ人が同居したことがあるかどうかは不明である。デニソワ洞窟の標本は、その後、中国のチベット高原にあるバイシヤ・カルスト洞窟の標本と同様に、追加で同定された。DNAの証拠から、彼らは黒い肌、目、髪を持ち、ネアンデルタール人のような体格と顔立ちをしていたことがわかった。しかし、彼らはより大きな大臼歯を持っており、中期更新世から後期更新世にかけての古人やアウストラロピテクスを思わせる。

デニソワ人は現代人と交配したとされ、その割合はメラネシア人、オーストラリアのアボリジニ、フィリピンのネグリトに最も多く（およそ5％）見られる。この分布は、ユーラシア、フィリピン、ニューギニア、オーストラリアにデニソワ人の集団がいたことを示唆しているが、これは未確認である。現代人への遺伝子移入はニューギニアで3万年前に起こった可能性があり、もしそれが正しければ、この集団は1万4500年前まで存続していたことになるかもしれない。また、アルタイに住むネアンデルタール人との交雑の証拠もあり、デニソワ洞窟のデニソワ人ゲノムの約17％は彼らに由来するものである。デニソワ人の父とネアンデルタール人の母を持つ「デニー」というニックネームの一代雑種が発見された。さらに、デニスバン・ゲノムの4％は、100万年以上前に現代人と分岐した未知の古人種に由来するものである。

（2） 日本にもデニソワ人がいた？ 野尻湖人とは誰か？

日本列島の最初の人類はホモ・サピエンスという前提でここまで展開してきたが、気になる存在が野尻湖人である。野尻湖ナウマンゾウ博物館へ行きズバリ聴いてみることにした。

〈野尻湖ナウマンゾウ博物館へのヒアリング内容〉

館内はナウマンゾウに関する展示が多く、野尻湖人がいつまで遡るかについては、はっきりとした記載はなく4万年程度だった。博物館にヒアリングした内容は次の通り。

・最も古い野尻湖人の痕跡は何年前になるか、ずばり聞いてみた。すると学芸員（近藤館長？）からは5万4千年前という答えが返ってきた。そこから色々な話が聞けた。

・年代は各地層を^{14}Cで調べていて正しいと思っている。ここは黒姫山など周囲の噴火で地層がはっきりしているので分かりやすい。

・人為的と思われる骨器は5万4千年前まで遡る。骨器は割口が鋭く不自然に思えた。骨器は自然に出来たものではないと思われるので、その証拠を探している。

・まだ証明はできてないが、もし正しいとすると3万8千年前に日本列島に来たホモ・サピエンス以前のヒトがいたということになる。

・3万8千年前にホモ・サピエンスが日本列島に来たというのは正しいと思うが、ホモ・サピエンスでないヒトは、アジアまで来ていたホモ・サピエンスとの混血の人種が考えられる。

・骨器は他ではなかなか見つからない。ここの骨器はたまたま自然に出来たものという考えも頭から否定せず、野尻湖人はいなかったという結果になってもよいと思っている。しかし、骨器が自然現象で出来たことを証明するのも難しいと思う。

・出てくる骨で多いのは大型獣が多く、野尻湖人はなぜナウマンゾウやオオツノジカなどの大型の獣ばかり狙っていたのかも不思議である。

〈野尻湖ナウマンゾウ博物館の展示より〉

(年表)

・石器は3万8千年前頃からになっているが、これはホモ・サピエンスによるものであろう。ホモ・サピエンスの前にいた野尻湖人(デニソワ人?)の最も古い骨器は、5万4千年前ということになる。

・骨製尖頭器、骨製ナイフ、骨製スクレイパー、ナタ状骨器、二次加工のある骨製剥片、骨製基部加工剥片の展示があった。確かにこれが自然に出来たものとは思えない。

(骨器製作場所があった?)

・野尻湖人は骨器製作工房のようなものも持っていたらしい。キル・サイトで解体後の骨を使って骨器が作製されたことが確認できたと新聞記事には書かれている。

・4組の接合からは、3組が骨器の製造工程を示すものという。

・まだ証拠は見つかってないというが、どう見ても人為的なものと言えるのではないか。

(大型動物の移動)

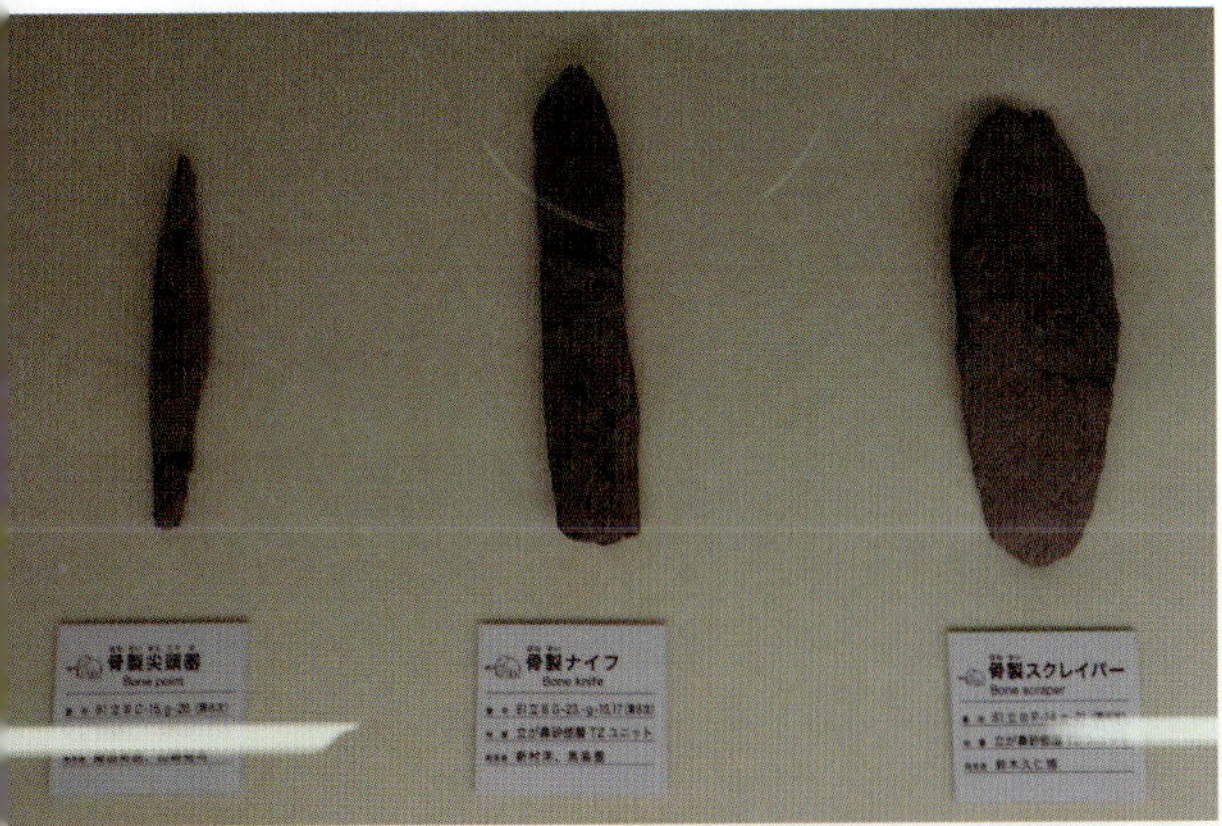

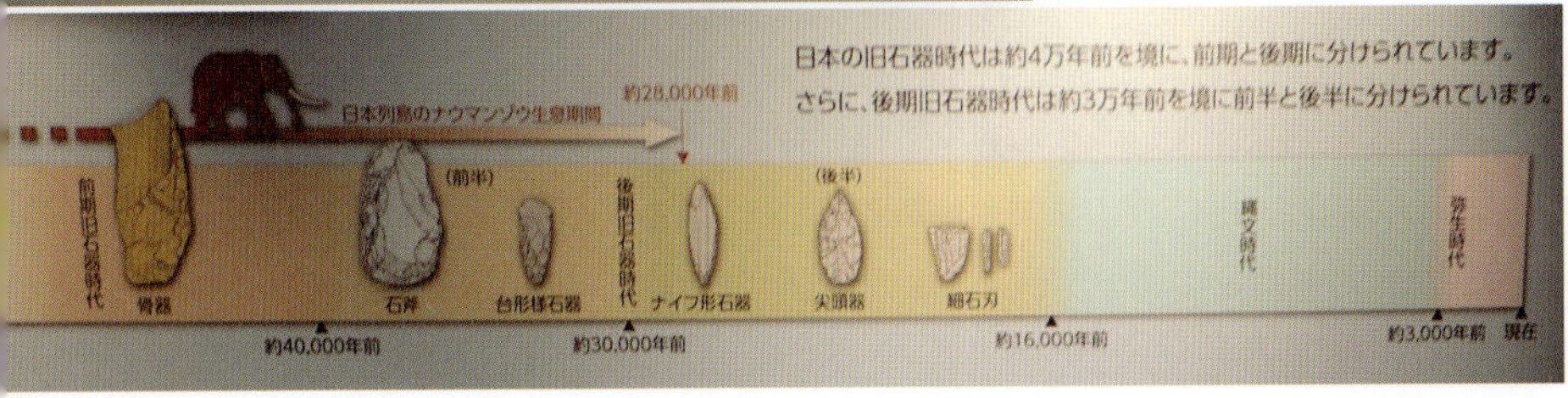

・日本列島と大陸が陸続きになった氷期にナウマンゾウやオオツノジカ、ヘラジカなどが日本列島にやってきた。

・野尻湖にナウマンゾウがいた6万年前〜3万8千年前の時代は、氷河時代であり旧石器時代だった。

（狩り）

・野尻湖人は湖に水を求めにやってくるナウマンゾウやオオツノジカを待ち伏せして罠にかけたり、湖に追い込んだりして集団で狩りをしていたと考えられている。

・ゾウを倒した場所で、石器や骨器を使ってゾウを解体してキャンプに運んでいた。肉、血液、内臓、骨ずいは食用にし、皮、脂肪、骨は食用以外に使用した。

・ナウマンゾウを解体した場所は、キル・サイトで、ナウマンゾウの骨の化石近くからは狩りに使った道具も見つかっている。

・ナウマンゾウの時代にいた動物としては、サル・ウサギ・イヌの仲間、ウシ・シカの仲間、ネズミ・モグラの仲間で、この時代に

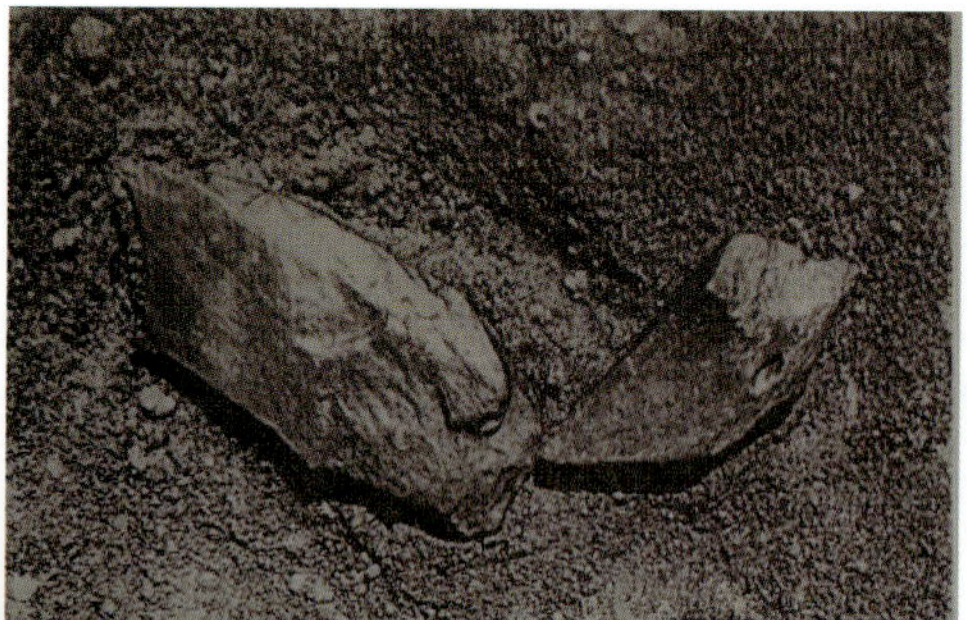

▲第115図　骨製のクリーバーの出土状況　（野尻湖発掘調査団）

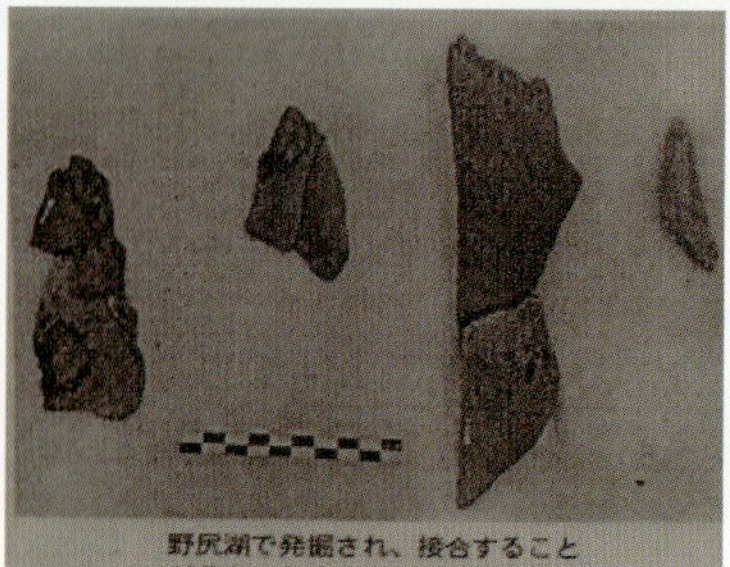

ナウマンゾウの骨など10点
4組の接合だった
野尻湖　骨器製作場所と確認

野尻湖で発掘され、接合することが分かったナウマンゾウの骨器

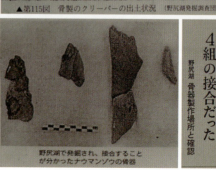

は本州にもヒグマがいた。

（3万8千年以降は石器の時代）

・ここは石材の産地も近い。上質の黒曜石の産地の和田峠・霧ヶ峰も近い。これ以降、どこかでデニソワ人からホモ・サピエンスに変わっていったということか。

・斧形石器と砥石については興味深い事実がある。鶴田[5)]によると、旧石器時代の斧形石器は全国で800点以上出土しており、その多くは磨製石器（局部磨製石器、刃部磨製石器と呼ばれることもある）。そのうち、日向林B遺跡（3万6千年～3万2千年前）を含む野尻湖遺跡群で239点出土していて、全国の約1／3が野尻湖遺跡群から出土している。旧石器時代の砥石も野尻湖遺跡群から多く出土している。磨製石器と砥石の多くが野尻湖遺跡群に集中している理由は解明されてない。ホモ・サピエンスが入ってくる前にデニソワ人がいたとすれば、その影響ということは考えられないか。

（まとめ）

・日本列島に初めて来た人はホモ・サピエンスで

はないかもしれない。デニソワ人（あるいはそのような人）かもしれないということを考えさせられた。

・デニソワ人がナウマンゾウやオオツノジカ等の大型獣類を中心に狩りの対象としていたとするとネアンデルタール人と似たところがあるのか。

・3万8千年前に来たホモ・サピエンスは祖アイヌを話していたと私は考えているが、もしホモ・サピエンスの前にデニソワ人が来ていたとしたら、デニソワ人はどういう言葉を使っていたのか？ 興味深い。

・またデニソワ人が野尻湖人だったとしたら、当然野尻湖以外にもいたであろう。野尻湖以外でも骨器等の遺物・痕跡が見つかればより確かなものになるであろう。岩手県花泉遺跡でウシの肋骨を割った2片が一体化したという骨器の例はあるが、約2万年前でホモ・サピエンスの時代である。

・最初の野尻湖人はデニソワ人だったとすると、どこかでホモ・サピエンスに変わって行ったはずである。それはいつでどのように変わっていったのであろうか。

・考えるといくつも疑問が湧いてくるが、ホモ・サピエンスより前に人はいたようである。3万8千年前に来たホモ・サピエンスに滅ぼされた？ とすれば、それはどのようなものだったのであろうか。今後の新たな発見に期待したい。

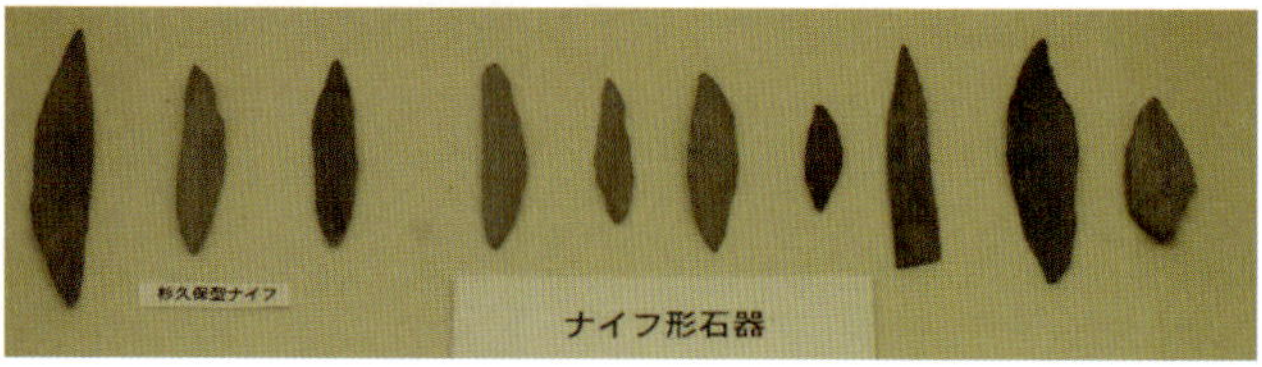

2-2. ホモ・サピエンス

(1) ユヴァル・ノア・ハラリの『サピエンス全史』[6)]が示唆するサピエンス

ここで、ホモ・サピエンスについて確認してみたい。世界的ベストセラーの本だが、『サピエンス全史』には重要なことが書かれている。実際に読んでみると、納得すると同時に愕然とさせられる。要点は次の3点だが、ホモ・サピエンスだけが認知革命で虚構を語る能力を身につけた点がポイントと思われる。

①認知革命：「虚構」、すなわち架空の事物を語る能力を身につけたことで、サピエンスは大規模な協力体制を築き、急速に変化する環境に対応できるようになった。

②農業革命：一般的な農耕民はむしろ狩猟採集民よりも苦労することになったが、これによって爆発的な人口増加がもたらされた。

③普遍的な秩序：なり得るのは「貨幣」「帝国」「宗教」の3つ。

ポイントとなる認知革命とは次のように説明されている（著者要約）。

〈認知革命〉

現生人類、すなわちホモ・サピエンスは、15万年前には東アフリカで暮らしはじめていた。約10万年前にはネアンデルタール人に勝てなかったが、7万年ほど前には東アフリカからそれ以外の場所に進出して他の人類種を絶滅に追いやった。

その理由について、ほとんどの研究者は、ホモ・サピエンスの認知的能力に起こった革命の産物だと考えている。ネアンデルタール人を絶滅させ4万5千年前にはオーストラリア大陸に移り住んでいった。これを「認知革命」と呼ぶ。たまたまホモ・サピエンスの遺伝子の突然変異が起こり、脳内の配線が変わりそれまでにない形で考えたり、まったく新しい種類の言語を使って意思疎通したりすることが可能になった（知恵の木の突然変異）。その原因は定かではないが、これにより私たちは「虚構」、すなわち架空の事物について語れるという、他のどんな動物ももっていない能力を獲得した。そしてそれがホモ・サピエンスを特別な存在に押しあげることとなった。

ところが、オーストラリアへ行ったホモ・サピエンスは、ただ適応しただけでなく、この大陸の生態系をまるっきり変えてしまった。ホモ・サピエンスは食物連鎖の頂点に立ち、地球で最も危険な種になった。

もしホモ・サピエンスとネアンデルタール人が一対一で戦ったら、ホモ・サピエンスはネアンデルタール人に勝つことはできなかったであろう。だが大規模の争いになったら話は別で、勝つのは確実にホモ・サピエンスだったはずだ。なぜならネアンデルタール人は虚構をつくる力をもっていなかったため、大人数が効果的に協力できず、急速に変化していく問題に社会的行動を適応させることもできなかったからである。

虚構の例としては、人間どうしの大規模な協力は神話にもとづいているため、別の神話にすげ替えることによって、人々の協力の仕方を変更することも可能で、うまく条件が整えば、神話はあっという間に現実を変えてしまう。1789年、フランスの人々はほぼ一夜にして王権神授説という神話を信じることをやめ、国民主権の神話を信じはじめた。そしてそれに合わせて、社会体制という現実も大きくその姿を変えた。

突然変異とはいえホモ・サピエンスは地球にとって何と恐ろしい現生人類になってしまったか。ネアンデルタール人やデニソワ人のDNAが現代人のDNAに残っているらしいが、彼らは認知革命を起こしたホモ・サピエンスに絶滅に追いやられたらしい。

認知革命を起こしたホモ・サピエンスが3万8千年前に日本列島に入ってきた。もしデニソワ人が日本列島にいたとすれば、ホモ・サピエンスがネアンデルタール人を絶滅させたように日本でもデニソワ人を絶滅させたであろう。日本人にはネアンデルタール人とデニソワ人のDNAが残っている。

認知革命までは全ての人類種の行為は生物学の範囲であり、認知革命後のホモ・サピエンスが発明した想像上の現実の計り知れない多様性は文化と呼ぶものの主要な構成要素で、文化は変化と発展を続け、それが歴史ということになるらしい。我々が人類と呼んでいるのは、認知革命後のホモ・サピエンスを指している。日本列島に3万8千年前に来たホモ・サピエンスは認知革命を終えた人類ということで、日本列島でも虚構を作り続けて歴史を作ってきたと言える。

例えば、日本でも交易は少なくとも縄文時代のかなり古い時代から行われていたことが分かっているが、交易を行う動物はホモ・サピエンスしかいないということで、交易ネットワーク全ては虚構に基づいていたということである。

また、私たちの現在の社会的特徴や心理的特徴の多くは農耕以前の狩猟採集の長い時代に形成されたとも説いている。しかしこの時代の考古学的証拠は主に骨の化石と石器からなり、石器時代とはいうが古代の狩猟採集民が使った道具の大半は木で出来ているはずなので、木器時代と呼ぶべきとも言っている。

多くの学者は、古代の狩猟採集民は一般にアニミズム（あらゆる場所や動植物、自然現象には意思と感情があり人間と思いを通わせられるという信念）が信じられていたと考えているらしいが、証拠も少なく古代の狩猟採集民の宗教については曖昧極まりない認識しか持ってないことを正直に認めたほうがいいだろうとも著者のハラリは述べているが、確かにこの部分は想像が入りすぎると思う。縄文時代の祭祀が行われた場所や道具類も多く見つかっているが、縄文人の宗教はそれらから想像するしかないことは確かである。縄文時代と言えば、縄文土器そのものも虚構の世界なのであろう。

一方、認知革命を遂げたホモ・サピエンスは地球にとっては破壊者の道を進んでいるようである。認知革命後は何も変化は起きないのか？ これは仕方がないことなのか？ 他の天体でも同じようなことが起きているのか？

（2）日本に来たホモ・サピエンス（後期旧石器時代）

日本列島にホモ・サピエンスが最初に入ってきたのは3万8千年前と言われている。認知革命を終えた人達である。

また、瀬川拓郎は著書の『アイヌと縄文』[7)]の中で、最初に日本列島に来た人は、ヨーロッパ人とアジア人に分かれる前のクロマニヨン人の特徴を引き継いだ人だったとする説[3)]を紹介している。次の通りである。

〈形質人類学の視点での考察（百々幸雄、山口敏、鈴木尚等の指摘）『アイヌと縄文』〉

・遺伝的多様性の分布図では、東アジア人、韓国人、現代の本土人、琉球人、アイヌの順に離れていく。ヨーロッパ人と混血したウイグル人やヤクート人のまとまりとは反対の方向である。

・本土人は弥生時代以降、大陸から渡来してきた東アジア人と縄文人が混血した人々で、朝鮮半島の人々と近縁ということになるが、縄文人特有の遺伝的要素も色濃く認められる。琉球人は本土人より縄文的要素が高く、アイヌはそれが非常に高い。

・形質人類学では、アイヌと縄文人は「出アフリカ」を果たした現生人類がヨーロッパ人とアジア人に分化する前の状態を保っている（現生人類の中では古層に属する＝縄文人は人種の孤島）。旧石器時代に一気に東の果ての日本列島まで来てしまった人達が縄文時代までそのまま続き、それがアイヌに繋がったらしい。

・旧人のネアンデルタール人の後に出現した化石現生人類のクロマニヨン人と縄文人は類似している。縄文人はクロマニヨン人の特徴を受け継いでいる。コーカソイド（ヨーロッパ系）となる。日本列島に人が入ったのは3万8千年より前かもしれない。

・日本列島の縄文人は、北海道から沖縄まで形質的な共通性を見せている。アイヌにうかがわれるようなモンゴロイド離れした人々が日本列

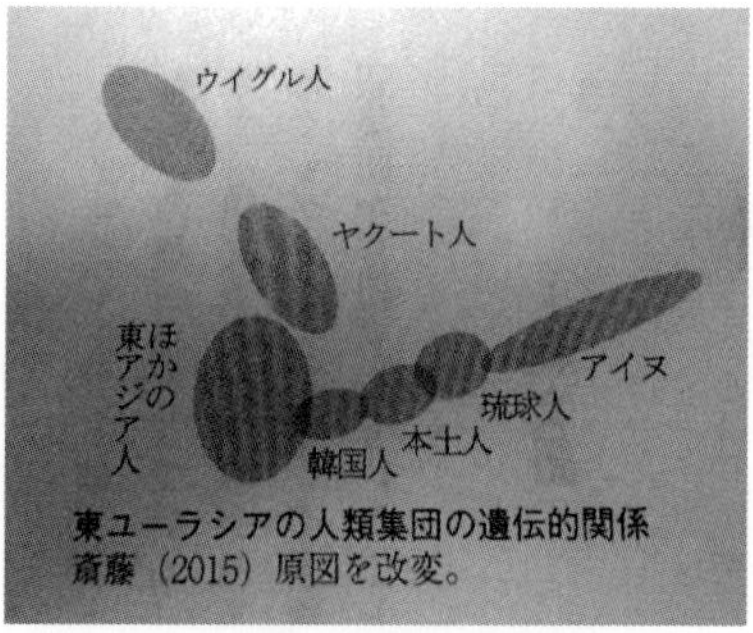

出典：瀬川（2016）[7] P.45より

島には暮らしていた。

・縄文人のハプログループは僅か4種類にすぎず、現代本土人の20種類に比べ著しく多様性に欠いている。縄文人は長期にわたって周辺集団から孤立していた。

参考：クロマニヨン人とは（「世界史の窓」より）

・現生人類（新人）に属する化石人類。フランスのクロマニヨンで発見された。約16万年前にユーラシアに拡散し、後期旧石器文化を発展させ、洞穴絵画を各地に残した。

・人類の一種であるホモ＝サピエンス（かつては新人といわれた）の化石で、フランスのクロマニヨンから発見されたもの。現在のわれわれ人類、つまり現生人類と同じ形態的特徴を持つ化石人類で、現在は約20万年前にアフリカに出現したホモ＝サピエンスの仲間の中で、約16万年前にユーラシア大陸に拡散した人々の化石化したものがクロマニヨン人と考えられている。

・旧石器時代の後期旧石器文化にあたる石刃技法という高度な石器製造技術を持ち、投げ槍・弓矢・骨角器による漁労用具などを発明して狩猟・漁労技術を飛躍的に高めた。またクロマニヨンと同じドルトーニュ県のラスコーやスペインのアルタミラで発見された洞穴絵画や、自然の生産力を象徴するものと思われる女性裸像などが造られ、芸術表現や抽象化の能力を高めたことが知られる。

・クロマニヨン人は（中略）化石人類として彼らに先行しているネアンデルタール人とは生物学的な繋がりはない。彼らがアフリカからやって来たとき、ユーラシアにはすでにネアンデルタール人が生活しており、両者は併存していた。
・クロマニヨン人は狩猟技術を高度に発達させていた。（中略）後期旧石器文化といわれる高度な石器製造技術を有していた。ネアンデルタール人が尖頭器のついた槍を使うだけであったが、クロマニヨン人は「投げ槍」を使っていた。1万8000年前になると、投槍機（角を加工してフック状にし槍を遠くに飛ばす道具）を発明している。1万5000年前ごろには弓矢を発明し、狩猟は一段と進歩した。

〈日本列島に広がる姶良Tn火山灰降灰以前の台形様石器〉

日本列島に人が入ってきたと言われる3つのルート（3万8千年前の対馬ルート、3万5千年前の沖縄ルート、2万5千年前の北海道ルート）のうち、まず対馬ルートと沖縄ルートの頃の状況から見ていきたい。

最初に入ってきたホモ・サピエンスの道具は台形様石器と呼ばれるものである。

白石浩之[8]によると、台形様石器は姶良Tn火山灰降灰以前に製作された狩猟具の1つであり、その年代は3万6千年～3万2千年前に発達し、その初源は約3万8千年～3万7千年前まで遡る。3万8千年前頃からの石器

が見つかっている岩宿遺跡では、台形様石器が岩宿遺跡第Ⅰ文化層（杉原　１９５６）の黒色帯層に対比される下触牛伏遺跡第Ⅱ文化層（岩崎　１９５６）他で出土している。岩宿遺跡では１～５期に分けられた石器の時代区分で１～３期までがナイフ形石器であるが、縦長剥片を素材としたナイフ形石器は東日本から中国地方まで検出されており、このことから基部加工のナイフ形石器と台形様石器が相互に影響して次代の柳葉形や切出形のナイフ形石器が作り出されたものと考えられているらしい。

なお、岩宿博物館では、台形様石器は薮塚系ナイフ形石器と呼ばれている。この台形様石器が北海道知内町から出ている。旧石器時代の人の動きが想像以上であることを重視したい。

白石浩之「関東地方における最古級の石器群と狩猟具の展望 主として台形様石器を中心として」（『国立歴史民俗博物館研究報告第２０６集』、２０１７年３月）による台形様石器の分布は次の通り。

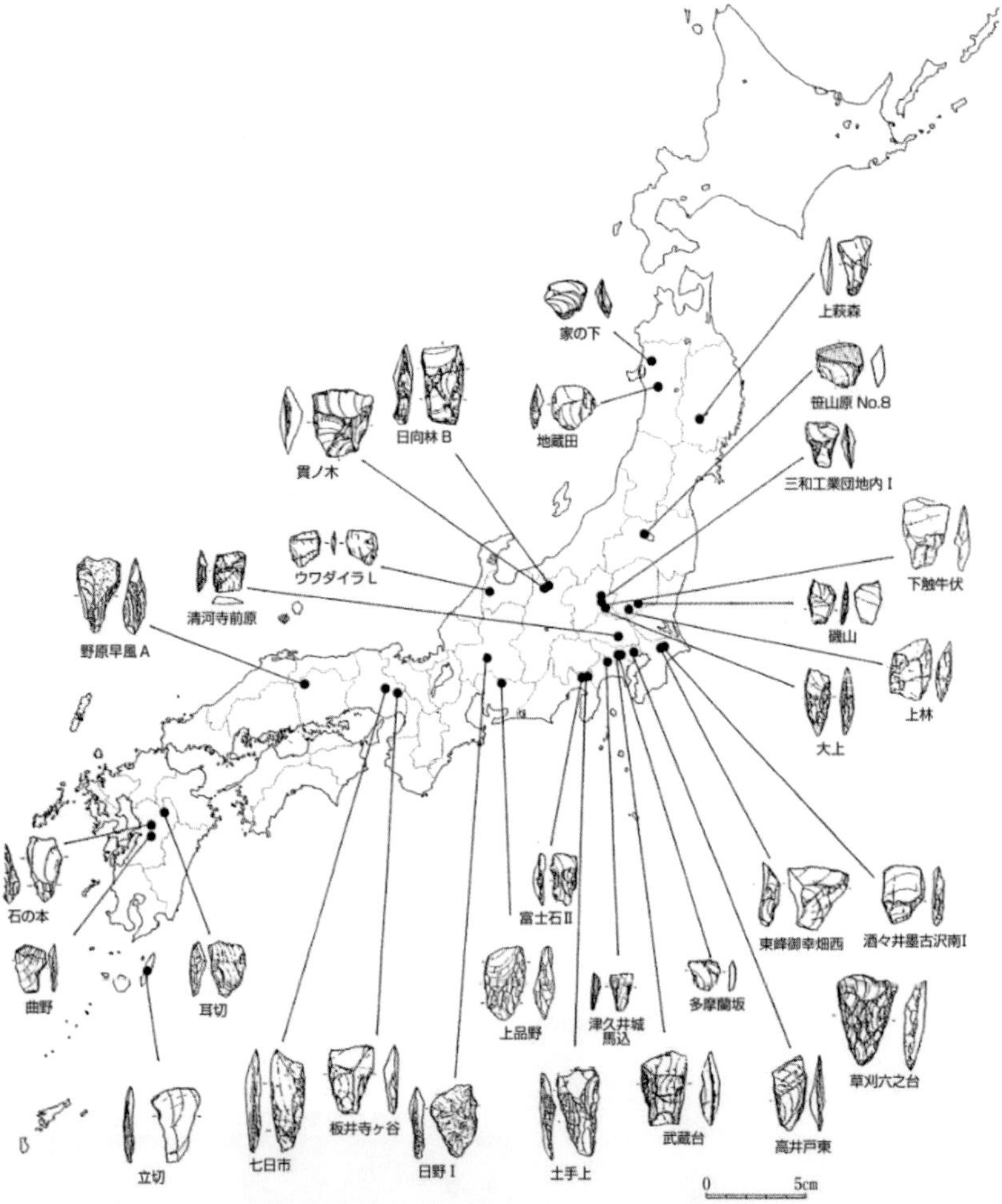

第 18 図　日本列島における主な台形様石器の分布

出典：白石 (2017)[8] P.27 より

〈参考テレビ番組１：２０１９年 縄文人（船泊遺跡）のゲノム完全解読〉

これはＮＨＫテレビ番組「最新研究！歴史フロンティア 令和の新発見ランキング」５位 縄文女性の全ゲノム解析（２０２３年3月25日）の内容である。旧石器時代にホモ・サピエンスが日本列島に来たことにも言及しているので、紹介したい。

テレビでは３８００年前の船泊遺跡の縄文人女性の全ゲノム解析の内容で、高脂肪食の代謝に適した変異した遺伝子（現在はイヌイットに見られる）が確認できて、アザラシを食していたのではないかという説が出たが、興味深いのが日本人の縄文要素、縄文要素の分布に関するものだった。国立科学博物館の神澤秀明研究員の見解は次の通り。

〈神澤秀明研究員の見解〉

・日本人の縄文要素は、本州10％、北海道アイヌ70％、沖縄30％で、本州は渡来人の流入が大きい。

・船泊遺跡の縄文人との遺伝的親和性が近いのは、極東ロシアや台湾の少数民族。中国や大陸とは違いが大きい。

・日本列島には北と南から人がやってきた。後になって渡来人が入ってきた。

・約３万８千年前の人がどこからどのように入ってきて、どのように出

船泊遺跡の縄文後期(3500-3800年前）の23号人骨を復元

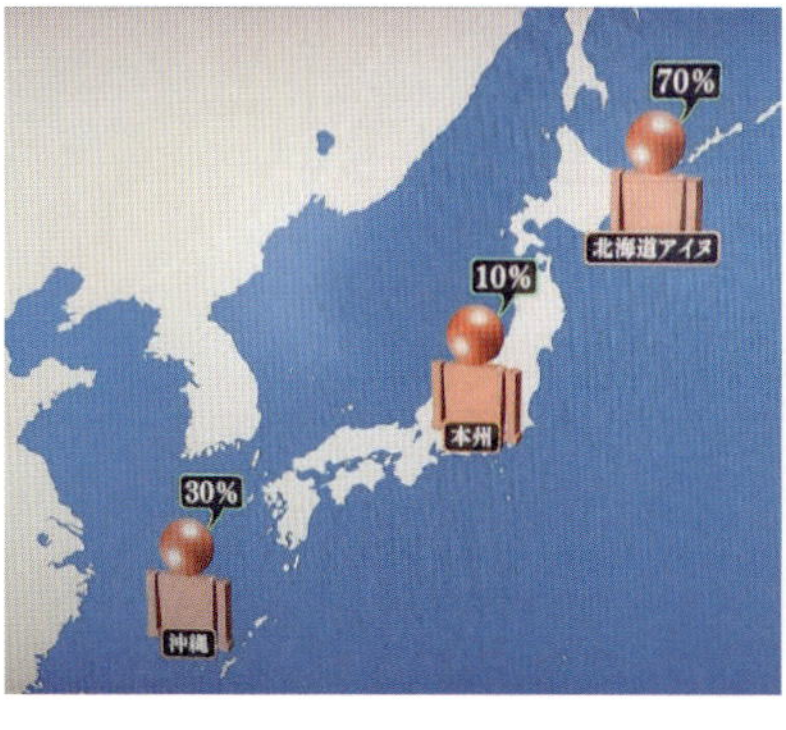

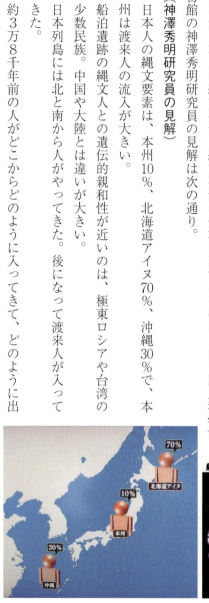

人骨のDNAゲノムを解析して
復元した縄文人の女性

会って縄文人に受け継がれていったかは分かってない。

・北方ルートは約2万5千年前という説明は無かった。

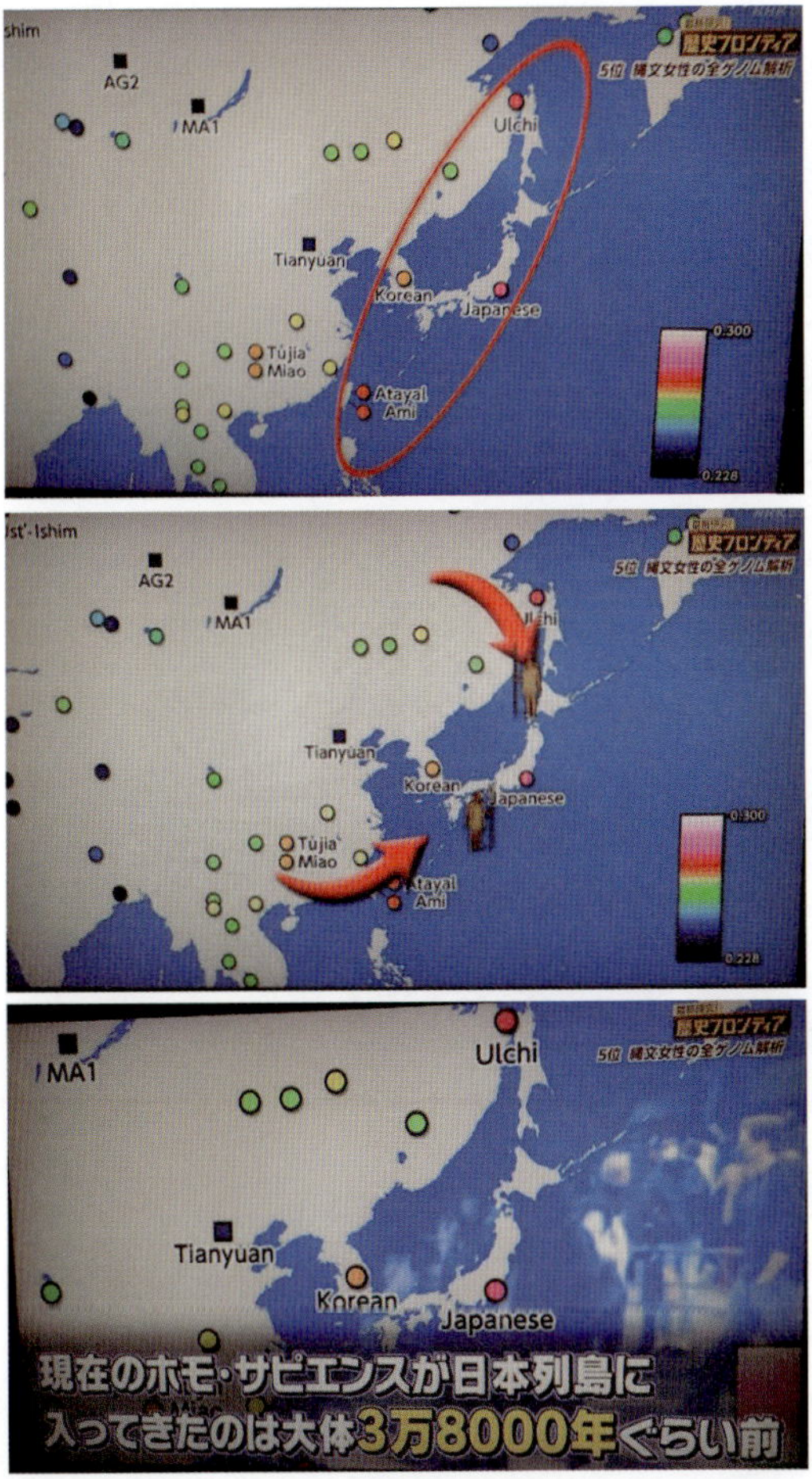

〈参考テレビ番組2：2023年 NHK TV「フロンティア 日本人とは何者なのか」〉

次世代シーケンサーで古代ゲノムの全体像が解析できるようになったとのことで、それに基づく解析結果で日本列島に来た人について解明が進んでいる。

①東南アジアのホアビニアンとの関係（新しい情報）

タイ南部、マレーシアとの国境近くに位置するパッタルン県のマニ族は、その山間の奥深くに住み、現地で〝森の民〟と呼ばれている。30人ほど。何千年も前から変わらぬ生活をしている。女は芋探し、男は狩りに行く。文化や言葉はタイ人と大きく異なる。タイ人もヒアリングできない。オラン・アスリ（元来の人）と呼ばれる。ホアビニアン文化という狩猟採集民の文化の継承者と考えられている。インド亜大陸から東南アジアの方に入った人達である。

数千年にわたり、外部との接触を絶ってきたと考えられている。しかし、森で食料が取れなくなったため、4年ほど前に山の近くの村に下りてきて、現代文明と関わりを持ち始めたと言われている。知らない人が来ると隠れてしまい、変な行動をすると吹き矢で攻撃するという。マニ族の特徴は、肌の色が濃く小柄な人が多い。

タイやラオス周辺には2万数千年前から4千年前にかけて「ホアビニアン」と呼ばれる狩猟採集民が広く暮らしており、東京大学の太田博樹教授らのチームがラオスにあるファファエン遺跡で見つかった8千年前の人骨（ホアビニアン）のDNA解析に

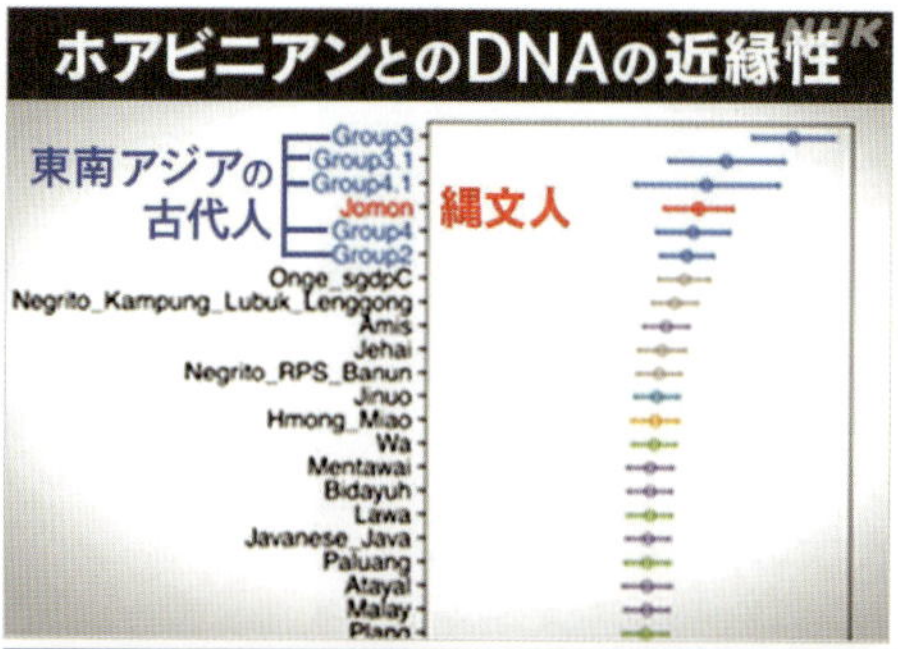

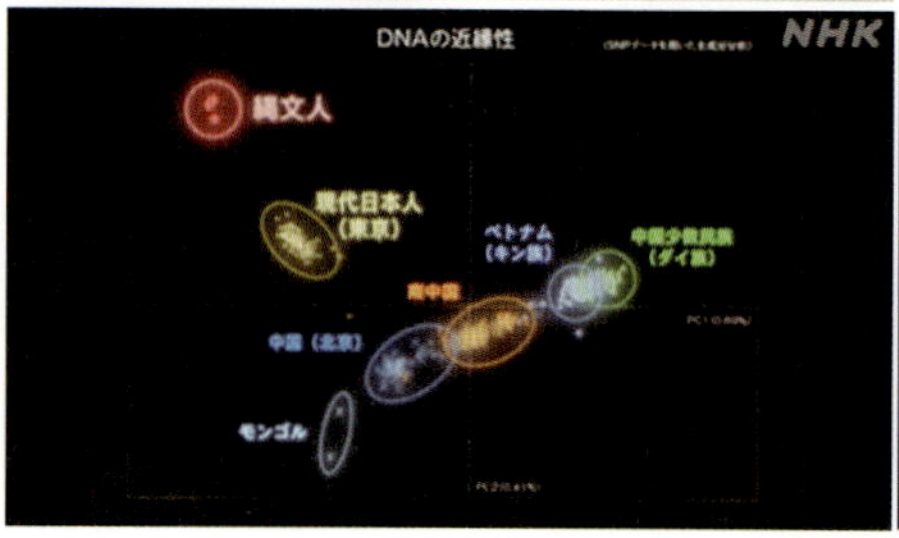

成功した（2018年）。

これと世界各地の古代人や現代人など計80集団以上のDNAを比較し、どのくらい似ているかを示す近縁性を調べた結果、「縄文人」が4位にランクインした。

もしかしたら縄文人の見た目もホアビニアンに近かったのかもしれない。数万年続いたホアビニアンは、農耕民族が流入し古い系統のDNAはほぼ消失。その前に東南アジアを去っていく人がいて、それが日本列島に辿り着いた。つまり縄文人の祖先が東ユーラシア大陸で最も早くに東南アジアから北上した人達だった可能性が高い。縄文人の祖先はアフリカから東アジアに辿り着いた最初の集団だった。フロンティア精神が高い人だったらしい。前に進まないと生きていけないということか。

以上の内容を見て、言語学者によるマニ族の言語の分析結果を聞きたいと思った。アイヌ語と比べてどうなのか気になる。後述するが、村山七郎は台湾から東南アジア島嶼部、太平洋の島々、マダガスカルに広がるオーストロネシア語族とアイヌ語の関係性（共通性）を示唆している。オーストロネシア語は台湾からフィリピンへ、インドネシアへ、太平洋へと拡散している。マニ族の言語も祖アイヌ語と同類の可能性があるのではないか。

②縄文人

縄文人の祖先集団は1千人ほどだった。縄文人は大陸の人達から離れた独立した存在だった。現代日本人は、縄文人から受け継いだ遺伝子を持っている。脚の筋肉の付き方が違う。

徳之島の海中遺跡（縄文時代）＝ウンブキ水中洞窟では陸上だった9千年前の土器が見つかっている。縄文時代は海面上昇で大陸との遺伝的交流が極端に減った。ゼロに近い状態までになった。縄文人は日本列島の中で長い間孤立した。独自のＤＮＡと文化を育んだ。複雑な精神文化が進んだ。他の地域にはない。全ゲノム解析を行った礼文島船泊23号（３８００年前）の縄文人の頃は広い範囲で交易を行っていた。

③縄文時代・弥生時代の後の古墳時代の第３のＤＮＡとは

弥生人が入ってきたときは東北アジアから入ってきた人との二重構造モデルだが、古墳時代には東アジアからもっと多くの人が入ってきており、三重構造モデルの提唱ができる。このときに入ってきたゲノムの比率でいうと6割ほど。技術を持った人が来ただけでなく一般の人も来ていた。様々な地域の集団が日本列島に入ってきた。第2、第3の人の波。弥生時代から1000〜1500年間、人の波が続いた。おそらく言語が通じないのは当たり前で、どのようにコミュニケーションを取っていたのか想像できない。人も言語もバラバラで、複雑で多様性の高いものだった。人類皆兄弟ではないが、ユーラシア大陸の多くのＤＮＡが入り現在の日本人になっていった。

以上の説明の中に三重構造モデルという説明もあったが、これだけ多くの人が来たとすれば多重構造モデルとか多重波モデルとかの言い方のほうがよいのではないか。古墳人骨に見られる渡来人のルーツに北方民族と思われる

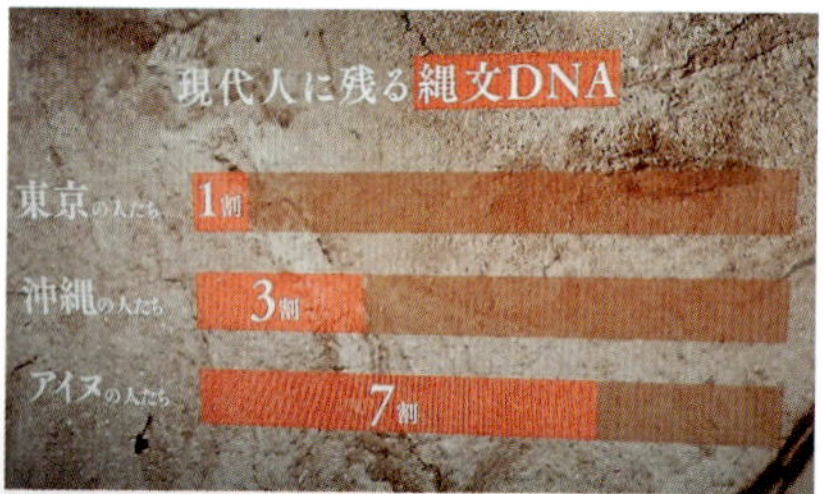

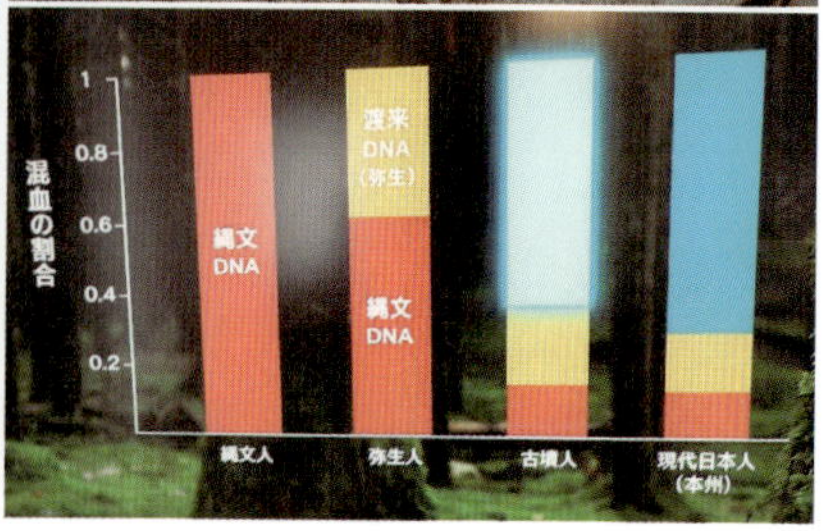

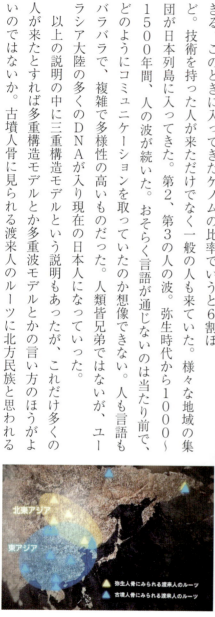

位置が2ヶ所ある。シベリア北東端のチュクチ（またはコリヤーク、アリュート辺りか）とシベリア中央北部はヤクート（サハ）を指しているように見える。これはオホーツク人に繋がるものではなさそう。

（3）岩宿からの眺め

日本列島にホモ・サピエンスが入ってきたと言われる3万8千年前という時期の遺跡・遺物を見直してみるしかないと思い、まず岩宿遺跡を見て考えることにした。ここは日本列島最初のホモ・サピエンスが使い始めた台形様石器も出ている。岩宿遺跡は赤城山麓に位置し、なぜここなのかという謎もあるが、相沢忠洋の著作も読み直し勉強してみた。

〈岩宿時代文化の地域と動き〉

岩宿博物館の説明をまとめると次のようになる。

①約4万年～2万8千年前の地域圏（地域性のめばえ）

・ナイフ形石器が出現。全国的には刃先の尖らない薮塚系ナイフ形石器（台形様石器）が使われた。

・関東から北には、西南日本にない杉久保系ナイフ形石器が発見される。

②約2万8千年～1万8千年前の地域圏（地域性の分化）

・地域によって特色あるナイフ形石器が作られた。九州、中国・四国・近畿、中部・関東、東北の4つの地域圏に分かれる。

・北海道には別の石器文化があったらしい。白滝の年表では石刃、細石刃（湧別技法）に当たる。

③約1万8千年～1万5千年前の地域圏（新たな文化の流入）

・岩宿時代の終わりごろ、東北アジアから細石刃を特徴とする細石器文化が南北別々の方向から伝わり、日本列島全体に広がった。

・東北日本と西南日本の細石器文化の石器群には、異なった特徴が見られる。

・山形の角二山遺跡の細石刃は頁岩ではあるが北海道と同類としている。白滝の細石刃の展示もあるが確かに形は同様である。但し黒曜石である。確か、白滝からは山形に石器職人が動いている（白滝には帰らなかった）という記事を見たことがある。白滝の年表では尖頭の時期。その後の縄文では有舌尖頭器、石鏃となる。

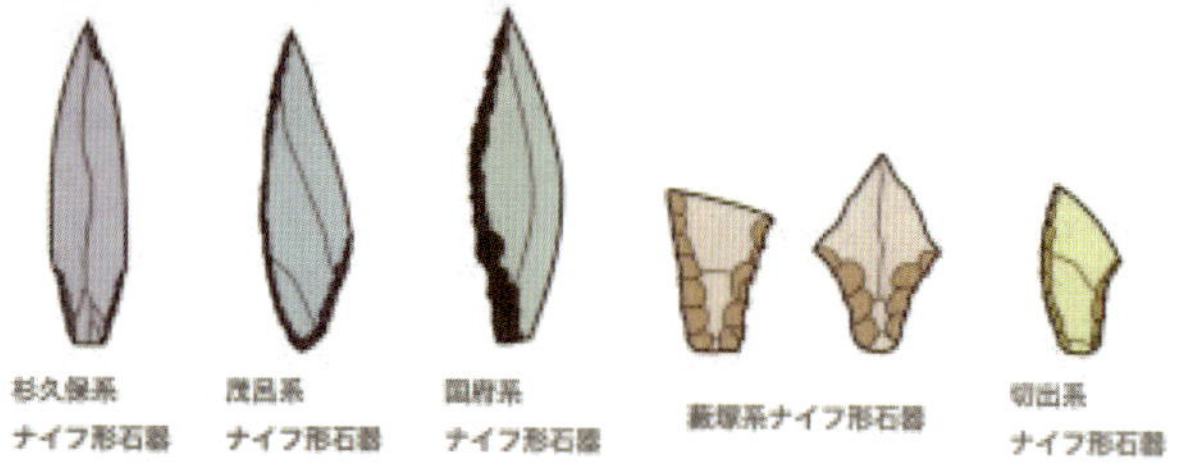

図10　５種類のナイフ形石器（岩宿博物館2011より）

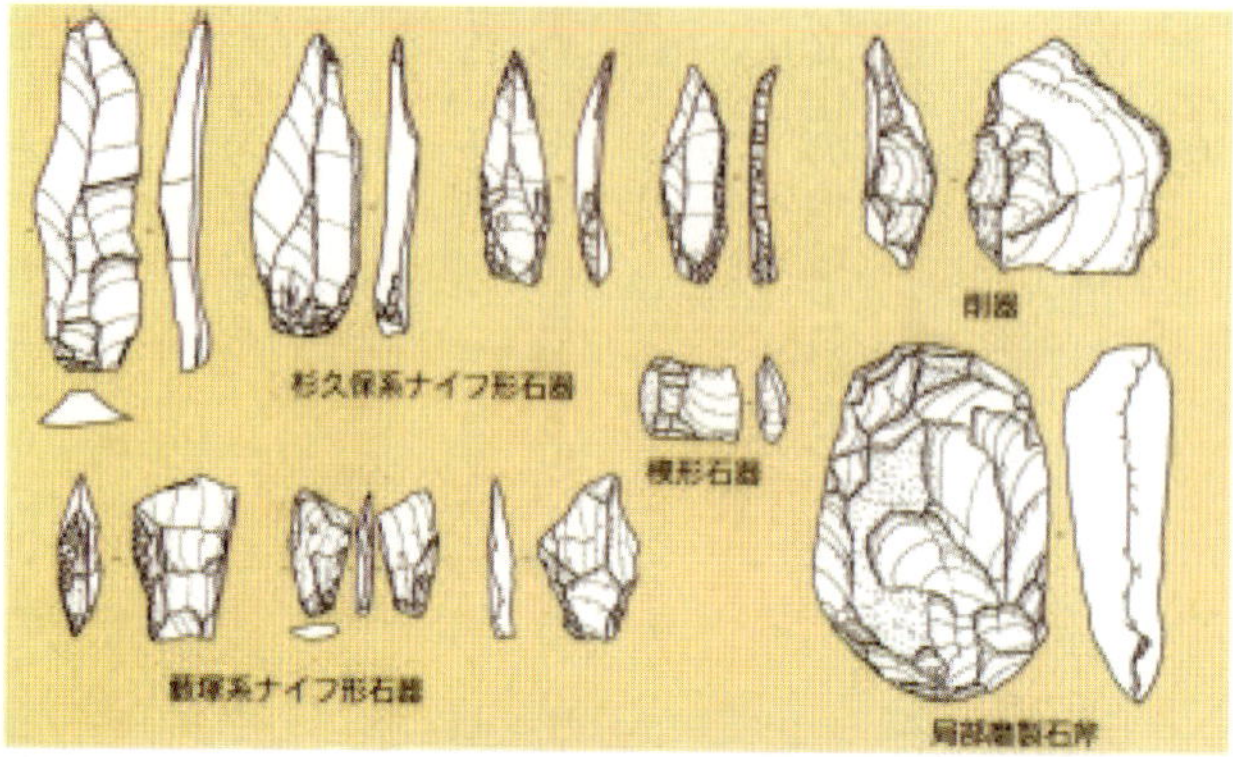

図11　東北日本のナイフ形石器文化の石器（岩宿博物館2011より）

〈石器の変遷〉

赤城山南麓の旧石器の移り変わりは1～5期に分けられ、1～3期はナイフ形石器、4期は石槍の槍先形尖頭器、5期は細石刃である。3万8千年前頃から1万8千年前まで続くナイフ形石器は、西日本とは違いがある。

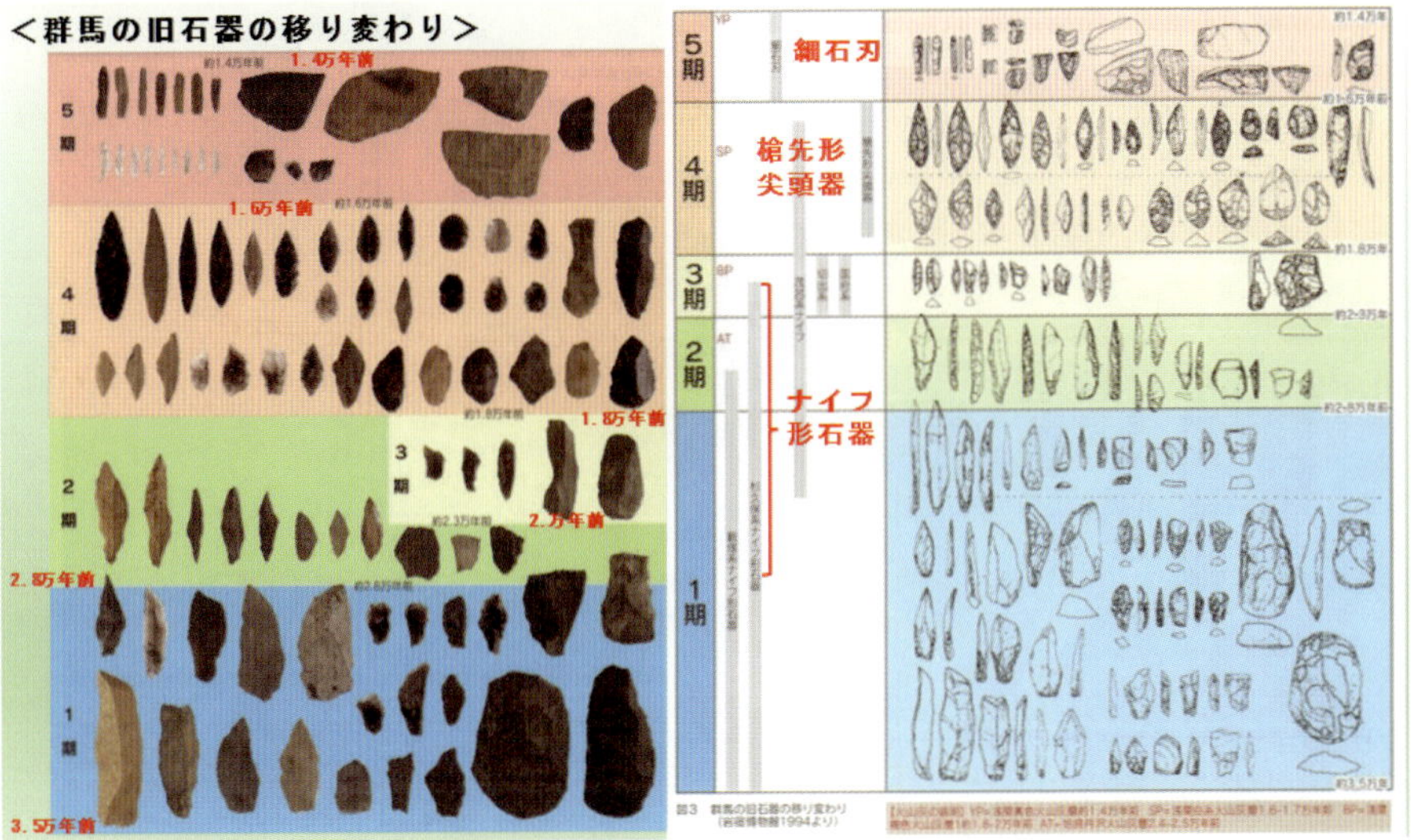

図3 群馬の旧石器の移り変わり（岩宿博物館1994より）

北海道や東北、関東、中部の東北日本では、大型で細長い杉久保系ナイフ形石器と小型でずんぐりした薮塚系ナイフ形石器が使用されたのみに対し、近畿以西の西南日本では黒曜石の薮塚系ナイフ形石器が使用された。2期になると杉久保系ナイフ形石器が減少し、茂呂系ナイフ形石器が使用され、3期には切出系ナイフ形石器へ変わる。一方、西南日本で国府系ナイフ形石器が使われるが、これは東北日本の遺跡でも見つかっている。

〈槍先形尖頭器（石槍）生産現場の武井遺跡（桐生市新里町）〉

岩宿遺跡（近隣）にも石器加工場があった。なぜ赤城山麓のこの場所なのか理由はよく分からないが、渡良瀬川の石材（チャート）、利根川の石材（頁岩）、群馬県、栃木県、長野県、東北の石材が武井遺跡に集められた。1992年以降の地元発掘調査では十数万点の石器が発見されていて、大規模だったことが確認されている。岩宿博物館の館長の話では、「武井遺跡は早川と鏑木川の間の小さい山で目立つので拠点となったとのこと。川が通り道である。30万個の石片が出ている」とのことである。

図12　西南日本と東北日本のナイフ形石器（岩宿博物館2011より）

赤城山南麓には川沿いに多くの岩宿時代の遺跡が群をなしてあり、種々の石材で作られた槍先形尖頭器（石槍）が出土する。岩宿時代の終わりには武井遺跡から石槍が供給される仕組みが出来ていた。

この時代は、定住は無いというのが定説だが、石器作りをしていた職人は定住に近い生活をしていたのではないか。なぜ、ここに石器生産場があったのか？　石器生産場を持っていた白滝や今金・ピリカ遺跡は、石器を作るための石の産出地でもあるのだが、ここ赤城山麓は長野県などの遠くの石材も使っている。

近くの伊勢崎市の下触牛伏遺跡では、約3万年前の石器群のまとまり（ブロック）十数ヶ所が直径50ｍの環状をなして発掘された。十数世帯の人々が広場を囲んでムラを営んで生活していた跡らしい。環状のムラの中央には他のムラで見られないナイフ形石器、石刃、石斧が発見され、ムラとしての共通の持ち物だったらしい。定住に繋がりそうな話だが、博物館の人に聞いてみると、これが長く続いたわけではなく、このときだけのものだったらしい。確かに、石片の数は1千個程度と少ない（武井遺跡では30万個）ので短い期間だったらしい。

定住に関しては、縄文時代になってもすぐには行われていない。近くの西鹿田中島遺跡という縄文草創期の遺跡を見ると、縄文草創期にもまだ完全な定住はなされてないことを確認した。1万3千年前の爪形文土器が見つかった土坑ではカシワやコナラの皮のむけたドングリが見つかった。貯蔵穴のドングリが無くなるとどこかへ出かけて行き、時間が経つと元の場所に戻るという暮らしをしていたと考えられている。

〈岩宿Ⅱ石器文化（2万8千年～2万3千年前）からみた関東地方（岩宿博物館特別展）〉

この時期は前述の「約2万8千年～1万8千年前の地域圏（地域性の分化）」の時期で、LGMで寒冷化にあたり、さらに浅間山の噴火で北関東は食糧難で人は南関東に移動したらしい。

注）LGMとは、最終氷期最盛期（Last Glacial Maximum）の略称。地球上の氷床が拡大し海水面が低下した時期で寒冷乾燥した気候だった。2万6500年～1万9千年前。

数多く出てくるナイフ形石器は、中国、朝鮮半島から入り、西日本の瀬戸内式というのが出来て、それが主流だったらしい。実はそれが北海道まで入っていて、北海道ではサハリンから入った細石刃と本州から北上したナイフ形石器の人々が出会ったはず。出会ってどうだったのかは、今金町のピリカ旧石器文化館では謎だと説明している。

関東全体を眺めた岩宿博物館特別展（2023年11月）での説明をまとめると次のようになる。岩宿から見た関東地方の様子である。

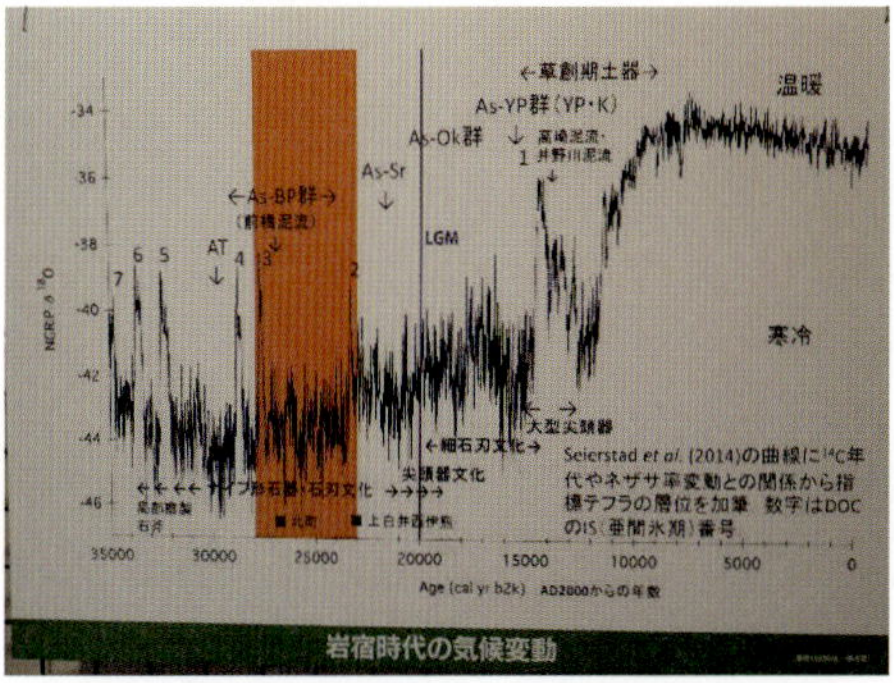

（岩宿Ⅱ石器文化）

・岩宿Ⅰ石器文化の石器時期は豊富に遺跡が残されたが、岩宿Ⅱ石器文化期になると遺跡数は激減する。

・この時期の南関東は生活に最適な場所で、各台地では石器群が多数発見されている。一方、北関東の特に群馬県域では遺跡数は少なく規模も小さかった。浅間山が盛んに噴火し自然環境が悪く、前橋市や高崎市の台地はそのときの泥流堆積物で出来ていることがそれを示している。東京湾は深い谷だった。

・岩宿Ⅱ石器文化の時期は2万8千年～2万3千年前で、ほぼＬＧＭ（2万6千5百年～1万9千年前）の時代になる。平均気温は現在より8～10℃低かった。2万7千年前には浅間山の活動として黒斑山の噴火で大崩落して前橋泥流が起きた。

・岩宿Ⅱ石器文化時期の特徴的な石器は次の３つ。①切出系ナイフ形石器：切出し刃のような形で、斜めの刃、急角度の二次加工が施された側縁をもつ石器。②角錐状石器：石器のほぼ全周に加工が施され、分厚い刃部が作り出される円形或いは楕円形の石器。③円形掻器：素材となる石片の全周に加工が施され、分厚い刀部が作り出される円形あるいは楕円形の石器。

・岩宿Ⅰ石器文化の石器は「石刀」と呼ばれる、薄く縦長の石片を素材とすることが多いが、岩宿Ⅱ石器文化では縦長の石片に拘らず不定形の厚手石片を素材として製作されることが特徴。

・また、この時期は厚手の素材から連続的に作出された横長の「翼状剥片」を素材とし、ノコギリ歯のような加工を施すことで柳葉形に加工された国府系ナイフ形石器が認められる。この一連の技法は西南日本で発達した「瀬戸内技法」と呼び、関東地方では異系統の技術ということになる。

・岩宿Ⅱ石器文化の時期は、関東地方では近畿地方で発達した国府系ナイフ形石器も多少発見されるが、角錐状石器や切出形石器を含むナイフ形石器と言われる石器が発達し、東海地方と共に独特な文化圏が成立していた。

・群馬県上白井西伊熊遺跡の第2文化層では、瀬戸内技法によって大量の石器作り（翼状剥片）を行った痕跡が見つかっている。石材は、武尊山産出の黒色安山岩や利根川支流の赤谷川産の黒色頁岩。岩宿Ⅱ石器文化にあたる遺跡は、今井三騎堂遺跡、今井見切塚遺跡、富田宮下遺跡等がある。

（大宮台地）

・当時、大宮台地は、館林市の邑楽台地から利根川を挟んで関東平野の西部の北側から南側まで1つの台地として繋がっていて、大宮台地は大間々扇状地、赤城山まで続いていて（関東増盆地運動で現在は関東北部と大宮台地は分断されている）、岩宿Ⅱ石器文化の時期に大宮台地を含む関東地方南部における遺跡数の急増と繋がった。

・大宮台地の遺跡では、国府系ナイフ形石器、瀬戸内技法の石器、大型の角錐状石器、縦長剥片を用いたナイフ形石器、剥片尖頭器に類似したナイフ形石器、黒曜石製涙滴型のナイフ形石器等が出ている。

（北関東東部）

・北関東東部（栃木県や群馬県）も岩宿Ⅱ石器文化の時期の遺跡は少ない。茨城県ではつくば市を中心に黒曜石製大型角錐状石器や切出型ナイフ形石器が出ている。硬質頁岩や黒曜石などの遠隔地の石材や茨城県北部の黒色安山岩、トロトロ石、メノウといった石材を持ち込んでいる。

・約2万8千年～2万4千年前の岩宿Ⅱ石器文化の時期は、日本列島内に地域性が確立した時期。独特な石器が発生する九州地方、「瀬戸内技法」が発達する中国・四国・近畿地方、角錐状石器や切出系ナイフ形石器が発達する中部・関東地方、石刃技法が発達したと考えられる東北・北陸地方。南関東では遺跡数が多く、発見された石器の数も膨大。

（武蔵野台地）

・武蔵野台地は多摩川によって作られた青梅市付近から広がる広大な扇状地。岩宿時代の遺跡が多数発見されている。石神井川流域の鈴木遺跡では10万点を超える膨大な史料が発見されている。

・武蔵野台地の北側の埼玉県でも荒川の支流である黒目川、柳瀬川など沿いに多くの遺跡が存在する。

（下総台地）

・千葉県では北部の下総台地に遺跡が集中。全国最多の岩宿時代の遺跡が確認されている。

（相模野台地）

・相模野台地は富士山等の噴給源とするローム層だが、編年研究が進んでいる。硬質細粒凝灰岩製の国府系ナイフ形石器、ガラス質黒色安山岩製の剥片尖頭器に類似したナイフ形石器が発見されている。

（中部地方北部）

・長野県野尻湖周辺は、岩宿時代の遺跡の集積地でもある。瀬戸内技法による国府系ナイフ形石器を伴う石器群がある。国府系ナイフ形石器を製作するための瀬戸内技法は中国・四国・近畿地方を中心として発達したが、北陸や東北では日本海側に認められ中部地方北部ではこの圏内に入る。

・一方、関東地方は国府系ナイフ形石器の発見は少なく、中部地方南部と関東地方では岩宿Ⅱ石器文化の地域圏が成立していたらしい。日本列島内では、九州地方、中国・四国・近畿地方、東北・北陸地方、中部地方南部・関東地方の文化圏に分かれる。

〈東京都埋蔵文化財センターの講演（堀恭介「旧石器時代の狩人達の道具箱」[4]より）〉

（都内最古の人類の痕跡）

・約3万年前の始良Tn（AT）火山灰降下層準（鹿児島湾が出来たときの噴火）の下（石器前半期）に、東京最古の石器が出土した層がある。

・石器前半期は、石斧を伴い、台形様石器が出てくる。台形様石器が無くなるとナイフ形石器が出てくる。台形様石器は狩猟用らしい。

（石器の用語）

・石刃：縦長で左右の辺が平行になる剥片。

・石刃核：石刃を剥がした際に残る石のかたまり→ナイフ形石器。

・剥片：石のかたまりから剥がされた石片→台形様石器。

・石核：石片を剥がした際に残る石のかたまり。

（LGMの都内）

・東京都杉並区向ノ原遺跡で縄文遺跡の下から旧石器の遺跡が出た。石器は在地石材と非在地石材を使い分けていて、非在地石材（遠いところ）には高い信頼を置いていた。

・非在地石材としては黒曜石（中部高地、伊豆箱根等）、一部の頁岩。在地石材としてはチャート、頁岩、凝灰岩等。武蔵野台地では在地石材をよく使っていた。

・在地石材⇓不定形剥片を剥離し簡易的な道具として使用＝便宜的石器。
・非在地石材⇓管理的に石材を消費し、生活に必要不可欠な狩猟具に使用＝管理的石器。
・狩猟具としては、ナイフ形石器、角錐状石器。加工具としては、錐、スクレイパー、石核。使用痕の分析でどのような使われ方をしたかが分かる。
・資源の枯渇に合わせて移動していたが、拠点（ベースキャンプ）が存在し、兵站的移動集団がいて資源を回収していたとの考察をしていた。兵站的移動集団は移動頻度が高いので道具の種類は少ない。
・面取尖頭器はＬＧＭが開始してから２千年〜３千年後に出現。寒冷乾燥化した環境下で、中小型動物を対象とした狩猟具＋カッティングなどに使用した加工具（多機能性）。
・状況に応じて使用する技術、石材を使い分けていた。異なる石器群が並存するのは、このためか。**拠点と兵站的移動集団では、石器を使い分けていたという興味深い考察。これは北海道でも同じなのではないか。**

〈北ルートと南ルートから入った細石刃技法〉

岩宿遺跡では１万６千年〜１万４千年前の５期になると細石刃が入ってくる。東北日本と西南日本の細石器文化の石器群には、異なった特徴が見られる。カッターナイフの刃のような形をした小さな細石刃と呼ばれる石器を骨や木軸に埋め込んで槍の先などとして盛んに使用され、岩宿では大きく北ルートと南ルートがあり、北から入ったものは湧別技法や幌加技法と呼ばれ、南から入ったものは矢出川技法や西海技法と呼ばれている。これらの技法の故郷は遠くシベリアのバイカル湖周辺と言われている。

岩宿周辺で発見されている各細石刃技法の石器は次のものがある。

細石刃技法のうち、南ルートの矢出川技法で製作された稜柱形細石刃核を持つ石器群は、市之関前白遺跡で見つかっており黒曜石を使っている。

北ルートの幌加技法で作られた船底形細石刃核を持つ石器群は桝形遺跡や柏倉芳見沢遺跡があり、大形石刃を用いた削器や掻器を伴い、細石刃を含めた多くの石器に黒色頁岩などの地元の石材が使用されている。

北ルートの湧別技法で作られた楔形細石刃核をもった石器群には頭無遺跡や鳥取福蔵寺遺跡がある。細石刃核や細石刃の他、削器、掻器、彫器などの石器は東北地方から持ち込まれた硬質頁岩で製作されている。

彫器は、荒屋型彫器と呼ばれる石器で、シベリアやアラスカで発見されており、東アジアから北アメリカにおける細石刃文化の共通性を示す資料となっているらしいが、これはもしかしたら千島列島ルートと関係ないであろうか。

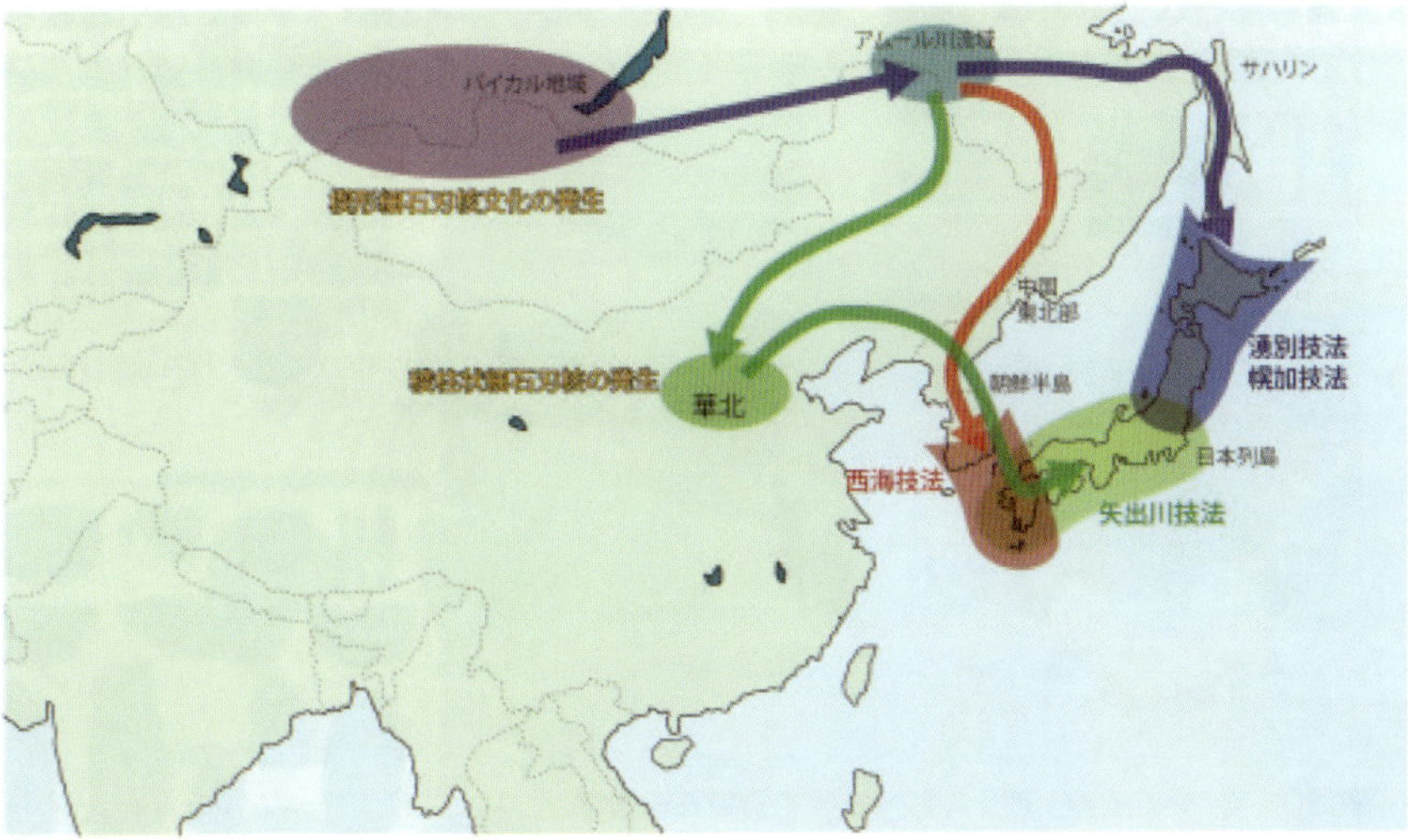

図22　北ルートと南ルートから入った細石刃技法

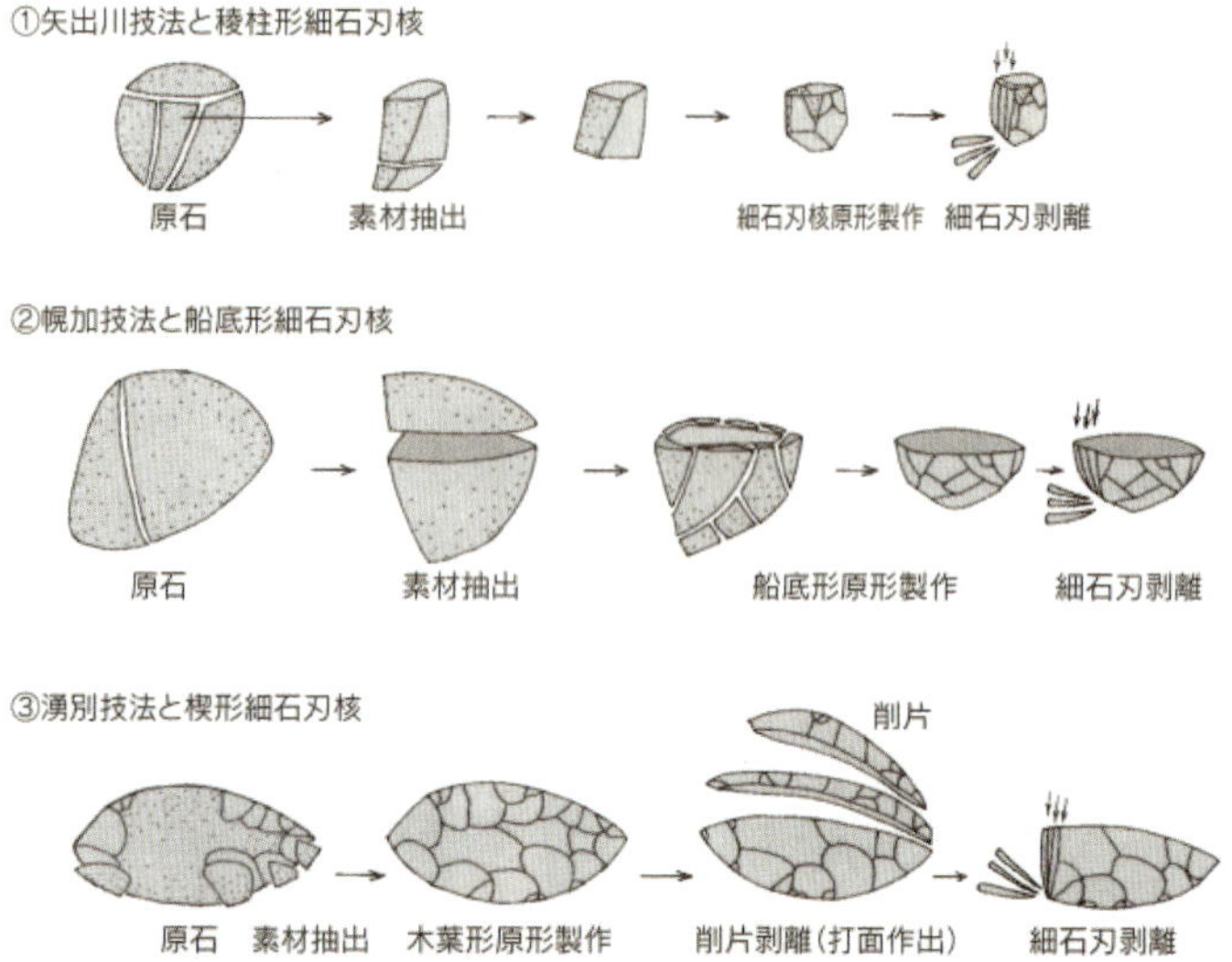

図27　３種類の細石刃技法

（堤　隆2004による）

図28　細石刃の槍

（長さ17.3cm）

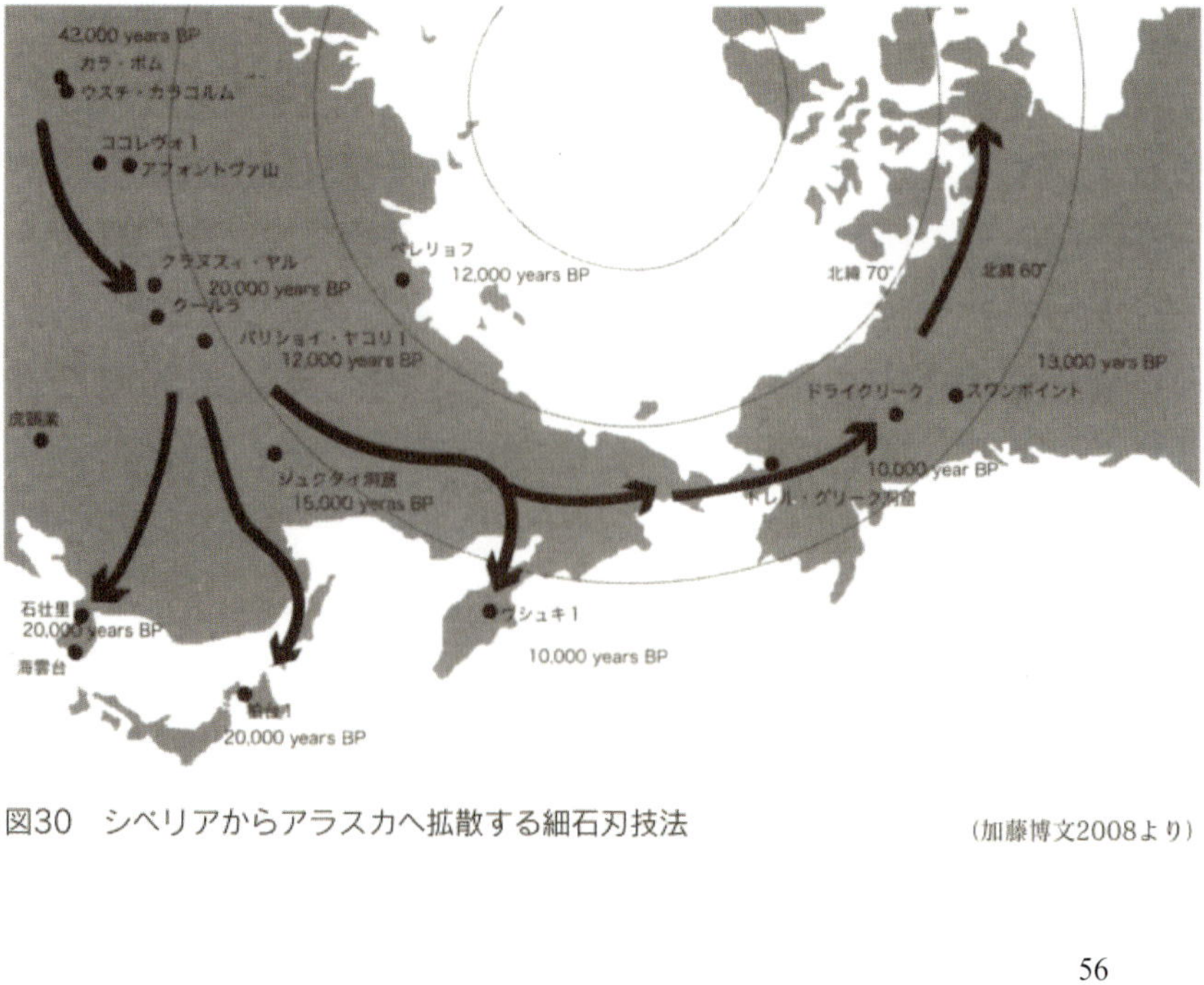

図30　シベリアからアラスカへ拡散する細石刃技法

（加藤博文2008より）

（4）北海道のサハリンルートから入った石器と比較

ここで北海道の旧石器時代に目を向けてみたい。北海道では白滝町・白滝遺跡群（黒曜石）と今金町・ピリカ遺跡（頁岩）から北海道の旧石器時代を見て本州・岩宿との違いを確認してみたい。

〈白滝〉

黒曜石は、道内では遠軽町白滝、置戸町、上士幌町（十勝三股）、余市郡赤井川村が代表的な産地である。とりわけ白滝は、国内最大規模の原石産地である。標高1147mの赤石山は、埋蔵量は数億tとも言われ、旧石器時代の遺跡も多く発見されており、700万点以上の遺物が出土していて、1900点余りが国宝となっている。これらの遺物は、約3万年前から1万年前の長期にわたって、石が採取され続けたと言われている。その頃白滝は、北海道で最も人が集まる場所だった。

〈黒曜石の誕生〉

600万年~200万年前、北海道の東部では、激しい火山活動が起きていた。紋別―上士幌地溝帯と呼ばれる南北に凹んだ大地が現れ、幾度もの巨大噴火といくつものカルデラが出来

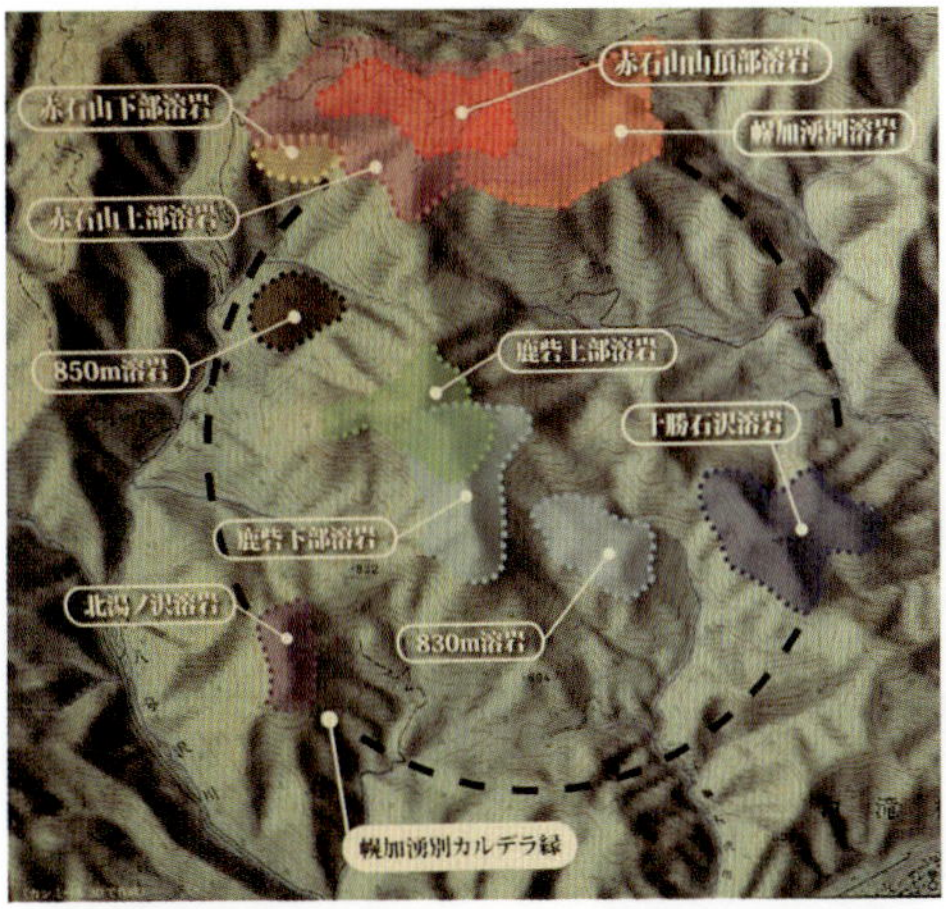

た。プレートの沈み込みによって地球内部のマントルが溶けてできたマグマが火山によって地表に運ばれ、その中から黒曜石が生まれた。また、その熱は周辺の大地に金や銀などの鉱脈を残した。

白滝黒曜石は、300万年前以降に、今の白滝市街の北側で巨大噴火が起きて直径5kmの「幌加湧別カルデラ」が出来たことによる。カルデラ内の10ヶ所で流紋岩のマグマが噴出。このマグマは大きな結晶を含まず低温（800℃以下）であったため、溶岩の外側が急速に冷えてガラス化した。黒曜石には光沢タイプと梨肌タイプがある。梨肌タイプには光沢タイプにない斜長石の結晶やマイクロライトが含まれる。黒と赤の違いは磁鉄鉱と赤鉄鉱の差である。

〈白滝での石器の変遷〉

2万5千年前のサハリンルートの前から石器は出ている。

北海道特有の細石刃技術は、シベリアから北海道に入った湧別技法、幌加技法等である。岩宿では1万8千年まではナイフ形石器が続いている。白滝では小形剥片石器、石刃の時期となっている。尖頭器の時期は白滝も岩宿と同じような時期である。

〈今金町・ピリカ遺跡〉

北海道では道東や道央では黒曜石の石器ばかりだが、道南は頁岩が多い。北海

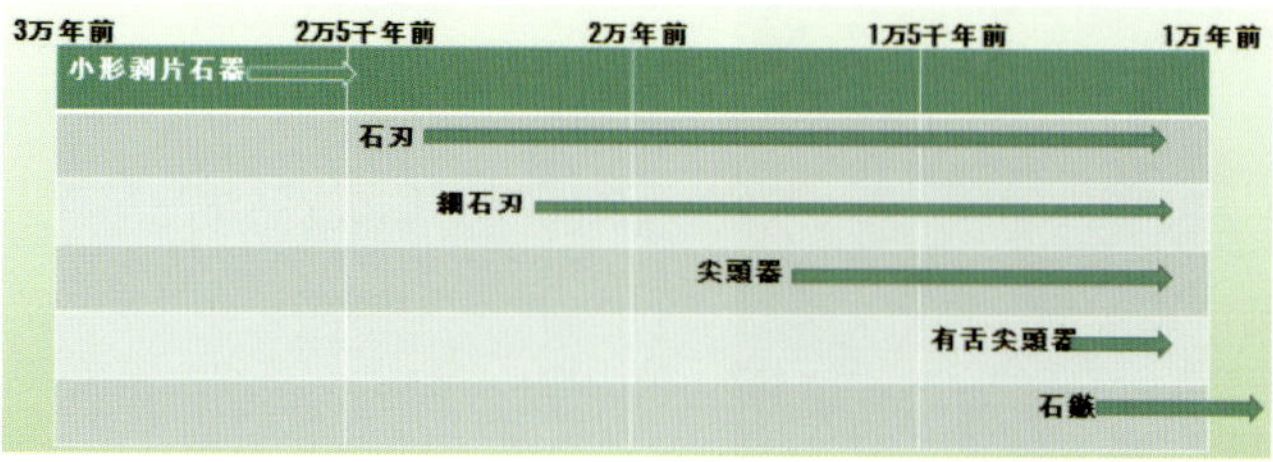

道南西部～本州東北部は頁岩地帯。ピリカ遺跡の少し上に黒曜石と頁岩を分ける線が地図上に引かれている。ピリカ遺跡は頁岩が85％でメノウが13％。黒曜石は僅かだが、赤井川産が多く白滝や置戸産も僅かにある。

・ここの石器群は、Ⅰ・Ⅱ↓ⅢA・ⅢBへ移り変わって行ったらしい。

・Ⅰ：2万1千年～2万年前

・Ⅱ：2万年前

・ⅢA：1万8千年～1万7千年前

・ⅢB：ⅢAに近い

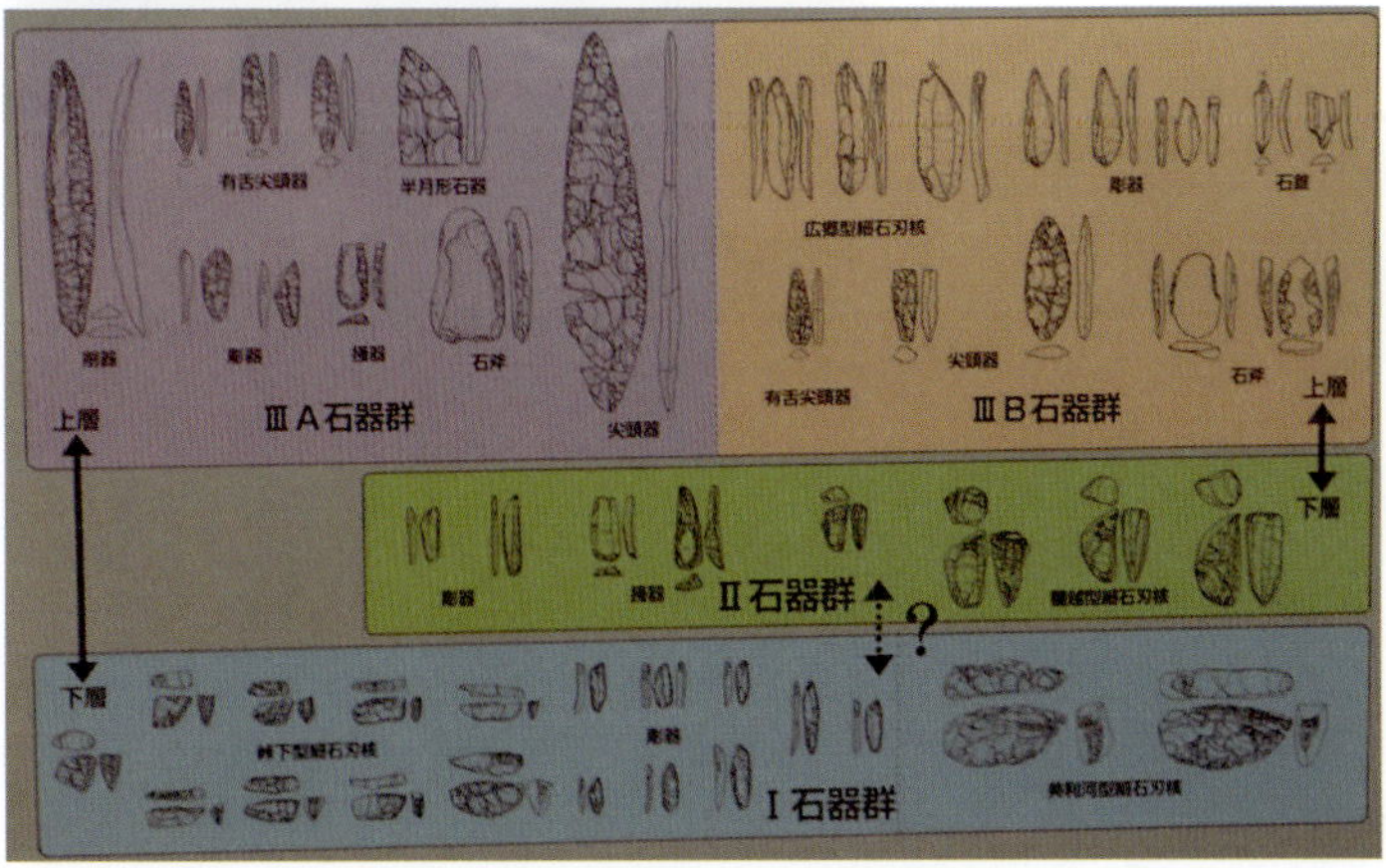

Ⅰ、Ⅱは北海道にサハリン経由で細石刃文化が入ってきた時代になる。ⅢA、ⅢBは南から来た可能性ありか？

ピリカ旧石器文化館での細石刃という技術革新という説明は次の通り。サハリンルートで入ったと言っている。「酷寒の大地・シベリアにやってきた人々は、暖をとるための炉を備えたテント状の住居をもち、保温性の高い皮の服を身につけていました。彼らは狩猟具に革新的な技術を生み出しました。細石刃と呼ばれるカミソリの刃のような石器で、骨角製の軸に埋め込み、槍として使いました。石と骨角という二つの素材の長所を組み合わせるという発想は画期的で、貴重な石材を長持ちさせることができました。細石刃核をもっていればいつでも刃を補充でき、長距離移動にも適していました。バイカル湖周辺で編み出されたこの新技術がサハリンを通って北海道にやってきたのです」。

〈岩宿、白滝、今金の石器変遷の比較〉

岩宿、白滝、今金を比較すると次のようになる。

・岩宿で示されている西日本や東日本に広がる石器は朝鮮半島ルートである。3万年前以上と思われる姶良Tn火山灰降灰前の台形様

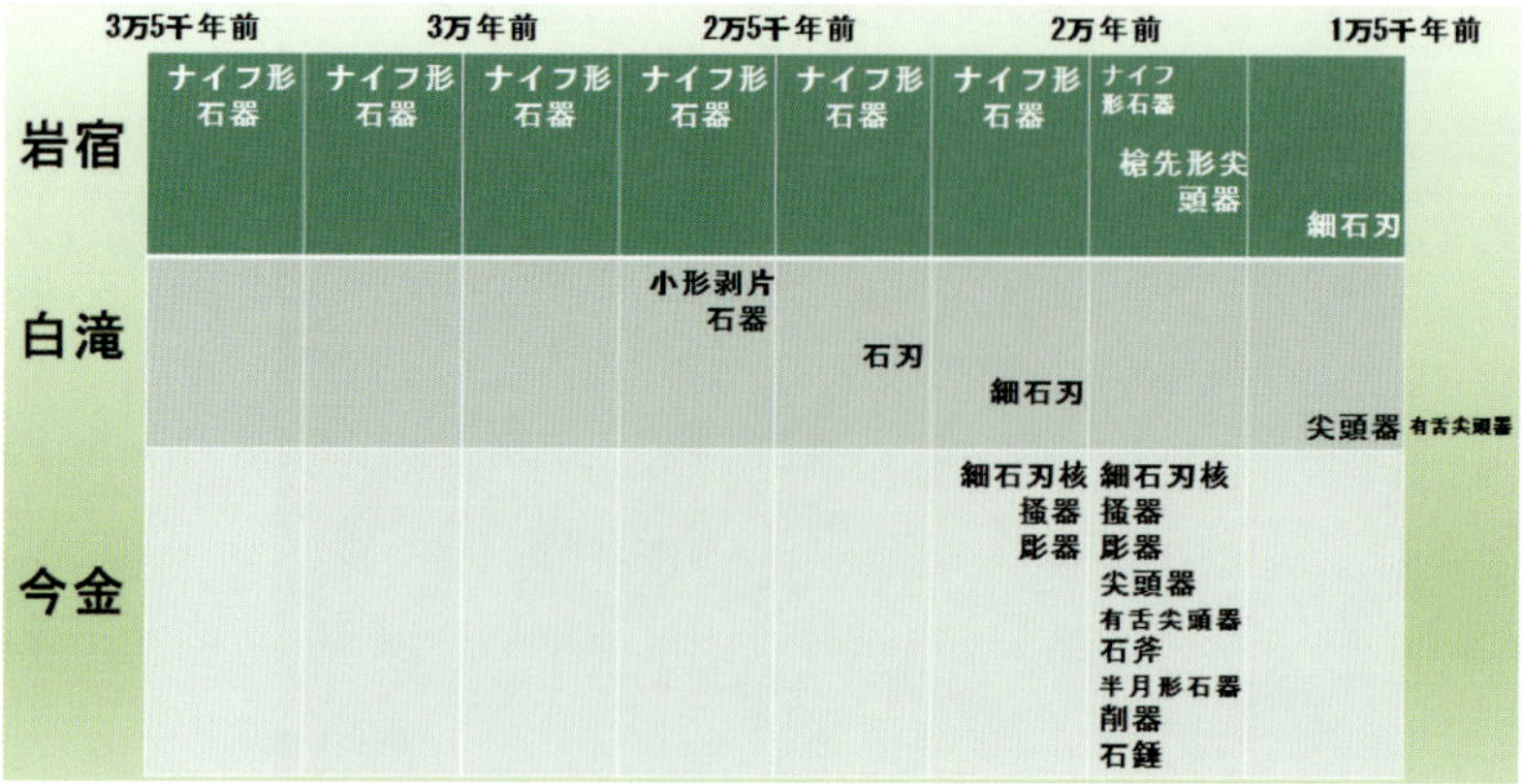
3万5千年前
3万年前
2万5千年前
2万年前
1万5千年前
岩宿
ナイフ形石器
ナイフ形石器
ナイフ形石器
ナイフ形石器
ナイフ形石器
ナイフ形石器
ナイフ形石器
槍先形尖頭器
細石刃
白滝
小形剥片石器
石刃
細石刃
尖頭器
有舌尖頭器
今金
細石刃核
掻器
彫器
細石刃核
掻器
彫器
尖頭器
有舌尖頭器
石斧
半月形石器
削器
石錘

石器も出ており、ナイフ形石器が長く続いている。細石刃は新しい時代と言えるが、細石刃技術はサハリンルートから入ったものと異なる（矢出川技法、西海技法）。

・サハリンルートでは最終氷期最盛期（ＬＧＭ）が終わった後に進んだ細石刃技術が先に入ったらしい（2万2千年前）。白滝は黒曜石の最大の産地で北海道の道東、道央では黒曜石の石器ばかりだが、湧別技法、幌加技法等の細石刃が多い。

・道南の今金のピリカ遺跡も2万年程前なので、細石刃は北から入ったものらしいが、本州から入ったものもありそう。頁岩製ばかりではなくメノウ製、黒曜石製も僅かにあるので人の動きは確実にある。

・3ヶ所の共通点としては、石器製作場があることである。岩宿は、近場は渡良瀬川しかないためか、栃木県や長野県や東北産の石も使用している。石器は誰もが作っていたであろうとはいえ、石器職人のような人が集まっていた可能性がある。

〈最終氷期最盛期（LGM）を中心に見た旧石器時代[9]〉

①LGM以前（2万6千年前以前）

・北海道は痕跡が少ない。屈斜路湖～オホーツク海岸では4万年前ほど前の最終氷期に火砕流噴火があり、4万年～3万年前も火山活動が激しかった。

②LGM（2万6千年～1万9千年前）

・この時期に細石刃技術が北海道には存在した。

・知内・湯の里遺跡やピリカ遺跡から副葬品の玉が発見されたがこの時期らしい。

③ＬＧＭ以降（1万9千年前～1万1千5百年前）

・細石刃技術が多様化した（湧別技法、幌加技法等）。1万7千年～1万6千年前には津軽海峡を越えて北海道から南下した。広域型細石刃核は北海道のみならずサハリン、朝鮮半島日本海沿岸に広がり北回りルートの人類拡散との関連性がうかがえる。

〈地勢的な吹きだまり説〉

旧石器時代のサハリンから北海道にかけては、古サハリン／北海道／クリール列島（Paleo-SHK）と呼ばれる半島があり、アムール川下流域から南に突き出していた。その南端は津軽海峡によって古本州島と切り離されていた。北海道は最終氷期を通じてPaleo-SHKの南端であったことから、陸路による北回りルートのどん詰まりであり、吹きだまりである。東シベリアなどの北東アジア内陸部、バイカル地域、モンゴル、中国東北部などからの人

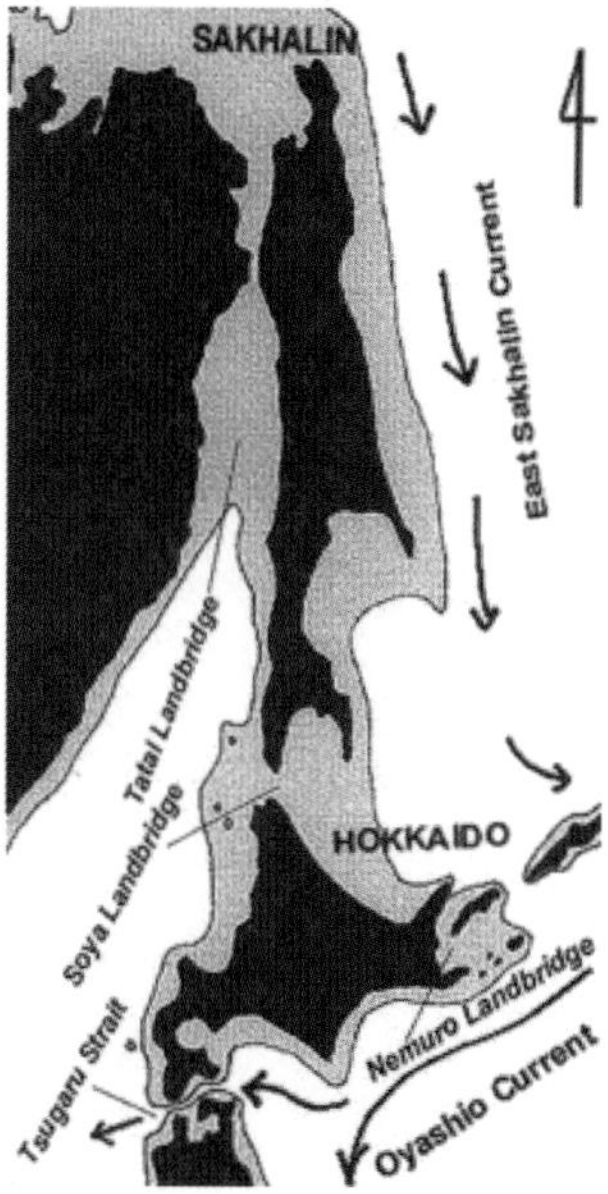

図1 最終氷期の古サハリン/北海道/クリール列島（Paleo-SHK）と古本州島北部。Igarashi (2016)より。

出典：中沢（2021）[9] P.46 より

表1 北海道の旧石器記録の文化社会的要素（石器製作技術、生業、その他）と近隣地域との関連性の有無・程度。ある・なしを○と一で表示。○と◎は程度の差。？は未検討。

	石器製作技術					生業		その他		関連性	
	剥片	石刃	細石刃	両面調整	磨製	礫群	炉	玉	顔料	古本州島	サハリン
LGM以後	○	◎	◎	◎	◎	○	○	?	○	○	○
LGM	◎	○	○（削片系のみ）	-	○	○	◎	○	◎	?	?
LGM以前	◎	-	-	-	?	◎	?	?	?	○	?

出典：中沢（2021）[9] P.57 より

類の南下や文化伝播を想定される。後述するが、本州とやや異なる北海道特有の言語（アイヌ語）への変化と繋がっていったのではないか。

一方で、津軽海峡を越えた古本州島からの北上ルートも北海道の旧石器記録の形成に影響を及ぼしている可能性がある。

古本州島でも後期旧石器時代を通じて朝鮮半島からの人類の東進や文化伝播がなされ、Paleo-SHK 同様に古本州島も吹きだまりとも言える。

一方で北東アジアからの北回りルートによる直接的な人類移住に対して、東南アジアから人類が北上した結果、北東アジア地域にいた集団が押し出され、Paleo-SHK に吹きだまったというシナリオもあるらしい。

〈狩猟の観点で見ると[10]〉

旧石器時代の日本列島は、Paleo-SHK、古本州島、古琉球列島の3つに分けられる。野付半島沖で発見されるマンモスの化石はこの頃のもの。

Paleo-SHK はマンモスステップ、古本州島はナウマンゾウの森林が広がり古琉球列島は不明と言われている。狩猟の仕方も異なっていたらしい。

極寒地となったシベリアから人が Paleo-SHK や古本州島に避難し

てきたということもあるのか。

3. 日本列島に来た人を言語から考える

日本人の起源は、大まかに①南方起源説、②北方起源説、③日本列島固有起源説の3つと言われているらしいが、筆者は前述の瀬川拓郎が『アイヌと縄文』で考察している説を支持したい。

簡単に言ってしまえば、日本列島に入ってきた人は「出アフリカ古層A型」という古いタイプの言語であるアイヌ語（祖アイヌ語と言ってよいか）を使っていて、縄文語と呼ばれる言語がまさにそれである。

日本列島は、約4万年前から縄文時代が終わる2300年前まで孤立していて、ヨーロッパ人とアジア人に分かれる前のままで純粋培養された人々の世界で、言語としてはアイヌ語として残ったということである。

〈比較言語学からの考察（瀬川拓郎）〉

・日本語学者の本田章義は次のように整理しているという。日本語と同系関係とされている言語は、朝鮮語、アルタイ語（トルコ系・モンゴ語系・ツングース系言語の総称）、モンゴル語（アルタイ系言語）、ツングース語（シベリア・満州・ロシア沿海州のツングース系民族の言語）、タミル語（南インドのドラヴィダ語族）、南島語（インドネシア・メラネシア・ミクロネシア・ポリネシアで話されているオーストロネシア系言語)、チベット語(シナ・チベット系言語)、アイヌ語。(言語学者のRobbeets は、元々北海道から琉球諸島まで「Jomon ainuic」言語だけが分布するとし、村山七郎[11]はアイヌ語とオーストロネシア語の関係が深いことを指摘している)

・ユーラシア大陸では2500以上の言語があるが、アルタイ系言語、シナ・チベット系言語、インド・ヨーロッパ系言語の10あまりの大きな言語にまとめられる。その中で同系関係が辿れず系統的に独立した言語が9個あり、その中に日本語、アイヌ語、朝鮮語、ニヴフ語がある。

・松本克己は、rとlを区別するか、名詞の単数と複数を文法的に区別するか等の指標で分類すると、ユーラシア大陸言語はユーラシア内陸言語圏と太平洋言語圏の2つに分けられ、日本語、アイヌ語、朝鮮語、ニヴフ語は後者に属し、これらは旧石器時代に到達した「出アフリカ古層A型」という古いタイプの言語としている。

・さらに人称代名詞の違いを指標にすると、4つの言語は「日本語・朝鮮語」と「アイヌ語・ニブフ語」の2つのグループに分かれるという。

・世界の孤立言語は9つあり、そのうち6つが出アフリカというが、最も興味深いのが「アイヌ語・ニブフ語」が1つのグループで、かなり古い時代には繋がっていたということである。この組み合わせは俗にいうオホーツク人であろう。

・日本列島に初めて来た人(旧石器人)が縄文人となり1万5千年以上そのまま続いていたとすれば、縄文時代までの日本列島の言語は、縄文人の形質やDNAに最も近い特徴を持ち縄文文化の伝統を受け継いできたアイヌ語が基と考えてよいであろう。

・またアイヌは抱合語（文に相当する内容を1語で表す）という特徴があり、日本語、朝鮮語、ニヴフ語は膠着語（言葉の前や後ろについて言葉の意味を変化させたり補ったりする言葉）という特徴を持っている。

・膠着語は合理的で言語の発展段階では最終段階と言われ、日本語、朝鮮語、ニヴフ語は新しく現れた形と言える。アイヌ語の抱合語は古層の特徴を示している。

・またアイヌ語学者の中川裕は、日本語を含む東アジアの言葉は接尾語が優勢だが、アイヌ語は接頭語が優勢という。接頭語優勢の言語はアイヌ語以外ではシベリアのケット語（アイヌ語と同じ独立言語）しかないという。

・ヴォヴィンは「しだ」「ひぢは」というアイヌ語とみられる言葉が東国や九州で方言として使われていることから、かつてアイヌ語が日本列島全域で話されていたことを意味するとしている。

・古代日本語は、日本列島の基礎言語の縄文語＝アイヌ語が弥生時代に渡来してきた人の言語と接触して融合したできた言葉である。人が入れ替わったのではなく混血して融合して出来たらしい（埴原和郎の二重構造モデル）。

・奈良時代になると日本語の成立から既に1500年以上が経過し、日本列島の縄文語＝アイヌ語は北海道を除いて、東国や九州に僅かな単語が方言として残る程度の状況になった。

・この頃、長崎県の五島列島の漁民は、顔かたちが隼人（言葉や習俗が異なる南九州の人々）に似ており、その言葉は土地の人々の言葉とは異なっているという。イレズミや抜歯の習俗も保ち、縄文人的特徴を持つ海民・漁民の奈良時代における姿だったらしい。

・古墳時代に渡来人が来ると中部、関東北部、東北にまで影響が及んだらしい。この時代の言語は、縄文語、古代日本語、朝鮮語、渡来人語が融合し合った言葉が生まれ言語は多様化したのではないか。また、縄文の単一文化（心の文化）とは異なる複数文化の世界へと変わっていったらしい。本土が弥生時代となった北海道の続縄文時代は、弥生文化やオホーツク文化の影響を受けていく。
日本列島は、約３万８千年前から縄文時代が終わる２３００年前まで孤立していて、ヨーロッパ人とアジア人に分かれる前のままで純粋培養された人々の世界だった。この期間は長いが、かなり特別な時代だった。

〈言語学者の見解の上に考えられた説〉

ここでは、言語学者の Robbeets は、元々北海道から琉球諸島まで「Jomon ainuic」言語だけが分布するとし、村山七郎はアイヌ語とオーストロネシア語の関係が深いことを指摘している部分をやや詳しく見てみたい。
言語学者の Robbeets は、元々北海道から琉球諸島まで「Jomon ainuic」言語だけが分布するとしている。それを基に地理学者の小野有五が「アイヌ語はどこで生まれ、どこから入ってきたのか?」を考えた説は次の通り[12)]である。
Robbeets ほか（２０２１）の図に小野が破線や幅の広い矢印で加筆した図が作成されているが、元々は「日本列島には、北海道から琉球諸島まで、薄青色で示された「Jomon ainuic」言語だけが分布し、そこに、２９００年前、山東半島・遼東半島周辺で生まれた日本語の祖語（プロト日本語）が、稲作民によってもたらされたという解釈を示す」。

そして、小野はアムール川流域から北ルートで最終氷期に北海道に入った細石刃文化を持つ人達が「北方系縄文語（プロト・アイヌ語、古アイヌ語）」を導入したとしている。北方系縄文語＝プロトアイヌ語は3万年前以降（特に1万6千年前以降）に誕生後、縄文海進の縄文時代中期に南方縄文語との接触で、古アイヌ語が成立するようなイメージで、その後3～5世紀には北海道から南下した人間集団によって東北地方北半分にアイヌ語地名が残されたという流れである。しかし、これは違うであろうと思う。北ルートで最終氷期に北海道に入った細石刃文化を持つ人達もアイヌ語を話していたかもしれないが、元々3万8千年前の旧石器時代に日本列島に入ってきた人達が既にアイヌ語を話していた。

〈北方少数民族との比較〉

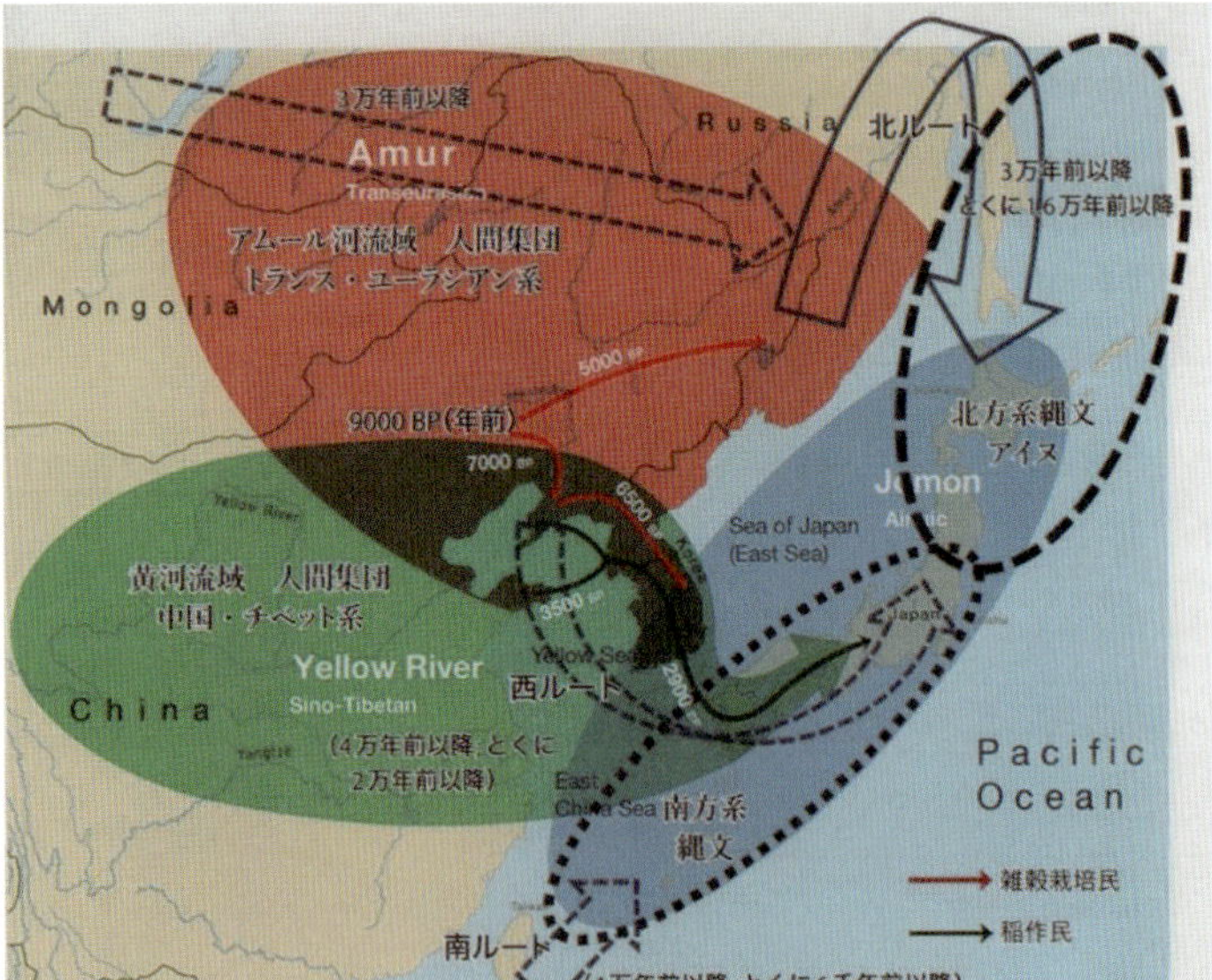

出典：小野（2022）[12]　口絵5より

2900年前に山東半島・遼東半島周辺で生まれた日本語の祖語（プロト日本語）が稲作民によってもたらされたという解釈はなるほどと思われる部分があったが、アムール川流域から北ルートで最終氷期に北海道に入った細石刃文化を持つ人達が「北方系縄文語（プロト・アイヌ語、古アイヌ語）」を導入したという説が他にもあり、引っかかった。確かに北海道にいるとアイヌ語は北から来たものと思いたい気持ちは分かるが、それは違うようである。これも紹介しておきたい。

『環オホーツク海文化のつどい報告書№23』（2015）の丹菊逸治「アイヌとニヴフ〜日露国境地域の先住民族」[13]によると、「アイヌ語もニヴフ語も北方少数民族の言語という意味では同じ立場だが、全然違う言語である。勿論日本語とも違う。ある同じところから分かれてきたような言語ではない」としている。

各少数民族はロシア行政下に多い。北海道と樺太は文字を伝統的に使ってこなかった人達が暮らしていた地域である。文字があると巨大国家が運営しやすいと言われているが、巨大国家を必要としない社会であれば文字は必要ない。巨大国家を必要としない暮らしを続けてきた地域である。

日本語、アイヌ語、ニヴフ語は、少なくとも数千年前から別の言語として存在していた。アイヌ語、日本語、ニヴフ語、ウィルタ語、イテリメン語の間には系統関係がない。ある同じところから分かれてきたような言語ではない。アイヌ語もニヴフ語も北方少数民族の言語という意味では同じ立場だが、全然違う言語である。日本語とも違う。

言語以外でアイヌとニヴフを比較すると、狩猟・漁労や家の立て方などは実地で教わって身につける等文字を持たない点で似ているような部分があるが、例えば送りの儀式など細かく見るとあまり似てない。似ている部分の1つは、支配者がいない世界であるということ。アイヌにはコタンコロクルという村長さんのような人がいたが、ニヴフにはその村長さんのような人すらいない。ただ、カルと呼ばれる親戚のグループの親族組織がある。カルが同じ人同士では結婚できないという仕組みがある。

但し、前述したように瀬川拓郎の引用では、比較言語学の視点ではユーラシア大陸言語はユーラシア内陸言語圏と太平洋言語圏の2つに分けられ、日本語、アイヌ語、朝鮮語、ニヴフ語は後者に属し、これらは旧石器時代に到達した「出アフリカ古層A型」という古いタイプの言語としているが、現在のアイヌ語とニヴフ語では全く違う言語ということになってしまうらしい。

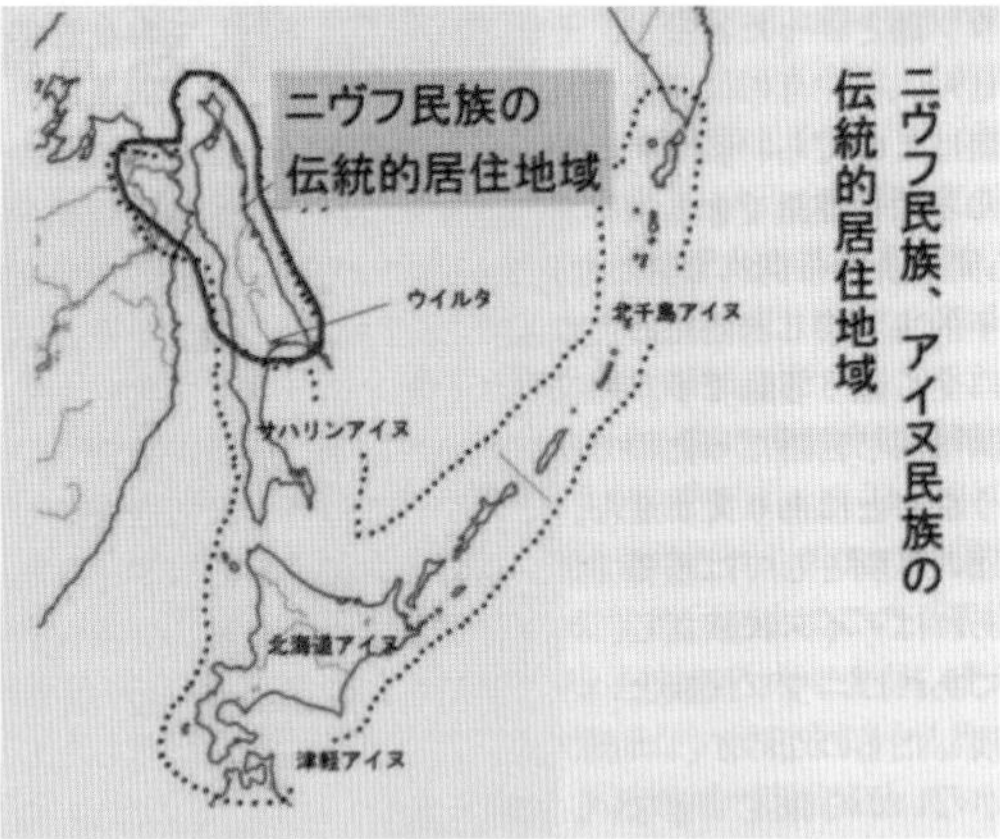

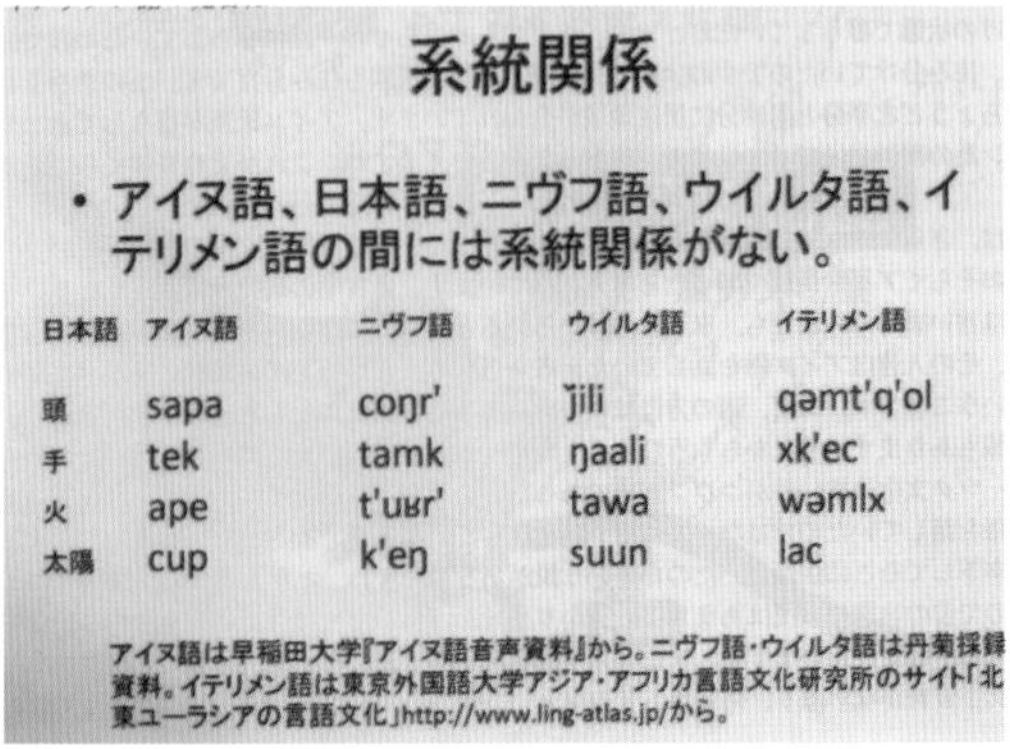

系統関係

- アイヌ語、日本語、ニヴフ語、ウイルタ語、イテリメン語の間には系統関係がない。

日本語	アイヌ語	ニヴフ語	ウイルタ語	イテリメン語
頭	sapa	coŋr'	ǰili	qəmt'q'ol
手	tek	tamk	ŋaali	xk'ec
火	ape	t'uʁr'	tawa	wəmlx
太陽	cup	k'eŋ	suun	lac

アイヌ語は早稲田大学『アイヌ語音声資料』から。ニヴフ語・ウイルタ語は丹菊採録資料。イテリメン語は東京外国語大学アジア・アフリカ言語文化研究所のサイト「北東ユーラシアの言語文化」http://www.ling-atlas.jp/から。

〈アイヌ語の起源を研究している言語学者の結論[11)]から考えられる説〉

ここで、アイヌ語は南方のオーストロネシア語に近いことを示唆している言語学者の村山七郎の見解を確認してみたい。どうやらアイヌ語を話す人は日本列島ばかりではなく東南アジアにも残っていたということらしい。

オーストロネシア語族とは、台湾から東南アジア島嶼部、太平洋の島々、マダガスカルに広がる語族で、台湾からフィリピンへ、インドネシアへ、太平洋へと拡散した。

村山説では、アイヌ語はオーストロネシア語の中で、メラネシア諸語及びニューギニア島の北海岸と東部及びそれに接する島々と関係が深いらしい。また、台湾及びフィリピンの諸語とも関係が深いらしい。

金田一京助はアイヌの先祖は黒竜江河口〜サハリン〜北海道に渡来、知里真志保はカムチャッカ半島〜千島列島〜北海道に渡来という説を唱えているが、チュコト地方やカムチャッカ地方の諸言語（チュコト語、コリヤーク語、アリュトル語、ケルク語、イテリメン語も含む）はアイヌ語と著し

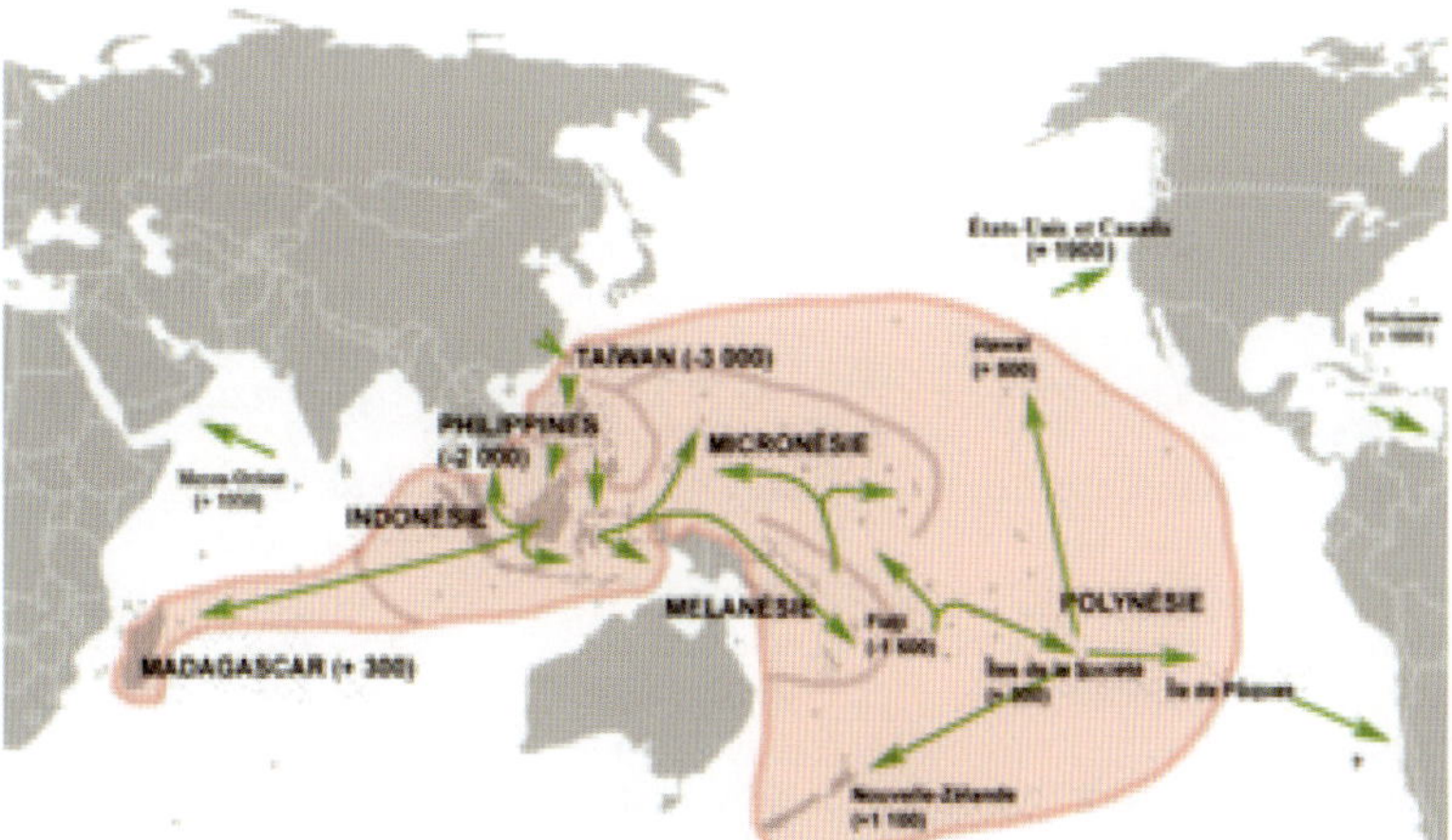

く異なる。

村山は、「金田一京助も知里真志保も語彙の面におけるアイヌ語の比較研究においては、業績は残さなかったようである」と述べた上で、オーストロネシア語系と推定されるアイヌ語単語を列挙している。いくつか例を示す。

村山は「アイヌ語がオーストロネシア（ＡＮと略す）系の言語であることに（中略）金田一京助のような、またその高弟の知里真志保（アイヌ）のようなきわめて卓越したアイヌ語研究家がこの点に気づかれなかったことは不思議である」とも述べている。

アイヌ語はオーストロネシア語系言語と同系統であることは正しいらしく、それを考えると、近年、国立科学博物館の実験考古学のグループが「３万年前、人類が今の台湾から沖縄の島々に渡ったとする説を実証しようと台湾を出発した丸木舟が２００キロ余り離れた沖縄県の与那国島に到着」という実験を行っているが、まさにこの南ルートの台湾から与那国島経由で日本列島に入ってきた人々も祖アイヌ語を使う人達だったと思える。

また前述したように、日本列島に辿り着いたホモ・サピエンスは、タイのパッタルン県のマニ族（ホアビニアンの末裔）が縄文人に近

アイヌ語	オーストロネシア語	アイヌ語	オーストロネシア語
ape　火	apuy　火	neto　凪ぎ	tə(n)duh　凪ぎ
atu　吐く	utaq　吐く	ni（所属形niye）　木	niyup　ヤシの木
ci　ペニス	uti　ペニス	numnum　,num（美幌）吸う	inum　飲むこと
cir　したたる cirir　タラタラと落ちる	tiyit　したたること	Pirka（樺太）,pirika（千島） 良い、美しい	pilih　選ぶ、選ばれたる
cis　泣く	taŋit　泣くこと	piru　拭う	buli　拭う
cikir　足	tiqel　leg	pok "vulva"　下	puki "vulva"
esna,esina　くしゃみ	baqeSiŋ　くしゃみ	sine　一	ita　一
horopse～horop　すする	hiyup　すすること	tu　二	duva ,tura　二
hura　匂い	ha[l]um　芳香	re　三	təlu　三
ku　一人称代名詞	aku　一人称代名詞	puyra　うずまき	puyu　うずまくこと
mun　草	buŋa　花	rit　腱、血管	uyat　腱、血管
ray　死ぬ	Layu　しおれること	rur　海、海水	laud　大海

いことからも、縄文人の祖先が東ユーラシア大陸で最も早くに東南アジアから北上した人達だった可能性が高く、この人たちは祖アイヌ語を話していたということであろう。

祖アイヌ語がいわゆる縄文語で、初めて日本列島に入ってきた人々が使用していた言語で、まず日本列島全体（沖縄～北海道）に広がっていたと考えられるが、その中で、北海道は2万5千年前のサハリンルートで人が入ってきたとき、その人達も祖アイヌ語を話していたかもしれないが、北海道アイヌ語として独自路線を進んだ可能性もあるのではないか。

北海道ではアムール河流域から最終氷期に入った細石刃文化を持つ人間集団が入ることによって、この人達が北海道のアイヌ語に何らかの影響を与えたことは考えられる。後述するがアイヌ語には、北海道方言（北部方言、南部方言）、樺太方言、北千島方言の3つの方言があると言われており、この方言に北方から入った人が影響している可能性もあると思う。

小野氏の進歩が著しい分子生物学からの考察[12]の中で、「日本列島の縄文文化は、ほぼ均一な縄文人によって作られたという説は、既に過去のものとなっている。北海道縄文人と関東縄文人のミトコンドリアDNAは大きく異なっている。北海道縄文人はN9bというハプログループ（母親を通じてしか遺伝しない）を主体とするのに対して、関東縄文人にはそれがほとんどない。全く別な人間集団である」（著者要約）としている。これは縄文時代のことだが、実際はサハリンルートで人が入ってきた旧石器時代からの動きであると思われる。

また「現在の北海道アイヌは、N9bとYという二つのハプログループであり、Yは5～12世紀頃に北海道の沿岸部に到来したオホーツク人から受け継いだものである。N9bはヨーロッパからアジアの人間集団を特徴づけるハプログループNから分化したもので、そこから分化したハプログループAは北アメリカへ渡っている。現在の北海道アイヌ、北海道縄文人、関東縄文人、沖縄の人々に共通するハプログループはM７ａ（黄海からアジア大陸付近）で、西ルート、南ルートを代表するものらしい。Ｎ９ｂは北ルートである。Ｎ９からＭ９ｂに文化が起きたのは、シベリアからの人間集団がまだアムール川流域に留まっていた時期かもしれない」（著者要約）とも述べられている。

やはり北のサハリンルートで人が入ったことや、後述するがカムチャッカの人と続縄文人との混血などにより北海道に大きな変化が起きたことがこれからも見て取れる。

また「ハプログループAは北アメリカへ渡っている」というのは、千島列島ルートでカムチャッカ半島を通って人が北アメリカまで移動したことを示しているのではないか。おそらく縄文人のＤＮＡを持つ人がアメリカ大陸まで行っている。

分析された人骨で、下欄の各ハプログループが占める割合 / ルーツとなる人間集団(左)とそれに由来するハプログループ（右）		江戸アイヌ(94)			北海道縄文(54)	オホーツク(37)	現代アイヌ(51)	日本本土(211)	琉球諸島(156)
			道南西(51)	道東(43)					
北海道縄文	N9b1	**20.2**	**13.7(7)**	**27.9(12)**	**64.8**	**10.8**	**7.8**	1.9	2.6
	M7a2	2.1	0.0(1)	2.3(1)	1.9	5.4	0.0	0.5	0.0
	G1b*	**8.5**	9(2)	**14.0(19)**	**11.1**	**24.3**	**15.7**	0.0	0.0
ウデヘ	D4o1	2.1(2)	3.9(2)	0.0	0.0	0.0	0.0	0.0	0.0
オホーツク	Y1	**31.9(30)**	**29.4(15)**	**34.9(15)**	0.0	**43.2**	**19.6**	0.5	0.0
	C5a2b	3.2(3)	5.9(3)	0.0	0.0	5.4	0.0	0.0	0.0
日本本土	D4(D4o1を除く)	**11.7(11)**	**17.6(9)**	4.7(2)	0.0	0.0	**13.7**	**36.0**	**25.6**
	M7a1a7	2.1(2)	2.0(1)	2.3(1)	0.0	0.0	15.7	9.5	28.2
	M7b1a1a1	3.2(3)	5.9(3)	0.0	0.0	0.0	3.9	2.8	7.1
	F1b1a	2.1(2)	3.9(2)	0.0	0.0	0.0	2.0	5.2	3.2
	A5c	6.4(6)	3.9(2)	9.3(4)	0.0	0.0	0.0	0.5	2.6

（　）内は調べられたサンプル数。
Adachi ほか（2018）の表1では G1b が9.6%、表2では G1b ＊が8.5%となっており一致しないが、「北海道縄文型」に分類した。またとくに頻度が高いものを太字にした。

出典：小野 (2022)[12] P.319 表 1 より

〈参考〉

２０２３年12月２・３日に行われた「日本情報考古学会第48回大会」というのを聴講（web）したが、その中で植木武会長が「日本人はどこからきたか？」という演題で日本列島民の源郷・経路論について次のようにまとめていた。

（日本列島民の源郷・経路論）

(1)人種交換モデル（人種置換交換論）…新井白石、エドワードＳ・モース、児玉作左衛門等

(2)人種交換吸収モデル（人種混血・融合説）…シーボルト、ベルツ、鳥居龍蔵等

(3)人種連続モデル（変形・小進化説）…白井光太郎、小金井良精、長谷部言人等

(4)縄文／弥生モデル（民族置換説）…中山平次郎、喜田禎吉、金田一京助等

(5)形質人類二重構造モデル（置換説主・混血説従）…埴原和郎、山口敏、馬場悠男他

(6)分子人類渡来・吸収モデル（混血説主・置換説従）…春成秀爾、佐々木高明、根井正利等

植木武は（５）の二重構造説は今でも主張している人がいる。ＤＮＡを使用した研究（６）が進んでいるとの見解を示している。

4．旧石器時代の動きについてのまとめ

以上展開してきた瀬川の説等を基に、旧石器時代～アイヌまでの全体の流れをまず考えてみた。

（参考とした形質学者の見解）

・縄文人は「出アフリカ」を果たした現生人類がヨーロッパ人とアジア人に分化する前の状態を保っている（現生人類の中では古層に属する＝縄文人は人種の孤島）。旧石器時代に東の果ての日本列島まで来た人達が縄文時代までそのまま続いた。

・旧人のネアンデルタール人の後に出現した化石現生人類のクロマニヨン人と縄文人は類似している。縄文人はクロマニヨン人の特徴を受け継いでいる。コーカソイド（ヨーロッパ系）となる。

（参考とした言語学者の見解）

・松本克己は、rとlを区別するか、名詞の単数と複数を文法的に区別するか等の指標で分類すると、ユーラシア大陸言語はユーラシア内陸言語圏と太平洋言語圏の2つに分けられ、日本語、アイヌ語、朝鮮語、ニヴフ語は後者に属し、これらは旧石器時代に到達した「出アフリカ古層A型」という古いタイプの言語としている。

・さらに人称代名詞の違いを指標にすると、4つの言語は「日本語・朝鮮語」と「アイヌ語・ニヴフ語」の2つのグループに分かれる。

・世界の孤立言語は9つあり、そのうち6つが出アフリカというが、最も興味深いのが「アイヌ語・ニヴフ語」が1つのグループで、かなり古い時代には繋がっていたということである。

〈旧石器時代〉

そもそも日本列島にも、ホモ・サピエンスの前にも他の人類が居た可能性がある（例えばデニソワ人）が、認知革命で虚構を語る能力を身につけ地球の征服者となってしまったホモ・サピエンスが日本列島に来てからの話を進めたい。

日本列島に辿り着いたホモ・サピエンスは、出アフリカのホモ・サピエンスが、ヨーロッパ人とアジア人に分化する前の状態で、つまり縄文人の祖先がインドを通り東ユーラシア大陸で最も早くに東南アジアから北上した人達だった。縄文人の祖先はアフリカから東アジアに辿り着いた最初の集団で、日本列島（沖縄～北海道）に入り、まず広く分布した。その人達は祖アイヌ語を話していたが、アイヌ語に近い言語として南方にも残るオーストロネシア語との関係性が指摘されている（村山七郎）。日本列島に人が入ったルートは対馬ルート（3万8千年前）、沖縄ルート（3万5千年前）と言われているが、発見されている石器からするともう少し古い可能性もある。

〈旧石器時代第2段階〉

北海道ルートはその1万年後（2万5千年前）で、サハリンから細石刃を持った人々が入ってきた。その人達は北海道で本州から北上してきた旧石器人と出会っている。その人達の使っていた言語は不明だが（祖アイヌ語か？ ニヴフ語に近づいたものか？）、その影響で北海道では言語の祖アイヌ語は多少の変化が起きた可能性があり、またより寒さに強い北方仕様を遂げるなどの変化が本州に対して起きたのではないか。

この頃、サハリン以外に千島列島も人が通るルートだったと考えられる。カムチャッカ半島のウシュキ遺跡の墓の副葬品と共通する副葬品が知内町の2万年前の墓から出土している。旧石器時代の石器が発見されていて、北からの動きと南からの動きが確認されている。

ロシアの報告では、旧石器時代～縄文時代早期に、北海道・本州・サハリン・モネロン島・礼文島・利尻島・クリール列島・カムチャッカの広範囲で石材交換がなされていたとある。

（文献）

1）川上淳『千島通史の研究』（北海道出版企画センター、2020年）
2）（財）北海道北方博物館交流協会会誌『北方博物館交流28号』（2016年）
3）長﨑潤一他「北海道蘭越町立川1遺跡第1次調査概報」『早稲田大学大学院文学研究科紀要第68輯』（2023年3月）
4）堀恭介「旧石器時代の狩人達の道具箱」（東京都埋蔵文化財センター文化財講演会資料、2023年11月18日）
5）長野県立歴史館編『信濃の風土と歴史㉖ 学芸員が語る長野県立歴史館所蔵品選第二巻―考古資料―』（長野県立歴史館、2022年）
6）ユヴァル・ノア・ハラリ（柴田裕之訳）『サピエンス全史 上・下』（河出書房新社、2016年）
7）瀬川拓郎『アイヌと縄文 ―もうひとつの日本の歴史』（筑摩書房、2016年）
8）白石浩之「関東地方における最古級の石器群と狩猟具の展望 主として台形様石器を中心として」『国立歴

史民俗博物館研究報告第206集』（2017年3月）
9）門脇誠二編『ホモ・サピエンスのアジア定着期における行動様式の解明4・5』（文部科学省科学研究費補助金新学術領域研究（研究領域提案型）2016‐2020年度 ―「パレオアジア文化史学」A02班2019年度／2020年度研究報告、2020年／2021年）
10）出穂雅実（首都大学東京大学院人文科学研究科）「日本列島に現れた最初の現代人：年代と文化的特徴」（大磯町郷土資料館配付資料、2017年）
11）村山七郎『アイヌ語の起源』（三一書房、1992年）
12）小野有五『「新しいアイヌ学」のすすめ』（藤原書店、2022年）
13）丹菊逸治「アイヌとニヴフ～日露国境地域の先住民族」『環オホーツク海文化のつどい報告書№23』（北の文化シンポジウム実行委員会、2015年）

Ⅱ．縄文時代以降の千島列島

千島列島の中部から北部では、縄文～続縄文時代の遺物が発見されてない。旧石器時代も同じだが、余りにも発見が少なすぎる。空白地帯と言ってもよいかもしれない。新たな調査は、現状では難しいと言わざるを得ない。

ある程度調査が進められた択捉島以南は、道東と同じような文化だったらしい。択捉島と得撫島の間には、植物学で言う分布境界線（宮部線）がある。ここは（植物学上の）温帯と亜寒帯との境であり、得撫島より北の島には広葉樹林が見られなくなる。これは人が住んだかどうかということにも影響しているかもしれない。

1．1万年前頃、北海道と国後島の間が再び海になった

ポー川史跡自然公園歴史民俗資料館では、標津周辺の地形の成り立ちを次のように説明している。

① 12 万年前

12 万年前は今より温暖で、標津は浅い海の底。

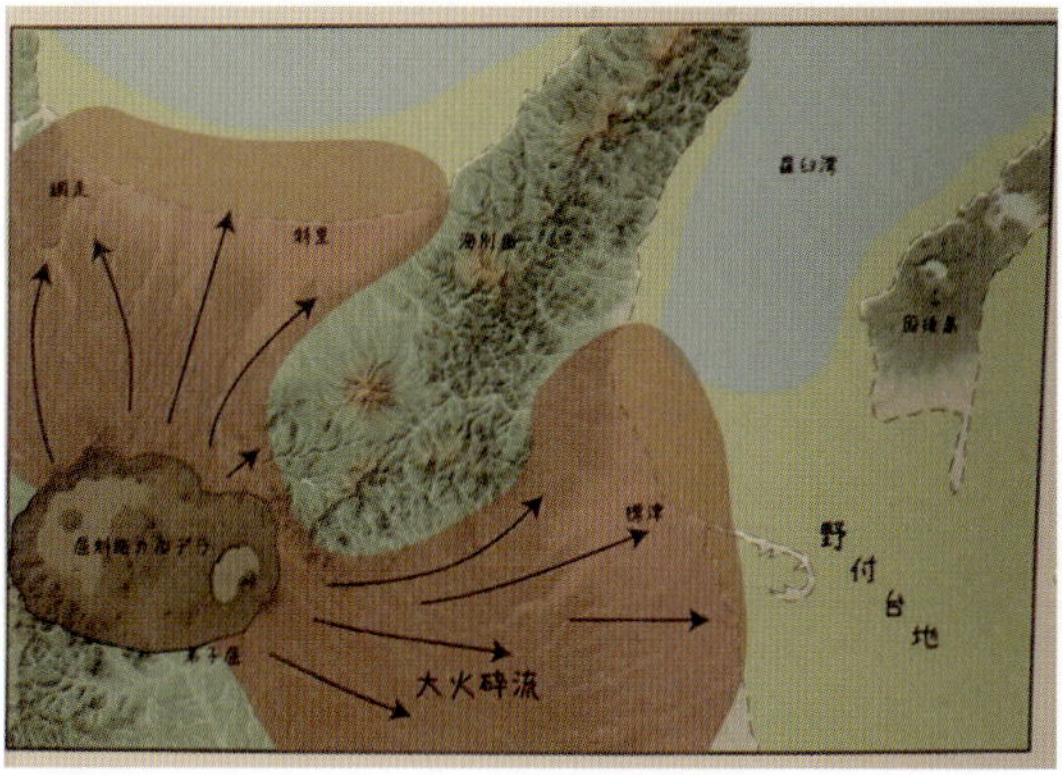

② 11 万～ 10 万年前

海水面は今より 40m 低く北海道と国後島は陸続きになったところに、屈斜路湖、摩周湖周辺の山が大噴火。巨大カルデラが出来て火砕流が標津川、忠類川沿いに根室海峡まで流れ根釧台地を埋めた。

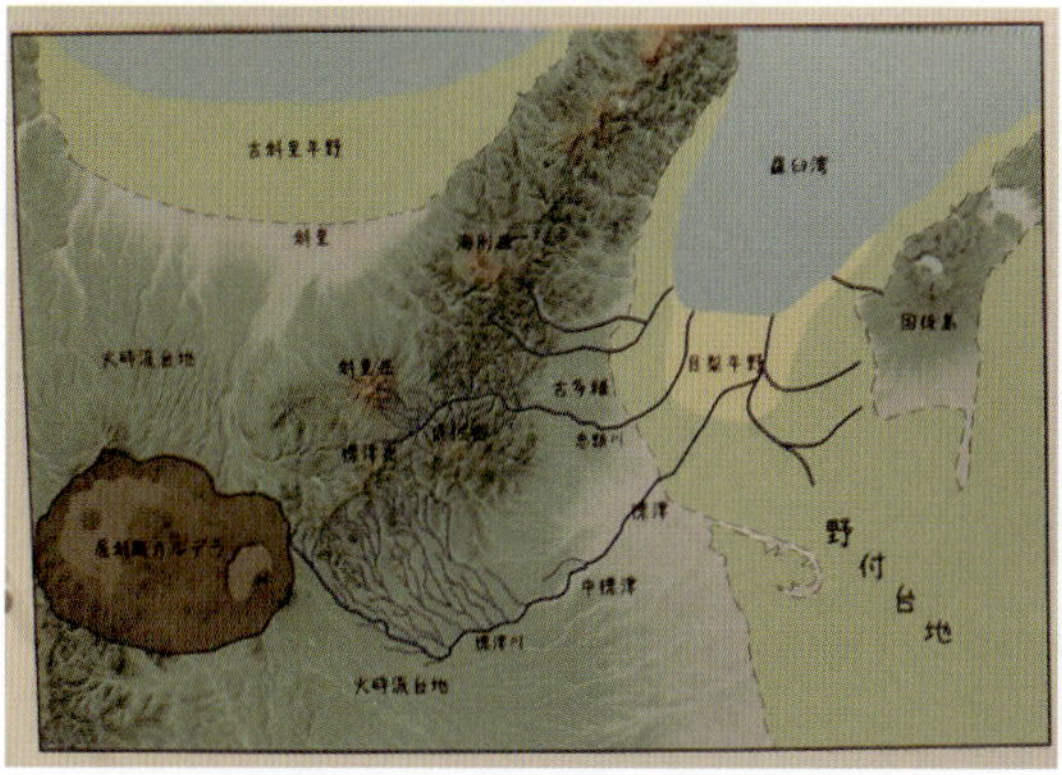

③ 5 万年前

氷河期の気温低下がさらに進み、海面は今より 80m 程度低く、海岸線は今より 20 ～ 30km 程沖合。

日本列島に人が入ったのは、
対馬ルート：3 万 8 千年前、
沖縄ルート：3 万 5 千年前、
北海道ルート：2 万 5 千年前。

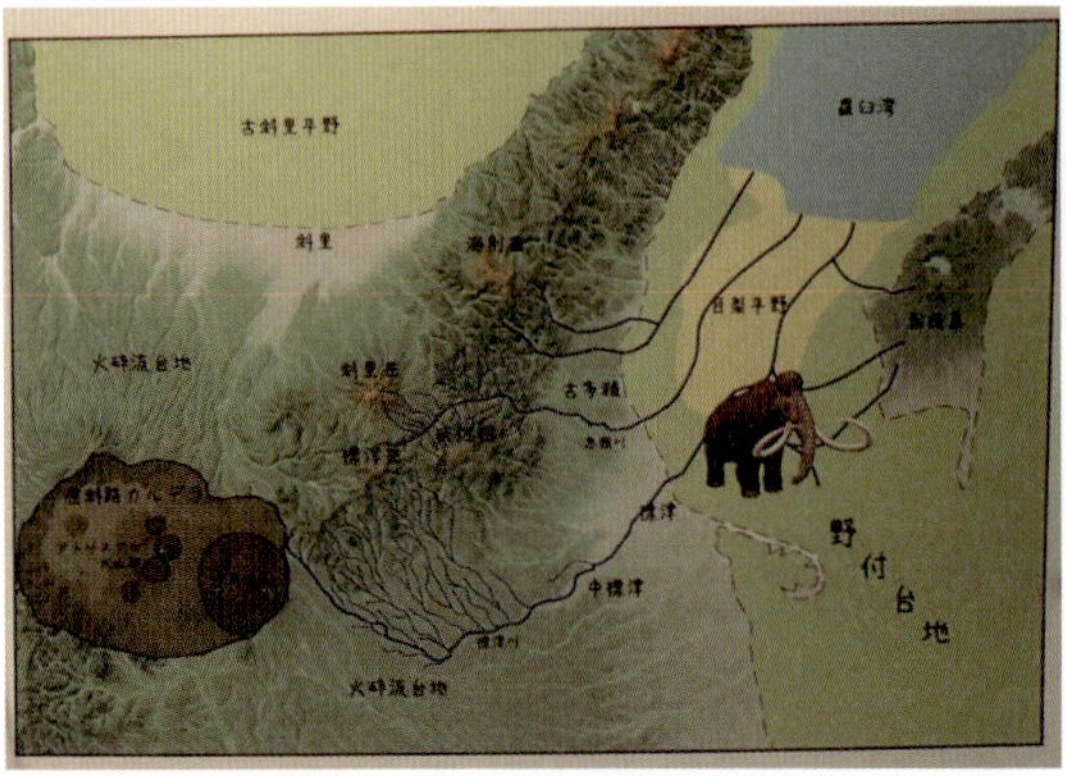

④ 2万～1万7千年前

氷河期の中でも最も寒い時期で海岸線はさらに沖合にあった。北海道はサハリン、大陸と陸続きでマンモスやそれを追って人間が大陸からやってきた時代で旧石器時代と呼ばれている。

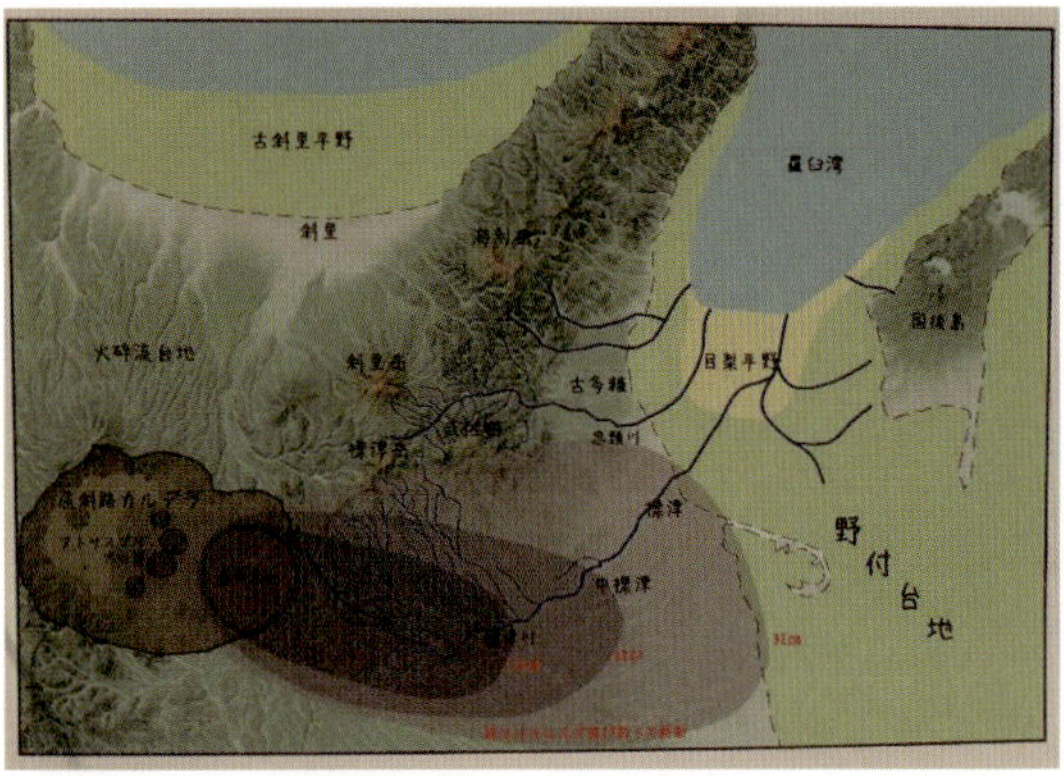

⑤ 1万2千年前

摩周火山の噴火が活発化。噴出物が中標津～標津に堆積。

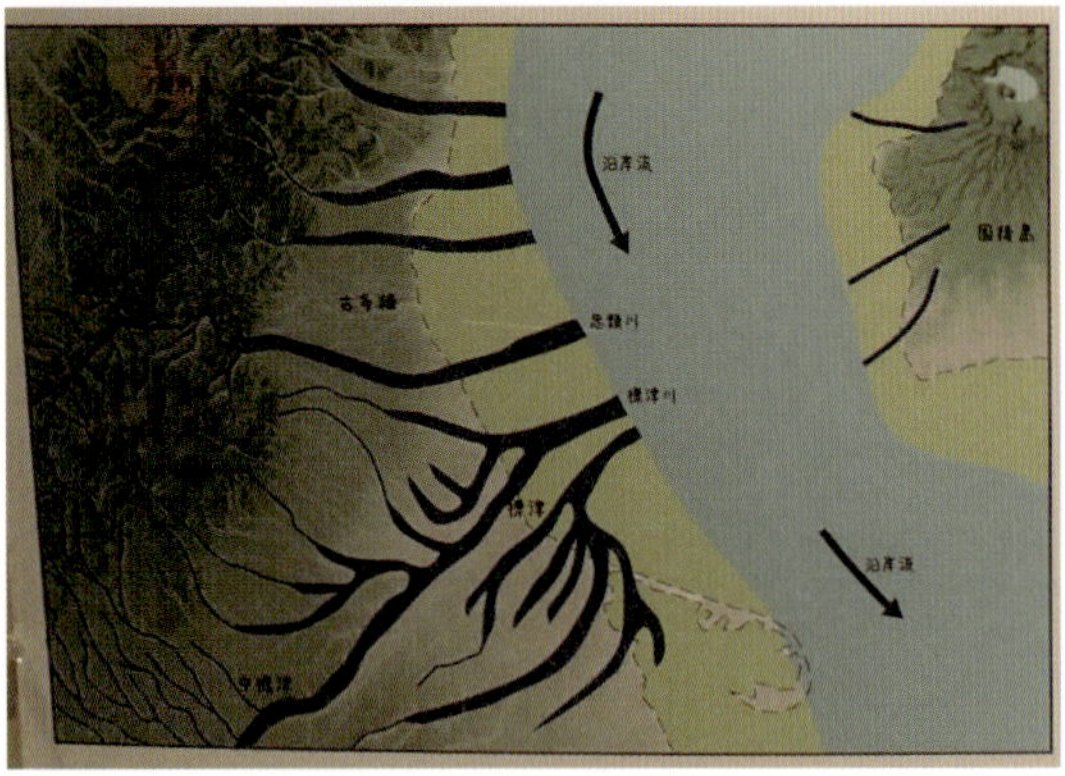

⑥ 8千～7千年前

温暖化が始まり根室海峡が形成。日梨平野、野付台地は海になり、国後島は島に戻る。標津遺跡群に人が住み始めるのは1万年前から。

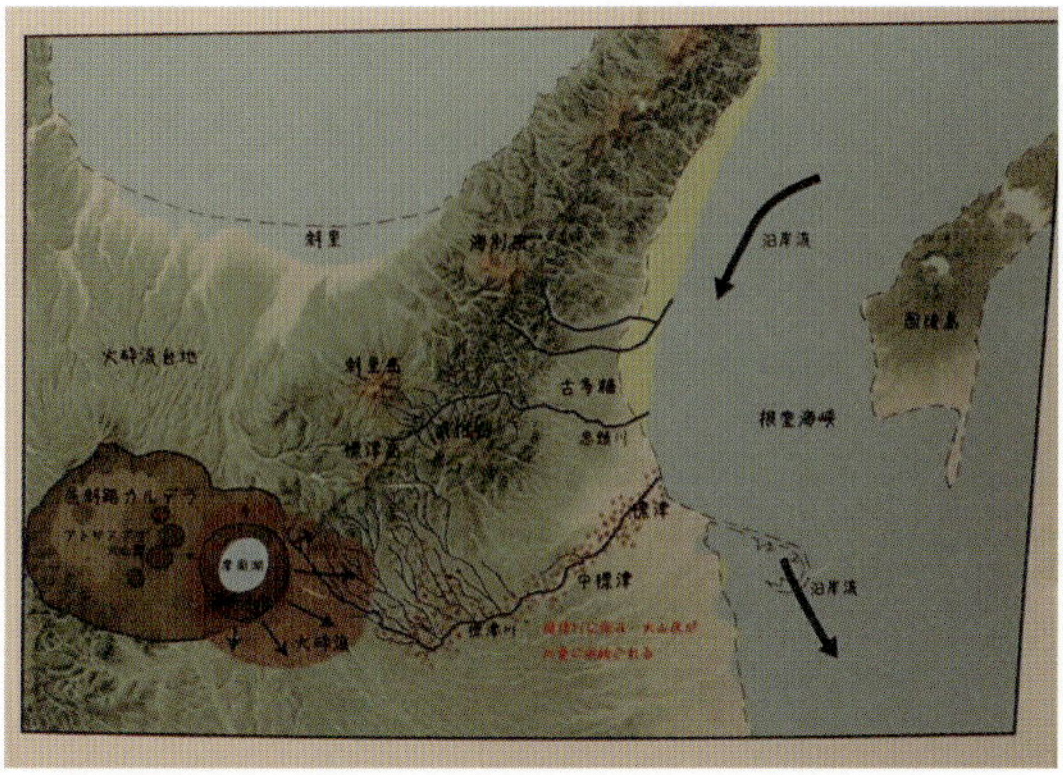

⑦ 6千500年前

摩周湖形成。標津川に軽石、火山灰が大量に供給される。

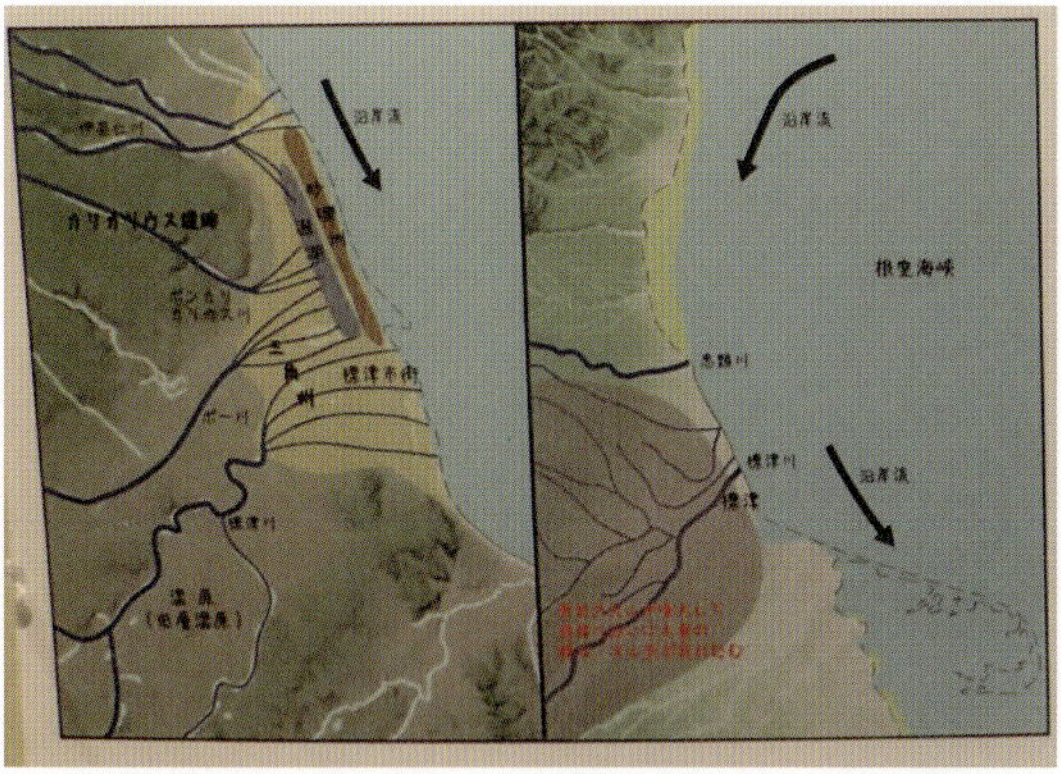

⑧ 6千年前

縄文海進の時期だが、標津川に軽石、火山灰が大量に供給されたことと沿岸流の影響で海岸線に砂礫砂洲が急速に形成されたため、海の侵入は防いでいるが、火山の影響で人口は減っていた。

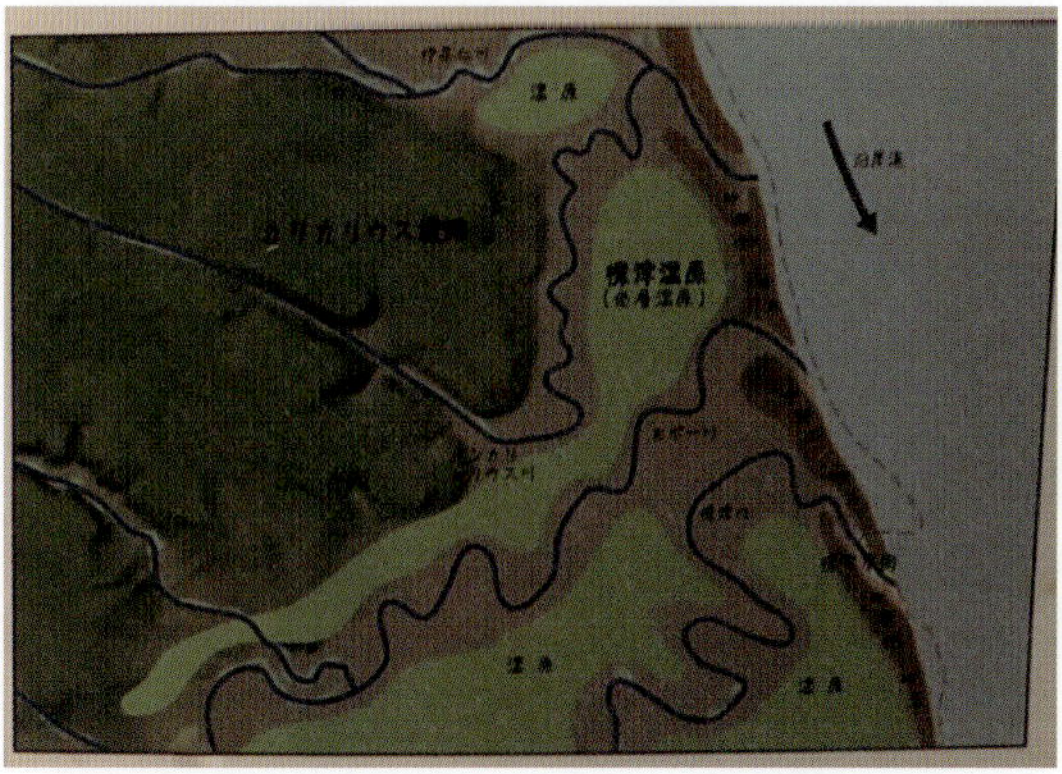

⑨ 4千年前

標津湿原が形成されはじめる。ポー川周辺の地盤が安定してきたため、ポー川河畔の低地にも人が住み始める。

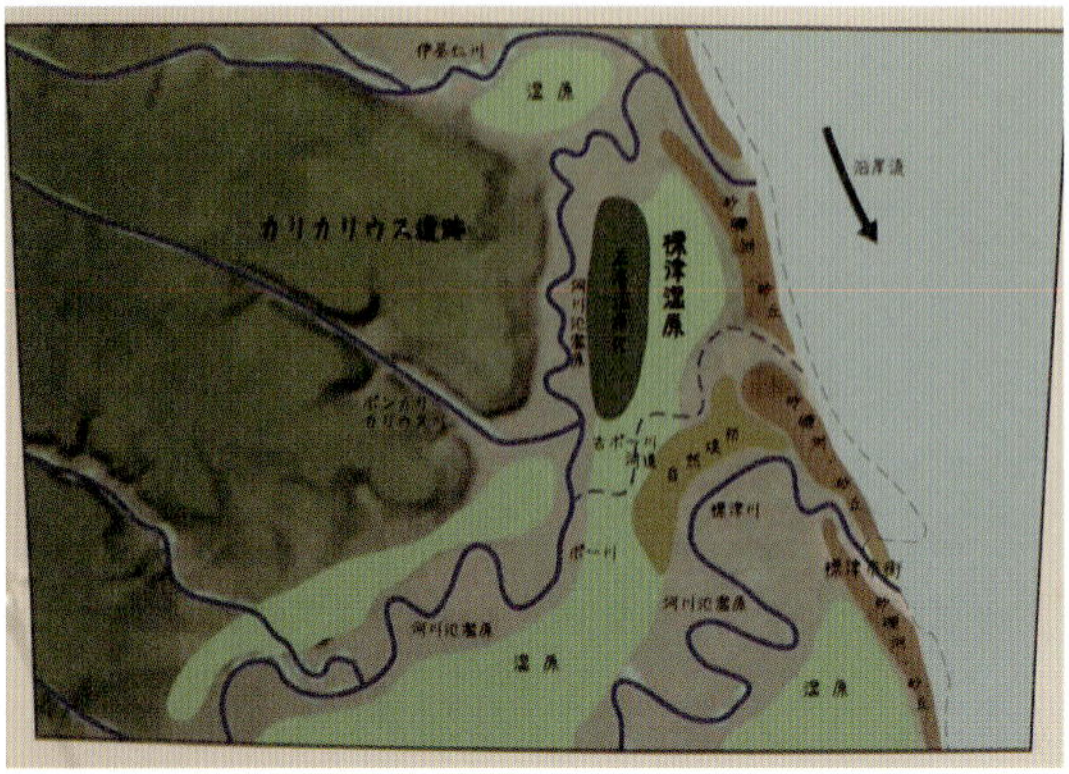

⑩ 3千年前

ほぼ現在の形になる。

（1）標津で発見された最古の土器は1万年前

標津の最古の土器が発見された頃、国後島との間が海になる。縄文人にとってシレトコ岬が国（北海道）の頭となっていく。シレトコと呼ばれるようになったのは、この頃か？ 縄文人は国後島が北海道から離れていくのを見ていたはずだ。特に羅臼、標津、根室辺りの縄文人は、目の前で見ていたはずである。

しかし、「シリ（地の）・エトコ（突出部）」の「シリ」とは、山あるいは島をあらわすときにも使われる離れたところにあるもの、遠くに望むものを指すときの意味もあるらしく、それがまさに合っている景色が眺められる網走方面のオホーツク海側の人から「シリ・エトコ」と呼ばれ始めたような気もする。この視点に立つと知床岬が誕生する前からシレトコと呼ばれていたかもしれないと思う。能取岬等のオホーツ

ク海側から何度も迫力のある日の出と知床半島を眺めた人間としてはそう感じる。

国後島との間が海になっても縄文人は海を渡って国後島、択捉島まで往来していたらしい。やはり択捉島までのこの辺り（現在の北方四島、道東）の文化圏は同じだったということであろう。

(2) 標津遺跡群

・2000ヶ所を超える窪みで残る竪穴跡が確認できる。特に標津と常呂が多い。1000ヶ所前後確認できるところは、釧路、根室、斜里、枝幸、天塩などが挙げられる。
・伊茶仁カリカリウス遺跡では400ヶ所の竪穴があり、3つの恵み（湧水800ヶ所、サケ、川）が特徴。
・標津の位置は、北は羅臼、南は根室、東は国後島、西は釧路となり交易の中心となっている（ヒスイや漆工品など）。
・オホーツク文化と擦文文化が融合したトビニタイ文化人が生まれ、メナシアイヌへと繋がっている。チャシは海に面しているのが特徴。オホーツク人、アイヌは北千島に進出している。
・メナシアイヌは高い航海技術を持ち、17世紀には100艘の船で松前まで交易に行っている（サケ、ニシン、ラッコ）。

2. 千島列島を含めた北方四島の最近の研究

千島列島を含めた北方四島の研究は、「北方文化共同研究事業」の一環として、2005年~2009年にかけて行われ、右代啓視・鈴木琢也ほか（2008年、2010年）は、この研究で歴史・文化資源の活用の可能性を探ることを目的に国後島古釜布郷土博物館の収蔵資料を中心とする先史文化の遺跡群の時代性と文化遺産の活用について明らかにした。この研究成果を踏まえ、2010年~2013年まで「北方四島の先史文化研究と博物館交流の基礎づくり」として研究プロジェクトを立上げ実施している。この研究プロジェクトは2015年まで続き、北方四島における先史文化の基礎データの収集のため、国後島と色丹島での遺跡調査と、国後島古釜布郷土博物館を拠点とする北方四島の郷土史、民族学、民俗学、歴史学などの専門家との学術交流を進めている。研究成果として、第一に、国後島、色丹島の現地調査により遺跡の分布やその特性などの基礎データを収集することができ、国後島では65ヶ所、色丹島では22ヶ所の遺跡を確認したとしている。これは戦後はじめての大きな成果であり、両島の未調査地域を調査することで、さらに遺跡数が増えることを指摘し、千島アイヌに関する現地調査や国内調査からは、特に千島アイヌの特徴的な民族資料として、国内に現存する植物製民具であるテンキを集成し、基礎的なデータを報告したとしている。

しかし、現状では現地調査も難しい状況である。将来は現地調査をまた現地の博物館や研究者とできるようになることが望まれるが、今は過去の研究成果や最近の研究論文を確認していくしかない。

2-1 遺跡の確認

まず川上淳の『千島通史の研究』[1)]に記載されている遺跡を列挙する。

(1) 縄文時代の遺跡

縄文時代は北方四島のものばかりで、得撫島以北はない。

〈縄文早期(8000年前～)〉

1. 択捉島紗那の北の内岡(キトーブイ)遺跡 浦幌式土器、柳葉形尖頭器

・バイカル湖起源の石刃鏃は発見されてないが、石刃鏃文化が択捉島まで及んでいたと考えられている。

〈縄文前期(6000～5000年前)〉

1. 択捉島紗那砂丘上の竪穴群付近 尖底押型文土器(横位の矢羽根状の模様、繊維入り)

・同様のものが根室のトーサムポロ遺跡、温根沼遺跡、斜里町朱円遺跡で見つかっている。この文化は根室、網走、択捉島に広がっていた。

〈縄文中期(5000～4000年前)〉

1. 択捉島紗那 北筒式土器(同様の土器が羅臼から根室にかけて出土)

2. 択捉島留別　新しいタイプの北筒式土器
3. 択捉島年萌（カサトカ）　北筒式土器
4. 択捉島別飛　北筒式土器（羅臼式、観音山式を含む）
5. 色丹島ポンデバリ　トコロ６類（北筒Ⅱ式）
6. 色丹島斜古丹　北筒式土器
7. 択捉島ニウモイ遺跡　丸のみ形石斧（縄文中期の北筒式土器に伴うもの）

〈縄文後期（4000～3000年前）〉

・後期は一時寒冷化した時期で千島列島では見つかってない。

〈縄文晩期（3000～2800年前）〉

1. 色丹島斜古丹　道東の晩期前半の土器群と共通する土器
2. 国後島古釜布アイヌ地　晩期後半の幣舞式土器
3. 国後島ニキショロ海岸（浜中）　直径６m、短径５m、深さ１・６mの中央部に石組炉を持ち西側に入り口がある楕円形の竪穴から晩期終末の緑ヶ丘土器が出土

・晩期の有角石斧は根室、網走、国後島の泊、古釜布、東沸、ニキシロで出土していることから晩期の文化圏が道東～国後まで同一だった。
・環状列石や環状土籬という集団墓地が作られ、定住化の促進、身内意識化の確立、土偶が作られ精神

文化に傾斜し組織しようとする社会も国後島まで広がった。

(2) 続縄文時代の遺跡

〈続縄文時代前半の遺跡(BC3世紀~AD3世紀)〉

1. 勇留島砂浜遺跡　興津式土器
2. 色丹島ポンデバリ遺跡　興津式土器、宇津内式土器、下田ノ沢式土器
3. 色丹島ノトロ　興津式土器、宇津内式土器、下田ノ沢式土器
4. 国後島古釜布市街地　興津式土器
5. 国後島古釜布アイヌ地　興津式土器
6. 択捉島オベボソ川下流　興津式土器
7. 択捉島年萌　興津式土器
8. 新知島ブロートン湾　興津式土器
9. 色丹島斜古丹　宇津内式土器、下田ノ沢式土器
10. 国後島古丹消(アレヒノ)　宇津内式土器、下田ノ沢式土器
11. 択捉島留別　宇津内式土器、下田ノ沢式土器
12. 択捉島紗那貝塚　宇津内式土器、下田ノ沢式土器
13. 択捉島紗那貝塚　宇津内式土器、下田ノ沢式土器

＊興津式土器：釧路、根室、宇津内式土器：北見、網走、下田ノ沢式土器：釧路、根室

14. 得撫島アリュートカ湾　同期の土器発見
15. 新知島ブロートン湾　同期の土器発見
16. 新知島ザーパトナヤ・クリュシニャー岬　同期の土器発見
17. 北知里保以島パスチャナーヤ湾　同期の土器発見
18. 得撫島床丹（スレッドニェクリリスク）　続縄文前半期の土器と石器発見
19. 新知島コストチカ　続縄文前半期の土器と石器発見

（住居跡）

1. 国後島古丹消と植尻の間のアリョーヒナ岬
2. 択捉島ラウス沼（タンコ・ヴォエ）　墳墓からは人の頭骨（ベンガラ）
3. 国後島、択捉島、得撫島で確認

〈続縄文時代後半の遺跡（ＡＤ３世紀末〜８世紀）〉

1. 色丹島斜古丹　後北式土器、竪穴式住居、竪穴墳墓有り
2. 国後島古釜布アイヌ地　→
3. 国後島アレヒノ　→
4. 択捉島留別　→
5. 択捉島年萌　→
6. 択捉島紗那貝塚　→

7. 択捉島ラウス湖岸　→
8. 幌筵島ヴァシリェーヴァ　石偶（カムチャッカでも数点発見）
9. 幌筵島ラブレット　柄付き石製ナイフ等（アリュート民族等の関係か）

〈状況〉

・千島列島では択捉島にまで後退した。
・北千島ではカムチャッカ半島との関係。

（3）オホーツク文化期の遺跡

〈オホーツク文化期（5〜10世紀）前半 刻文・沈線文期〉

1. 国後島古釜布アイヌ地　刻文土器、沈線文土器
2. 国後島ニキシロ沼口遺跡　→
3. 国後島東沸　→
　ロシア文献：28個の居住穴、6×10mの長方形、炉が2つ、板寝床、石ランプ
4. 択捉島留別　→
5. 択捉島別飛　→
6. 択捉島紗那貝塚　→
7. 択捉島内保　→
8. 新知ウラトマン貝塚　→　石器、骨角器

9. 幌筵島榊里 →
10. 幌筵島摺鉢湾トッカリ貝塚 →
11. 占守島潮見川 →
12. 阿頼度島 →
・千島列島全体にオホーツク土器の文化が広がったが、北千島ではカムチャッカ半島の文化的影響を受けてオホーツク人が居住していた。

〈オホーツク文化期 （5～10世紀） 後半 貼付文期〉

1. 色丹島斜古丹 貼付文土器、
2. 色丹島穴澗 →
3. 色丹島鴨島 →
4. 国後島東沸湖畔 →
5. 国後島古釜布アイヌ地 →
6. 国後島ポンキナシリ →
7. 国後島植尻 →
8. 国後島ニキシロチャシ →
9. 択捉島ラウス →
10. 択捉島別飛温泉川 →

11. 択捉島別飛 →
12. 択捉島オーリャⅠ →
13. 択捉島留別 →
14. 択捉島紗那貝塚 →
15. 択捉島クイビシェヴァ　貼付文土器（ソーメンのような粘土ひもを張り付けた土器）
16. 択捉島年萌湖岸 →

・後半になると中部、北千島からは発見されてない。南千島まで後退した？
・但し、択捉島イジンコタンからはオホーツク文化特有の穴の開いた錘石と石鎚様の石製品が出土しているが、類似のものが新知島ブロートン、占守島、カムチャッカ半島から出ている。
・択捉島留別からは石ランプが貼付文土器とトビニタイ式土器が一緒に出土した。オホーツク文化期終末か。
・**得撫島と新知島ブロートン湾の石ランプは、北千島で出土するものと同タイプ。**

（4）トビニタイ期（11〜13世紀）の遺跡

1. 色丹島穴澗　トビニタイ式土器（擦文式土器の器形に貼付文が融合）
2. 色丹島斜古丹 →
3. 国後島ポンキナシリ →
4. 国後島古釜布 →

5. 択捉島紗那 →
6. 択捉島タンコーヴォエ →
7. 択捉島レイドォーヴォエ →
・トビニタイも南千島しか発見されてない。
・トビニタイ人が北千島まで行ったことを示すものはない。

（5）擦文時代（7世紀後半〜12、13世紀）の遺跡

1. 色丹島カモメ湾　擦文式土器
2. 色丹島斜古丹 →
3. 国後島アレヒノ →
4. 択捉島オーリャI →
5. 択捉島レイドォーヴォエI →
6. 択捉島タンコーヴォエ →
・擦文文化の遺物も南千島しか発見されてない。
・しかし得撫島にも擦文土器と類似の文様モチーフの土器があり、北千島の骨角器の文様にも同様のモチーフがある。

（6）アイヌ文化期時代（13世紀末〜18世紀末）の遺跡

〈アイヌ文化期 前期：内耳土器文化（13世紀末～15世紀）〉

1．択捉島留別　　内耳土器（本州の内耳鉄鍋を模倣して作られた）

2．色丹島植別　→

3．新知島　→

4．幌筵島　→

5．占守島　→

6．カムチャッカ半島　→

・千島、樺太、カムチャッカの堅耳の内耳土器：17世紀中～18世紀。

・千島、樺太、カムチャッカの平縁四耳：19世紀前半。

・北海道では15世紀頃に内耳土器は使用されなくなった。（2世紀間の空白時期は何か）

（馬場修氏は北千島の考古学調査により次のように分類している）

①第一期　オホーツク式土器時代

②第二期　前中期（内耳土器時代）

③第三期　末期（クリルスキー、アイヌ時代）

〈アイヌ文化期 後期：チャシ文化（16世紀中～18世紀末）〉

1．色丹島穴澗　　北千島アイヌのヤーコフの話

2．色丹島トカリモイ　→

3. 色丹島マスバ →
4. 国後島乳呑ノ路の土塁
5. 国後島泊
6. 国後島秩苅別
7. 国後島オダトミ 松浦武四郎の地図で確認
8. 国後島カムイチャシコツ（ポンベツ漁場とヤンベツ漁場の間）→
9. 国後島ニキシロ →
10. 国後島チャシウシ →
11. 国後島ウエンチャシコチ（セオイ川とクラオイ川の間）→
12. 国後島ボッケ岬のチャシ →
13. 択捉島内保川右岸
14. 択捉島年萌駅逓の傍
15. 択捉島紗那支庁裏（3ヶ所）
16. 択捉島チャシコツホンムイ（野斗岬近く） 松浦武四郎の地図で確認
17. 新知島 北千島アイヌのヤーコフの話
18. 宇志知島 →
19. 羅処和島 →
20. 捨子古丹島 →

21. 温祢古丹
22. 幌筵島チルトライ遺跡
23. カムチャッカ半島オストローグ　→
（アイヌ期の墳墓）
・択捉島温泉川：屈伸葬、鉄刀が服装

（7）ロシア人集落（18～19世紀）

1. 占守島バイコヴォ湾
2. 新知島ブロウトン湾
3. 北知里保以島
4. 得撫島アツタイト湾
5. 得撫島アリュートカ湾
6. 得撫島トコタン
7. 択捉島リャヴィナヤパスチ湾

①第一段階
・ロシア人が千島発見。チョールヌイの得撫島集落建設まで。
②第二段階
・ラッコ猟で中部～北部千島まで管理した。19世紀初頭。

③第三段階

・露米会社が進出（〜19世紀半ば）。ロシア人狩猟者、アリュート人、アイヌ人が混在していた。

（8）『千島通史の研究』の千島の先史時代からみた遺跡や遺物のまとめ

・発見された遺跡や遺物の数が少ない。旧石器時代に知内、今金とカムチャッカ半島のウシュキ遺跡を繋げるようなものの記載もない。

・南千島は北海道と、北千島はカムチャッカ半島との関係を示唆するような記載はあったが、発見された遺跡や遺物が少なすぎる。

・オホーツク人については千島列島全体に足跡を残しているようだが、縄文人、続縄文人、トビニタイ人、擦文人の痕跡は南千島に偏っていて、中部や北千島での発見は少ない。

・続縄文時代前期は北千島まで痕跡を残しているように見えるが、国後島や択捉島の南千島までは、北海道の文化圏の範囲という記述が見られた。

・オホーツク人は5〜10世紀の前半に北千島に足跡を残しており、アイヌは北千島からカムチャッカ半島にまで足跡を残している。

（文献）

1）（再掲）川上淳『千島通史の研究』（北海道出版企画センター、２０２０年）

Ⅲ・オホーツク文化人、アイヌの千島列島

まずオホーツク人について最近の文献や発表内容から考えてみたい。どうも昔からある外来説がまだ信じられているようだが、そう単純なものではないという気がしていた。

1．衝撃的な「ゲノムからみたオホーツク文化人の形成」

千島通史では千島列島で発見された遺跡や遺物が少なすぎることが明確になった。その様な状況の中でも、オホーツク人は北千島まで足跡を残し、アイヌはカムチャッカ半島南部まで足跡を残しているところは注目点と考えられる。ここではオホーツク人とアイヌに焦点を当ててみたいと思う。『北海道考古学の最前線』[14]という文献にカムチャッカ半島と北海道を結ぶ千島列島ルートを考える意味でとても興味深い内容の記載があったので、それを確認しておく。

〈佐藤丈寛：「ゲノムからみたオホーツク文化人の形成」[14]〉

礼文島の浜中2遺跡から出土したオホーツク文化終末期（^{14}C年代測定によると約900年前）の人骨NAT002のゲノム解析を行っている。

・NAT002はアムール集団、カムチャッカ集団、縄文系集団の3系統の混合個体である。

・まずカムチャッカ集団と縄文集団の混合がNAT002の35世代前に起きた。今から1950年前の続縄文時代である。

・カムチャッカ集団と縄文集団の混合後、アムール集団と混合するのはNAT002の22世代前で今から1600年前頃となる。これはオホーツク文化の開始時期と概ね一致している。

・問題は、mtDNA 研究では縄文時代には見られなかったハプログループG1bが続縄文時代になると観察されるようになることで、ハプログループG1bは東北アジアに広範囲に分布するが、とりわけカムチャッカ半島の集団に高頻度で見られるハプログループであるという点である。

・これはカムチャッカから北海道への人の移住を反映したものかもしれず、択捉島の続縄文時代の遺跡から出土した人骨がカムチャッカ集団に類似するゲノムを持っていたことが明らかになっている。択捉島で発見されたということは北海道にまで至っていたとしても不思議ではない。

(関連したさらに衝撃的な発表 2023年12月23日)
2023年度地域の文化財普及啓発フォーラム「北海道の古代集落遺跡Ⅳ―北海の古代世界とオホーツク文化―」、北海道大学学術交流会館講堂
「遺骨から見たオホーツク文化の担い手」北海道大学大学院医学研究院准教授：久保大輔

・浜中2遺跡（元地式期）の全ゲノム解析の結果、35世代前（1世紀頃）にカムチャッカ系と縄文系が混合し、22世代前（オホーツク文化が成立する5世紀頃）にアムール系が混合したと推定されたが、最新の研究ではアムール系の混合はなくても説明できるという（論文発表前だが初めて発表して頂いた最重要事項）。

知床岬先端付近の遺跡も続縄文、オホーツク文化、アイヌの遺跡で、これは続縄文時代にカムチャッカ集団が南下していたことを示しているのかもしれない。やはりシレトコは地の果てではなく、入り口なのか。

オホーツク人集団は、カムチャッカ集団が南下してきておそらく千島列島か北海道で続縄文人と混血して生まれた。カムチャッカ集団がオホーツク海を横断するかオホーツク海北側を回り込んでサハリンに行き南下して利尻・礼文、稚内に到達して続縄文人と混血したというルートも可能性としてはあるが、海上ルートも陸路も遠く現実的ではないと思われる。何より択捉島の続縄文時代の遺跡から出土した人骨がカムチャッカ集団に類似するゲノムを持っていたという事実を重視したい。カムチャッカから千島列島を南下したルートが正しいとすると、オホーツク人はアムール川流域の人という定説は覆ってしまう。これは衝撃的すぎる内容である。モヨロ貝塚の発見者とされる米村喜男衛からのストーリーが崩れ去ることを意味する。勿論サハリンからの人の動きはあったが、オホーツク人はアムール川流域から来た人ではなく、むしろその逆の動きもしていたということになる。

千島列島か北海道で生まれたオホーツク人は、その後オホーツク海側を稚内、利尻・礼文、サハリン南部辺りまで移動したところで、サハリンからの人との合流もあったかもしれない。オホーツク文化は大陸からの影響も受けている。

稚内周辺のオホーツク人はまず日本海側を南下するルートを進む。本州との交易のためかもしれない。おそらく混血した人もいたし混血せずに集団に加わっていた人もいたのではないかという気もする。そうするとオホーツク人ではなくオホーツク人集団と呼んだ方がよいのではないかと思う。

(興味深い古い文献の内容)

「米村喜男衛『モヨロ貝塚』(講談社、1969年)P241-242」[15)]の中で、児玉作左衛門博士は、モヨロ貝塚人のアリュート説を唱えている。

モヨロ人の特徴

1、モヨロ貝塚人の頭骨は短頭型であるから、頭を上から見ると丸形である。（長頭型のアイヌは、上から見ると長細くて卵形である）

2、高頭型であるから、頭を前から見ると少し屋根型を呈している。いわゆるビリケンである。（低頭型は前から見ると上から押しつぶしたような形を呈している）

3、眉の生えているところの骨、つまり眉弓があまり出張らず、眉と眉の間の下の部分の凹みがきわめて少ない。

4、顔の骨は全体に力強く大きい。高さも高く、幅も広い。

5、上顎の骨は幅が広くて高く、犬歯の生えている孔はきわめて浅い。

6、頬骨は大きく、頬の面は前向きの傾向がある。

7、眼窠が横に長くなく、比較的に縦に長い。

8、鼻は狭鼻型である。（広鼻型のアイヌは、いわゆる団子鼻である）

9、下顎枝の幅がひじょうに広い。（これは他にあまり例がない）

10、下顎骨は力強く大きくて、全体として幅が広い。また、下顎骨の耳の下にあたる部分の下縁は少し外側に張り出している。

11、硬い食物を摂るので、歯が磨り減っている。

12、むし歯は一本もない。

このようなモヨロ貝塚人の特徴は、アイヌとも日本人とも、また樺太のギリヤークやオロッコとも似ていない。満州方面のツングースともちがう。アリューシャン列島に住んでいるアリュートとよく似ている。

しかし、この児玉博士のアリュート説にたいして、アリュートが一千年以前にモヨロまで南下できたかどうか、とする別の意見もあるのである。

米村喜男衛著『モヨロ貝塚』には、児玉作左衛門のモヨロ人＝アリュート説が紹介されている。この説は、オホーツク人はカムチャッカの人と続縄文人の混合という最新のゲノム解析による説と合っているように思える。これがなぜアムール川流域説ばかり唱えられるようになってしまったのか。

また占守島生まれの別所二郎藏の『わが北千島記』（講談社、１９７７年）Ｐ59－60[16]にもとても興味深い記載が見られる。

その桃源の住人、金石（石器と金属器）併用の海獣の猟人は、名前をクリル族（千島アイヌ）という。

狩猟民族、千島アイヌは、いつ頃からこの界隈に住み着くようになったのか。それは意外に新しいとされている。シュムス島で一番古い彼等の穴居跡でも、五〇〇年と起源を遡らすことはできないという。

では、クリル族とはどんな種族だったのか。なまりが多少あるにしろ、まぎれもないアイヌ言葉、多毛の外貌、アイヌ的の風俗、習慣など、千島アイヌとよばれた所以である。地方色はあっても、基本はすべてアイヌ族の枠におさまるものと思われたのも自然である。南の北海道から島伝いに北千島までやってきて住みついた人たちだ、という簡明な常識もできあがってくる。

ところが、その骨格、とくに頭骨にコンパスが当たるようになると、事態は変わってきた。頭蓋はいわゆる長頭であって、まずはアイヌ的であったが、下顎骨が過度といってよいくらい幅が広く頑丈で、明らかにアイヌの枠を越えていた。地球上でこんな〝強烈〟な下顎を持っている現存種族は、極北の住人エスキモーの仲間以外にない。しかもエスキモー仲間のうちでも千島の東隣、アリューシャン列島の原住民、アリュート族の下顎と、計測数がもっとも近接していたことが、ひどく暗示的であった。

発掘者にも予想外であったこの発見（昭和十二年、シュムス島）は、解きえぬ謎をその道の人々の間に投げかけた。いつ、どこで、どうして、この化合物的の人たちができあがったのか、つきぬ論議と想像を呼ぶ。

数年後、シュムス島から一〇〇〇キロ以上も隔たった北海道網走河口付近のモヨロ貝塚下層から発掘された人骨の頭は、さらに波紋を増幅した。これはクリル族なみの下顎をそなえているうえに、アリュート族同様、短頭であった。まったくアイヌの枠をぬけたアリュート型の人種、モヨロ貝塚人が浮びあがる。しかし、貝塚の上層に埋もれていた人骨は、まさにアイヌであった。調査が進むにつれ、両者の混血型も現れてくる。出土する土器、骨器なども対立的な二グループが混雑をしてくる。異質の二民族の接触、共存、融合などの劇がおぼろに照し出されてくる。約一〇〇〇年前の出来事。
その混交の中から、アイヌ化したアリュート型の人、〝クリル族〟ができあがり、先祖の磁力、つまり北方的、海洋的の生活習慣の導くまま、島伝いに北に渡るというよりもどってゆき、海獣や海鳥の豊富な北部千島に落ち付く。

これは、驚くべきことに、オホーツク人がアリュートと続縄文人の混血で、さらに続縄文人を加えた集団であり、さらに先祖の磁力で北海道から北千島まで戻ってきたというオホーツク人の動きまでも示唆しているように思う。最新のDNA解析での結果と符合し、筆者が今考えているオホーツク人の動きに近いものとなる。別所二郎藏は、明治40年から昭和20年までの間の約30年間を占守島で暮らし土地勘もかなりあったと考えられる。独学の人らしいが、著作を読むとかなり博識でその知識と占守島に暮らしながら千島アイヌの暮らしの跡を見て直感で分かったのかもしれない。学者とは違う意味で、現地をよく知るものすごい人である。別所二郎藏が書き残したものはもっと検証されるべきではないか。

2. 種石悠が主張するオホーツク文化[17)]

これは米村喜男衛の作ったストーリーを否定する内容である。オホーツク人を考える上で、この視点での考察も重要と思われる。

〈米村喜男衛の考え～現在の説〉

米村喜男衛は「モヨロ人の源を満州の奥地ホロンバイル地方である」とするオホーツク文化外来説を唱え、「モヨロ人は大陸からアムール川を通ってサハリンから北海道に渡り千島列島を北上した」と考えたらしい。今もこれがそのまま信じられているわけではないと思うが、外来説は信じられているような気がする。少なくとも、オホーツク文化は鈴谷式土器の時代（紀元前1世紀から紀元6世紀）から樺太に住んでいた人々の中から生まれた文化で、下って現在のニヴフ人につながるとする説が有力となっているように思う。

筆者はオホーツクミュージアムえさし館長の高畠孝宗氏の「オホーツク人は宗谷海峡領域（稚内、利尻、礼文、サハリン南部）で混血した人達で、オホーツク土器も初期は縄目が付いているのは、混血した続縄文人の影響」との説を聞いていたので、オホーツク人と呼ばれる集団の中には続縄文人もいたのではと考えていた。

〈種石の主張〉

・オホーツク文化人骨には様々な形質が見られる。オホーツク文化集団は単一の形質を持った集団ではない。オホーツク文化人が大陸から集団で渡来したとする説は成り立たない。

・オホーツク文化人の社会は、縄文時代以来北海道域に暮らした続縄文集団を基盤として、渡来系弥生集団や北海道域以北の集団も加わった多民族集団を起源とする。

・従って、そのような多民族集団が融合していく中で形成されていった文化も同様に複合的かつ多様な性格を持つ。そのために海獣狩猟、・漁労技術や動物意匠置物・動物儀礼が豊に発展することになった。

・これらの文化要素は、続縄文時代前半期の恵山文化を淵源とする可能性が高い。これは本州東北北部の弥生文化、縄文晩期の亀ヶ岡文化に行き着く。

・恵山文化人は北や南から来た渡来人と長く北海道に暮らしてきた土着の人間の大きく3つの系統の集団が混ざり合って成り立っていた。恵山文化の特徴である海獣狩猟・漁労技術の発達と動物意匠文物・動物儀礼の存在は、オホーツク文化の淵源となった可能性が高い。恵山文化は多集団の接触・交流による融合文化だった。

・恵山文化の遺跡の分布は、道南の渡島半島や噴火湾沿岸にあるが、道北部や道東部のオホーツク文化遺跡とその周辺から恵山式土器がしばしば出土している。

・オホーツク人達は、同じ集団同士で、また異文化集団とも戦闘行動を発展させることはなかった。これはオホーツク文化の社会が多拠点分散型高ネットワーク社会であり、ヘテラルキー構造を持つ比較的小規模な人口を保つ非階層化社会であったことで、たとえ異文化集団との接触が強まっても、融合を図り破滅的な衝突や孤立を避ける戦略を持っていた。これも恵山文化の影響か。弥生時代は上に行くほど人数が少なくなるヒエラルキー社会（ピラミッド型）だったのに対し、縄文時代は様々なタイプの人が重要人物として扱われるヘテラルキー社会だったということらしい。

・9世紀代以降、擦文文化へと流入してきた本州の物流経済は、まず元地式期道北部オホーツク文化人達を巻き込み、続いてトビニタイ式期道東部オホーツク文化人達をその枠組みに取り込んでいった。この終焉へと至る過程もオホーツク文化人達の最後の融合戦略と見ることができる。

・擦文文化もオホーツク文化もプレアイヌ文化である。
・今後のオホーツク文化研究では、根拠が曖昧なままオホーツク文化圏に含められてしまったアムール川流域やサハリン島、中千島・北千島のオホーツク文化併行期の文化についても、イメージ先行の態度を改め考古学研究法に基づく実証的な調査と研究が求められる。
・古墳時代社会と律令国家、そしてそれらの影響を受けていた続縄文・擦文文化からオホーツク文化領域へ逃避する人々がいた可能性は考えられないだろうか。オホーツク文化と脱国家の関連は今後重要な課題となるであろう。
・モヨロ貝塚を発見したのは荒澤雄太郎という小学校の教員で、発掘に尽力した人は米村喜男衛以外にも児玉作左衛門と中村という人がいて、発掘物を収蔵する博物館の建立には鴻之舞鉱山の寄付があったとされている。

〈まとめ〉

種石の主張には支持できるものがあると思う。本州が弥生時代になると弥生系の人々も北海道に現れ、元々の生粋の縄文人と本州から来た人の血が入った続縄文人が混ざり合っていた地域があり、それに大陸の北方系の人達も交ざった集団がオホーツク文化人と呼ばれる人達の集団なのではないかと言っているらしい。

しかし、「オホーツク人の文化要素は、続縄文時代前半期の恵山文化を淵源とする可能性が高い。これは本州東北北部の弥生文化、縄文晩期の亀ヶ岡文化に行き着く」としている主張は、恵山文化に詳しい北斗市郷土資料館の時田学芸員や七飯町歴史館の山田学芸員に話を聞くと、やや強引すぎるのかもしれないと思われた。

(聞いた内容)

・恵山文化がオホーツク文化に直接影響を及ぼしたというのであれば、決定的な証拠が必要。確かに漁労という部分では共通するものがある。間接的な関係はある部分もあるのかもしれないが、直接的な繋がりがあるとは思えない。

・恵山式土器は、初めは丁寧に作られているが、だんだん丁寧でなくなってくる。

・縄文を付けて磨く恵山式土器は大洞式土器からのもの。亀ヶ岡式土器も大洞式土器の範疇に含まれるらしい。

・恵山式土器は稚内でも浜頓別でも出ている。確かに色々なところで出ている。奥尻島でも出ているが、とても下手くそなもの。土器は模倣もある。

・模倣された土器は、外観は似ていても模様の付け方、使っている土の質、焼く温度が違っていたりする。

・恵山文化は渡来系ではなく、東北の弥生の人達と北海道の続縄文の人達のもの。

・この頃、北海道では各地で色々な集団があった。しかしそれはまとまってなかったが、その後道央の江別辺りで（石狩川流域）でまとまりを見せてきた。それが北海道の擦文やアイヌに移行していった。

・江別の北海道古墳はこのときだけのもので、その後にも繋がらない。このときだけのもので、説明できない。

3．東京大学大学院教授：熊木俊朗が説明するオホーツク文化

○2023年12月9日 国立歴史民俗博物館 第448回歴博講演会より「オホーツク文化とは何か—東京大学文学部と北海文化研究—」

○2023年度地域の文化財普及啓発フォーラム「北海道の古代集落遺跡Ⅳ—北海の古代世界とオホーツク文化—」より「オホーツク文化の変容と終末」

オホーツク文化についての展示と講演があった。気になった熊木教授の講演の要点は次の通り。熊木教授は明治大学出身で、東大大学院に進んでから、1994年に利尻島、1996年に弁天島の発掘に加わり以後10年以上オホーツク文化の遺跡の発掘を行ってきたという。

（オホーツク文化概要）

・縄文時代～アイヌまで人は入れ替わってないが、オホーツク人はアムール川河口から来た外来の人（カムチャッカの人と続縄文人の混血が始まりという話）。

・北方から来た異系統の文化。顔形質はアムール川流域の人達。靺鞨系文化からダイレクトに大陸のものが入っている。

・海を舞台とする暮らしをしている。海岸から500m以内のエリアに住んでいる。

・クマを中心とする動物儀礼として骨塚、クマ像がある（擦文にはない）。

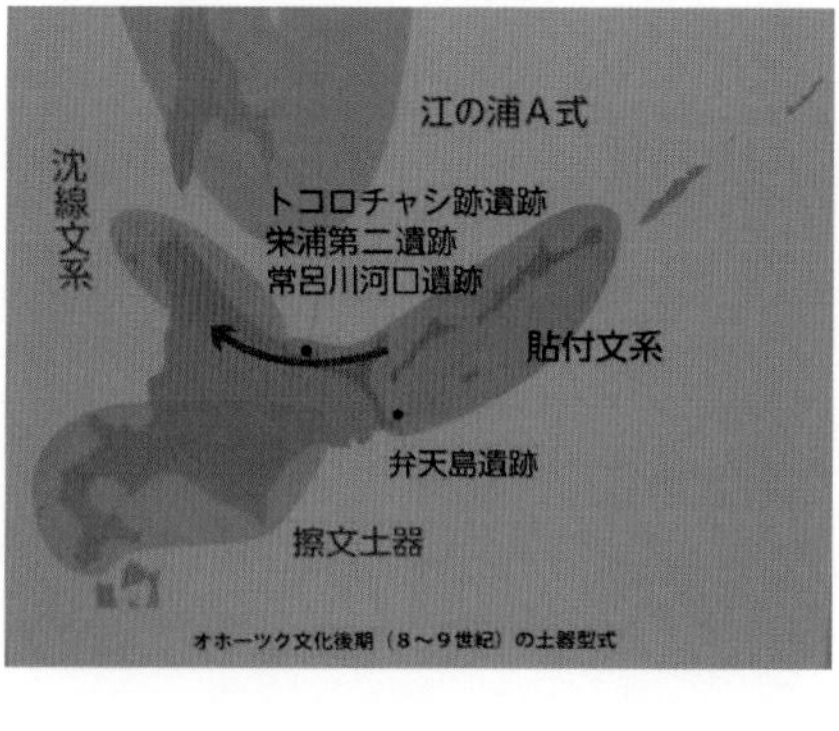

オホーツク文化後期（8～9世紀）の土器型式

（擦文文化 7～13世紀）
・擦文文化は石狩低地帯以南だった。
・正方形の竪穴住居。擦文土器を使用し、本州の農耕文化の影響が大きい。

（オホーツク文化の展開）
・前期（5～6世紀中葉）：十和田式土器、狭い範囲。
・中期（6世紀後葉～7世紀中葉）：サハリン～北海道オホーツク海側～千島列島（北千島まで）の範囲。
・後期（7世紀後葉～9世紀末）：土着化が進む。北部は沈線文土器、東部は貼付文土器。

（集落の様子）
・大型の六角形で粘土のはり床がある。大中小6セットの土器があり、骨塚の周りには大きい土器がある。炉もあり6家族程度が居住している。
・弁天島ではアホウドリ一羽分（1m）、オヒョウ（1m）、クジラの骨も出ている。
・栽培穀物としては、オオムギ、キビ、アワ、モロコシ、アサ等で、これは擦文時代になる前にオホーツク文化がきっかけを作ったと言える。
・野生植物としては、菱の実、くるみ、どんぐり、ベリー類等がある。
・主に食べていたものは、海生哺乳類をタンパク源にしていた。擦文・トビニタイは栽培植物に寄って

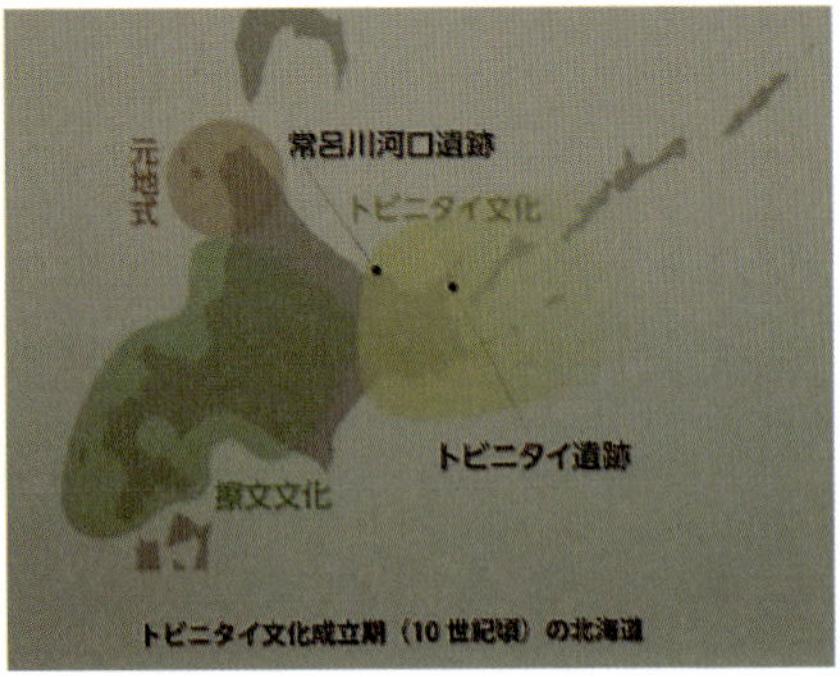

トビニタイ文化成立期（10世紀頃）の北海道

いる。
・道具の特徴は、狩猟具や漁労具にあるが、その使い分けはよく分かってない。大型釣り針は口の大きな魚用で、対象はネズミザメ、オヒョウ、エイ等である。石錘も使っていた。また黒曜石の石鏃を使っていた。丸いタマ（石弾）は鳥を捕るための道具。

（動物儀礼）

・トコロの大規模な住居の中の骨は、クマ110個、エゾシカ69個というのがあるが、この様な大規模なものはトコロやモヨロの集落で1つしかない。これは課題だが何年かに1回のものなのか？
・地域差もあり、道北ではクマ、海獣、道東ではシカ、小形獣、大型獣と言える。
・動物意匠の半分はクマで小グマの表現が多い。帯状の装飾や首から胴に縄の跡があり、これはクマ送りを表現しているらしい。モチーフは半分がクマで、次が海獣となる。
・ネズミザメの骨を利用した座ったクマに、ヒトを表現したものらしいものもある。クマ以外はクジラ、ラッコ、トドかアシカ等がある。
・土器には群れを作る動物が沢山付けられている。

（交流）

・交流の相手として大陸（靺鞨系文化）、道南（続縄文、擦文）。
・大陸との交流は中期から活発化し後期に続く。靺鞨系文化の動向が盛衰の背景（唐への朝貢、渤海への服従）。
・土器では大陸の靺鞨系とオホーツク文化中期の刻文系土器が似ている。

・大陸からは青銅製品（帯飾、曲手刀子、小鐸）。8世紀前半に大陸系のもの入る。家畜としてのブタも入る。

・道南（続縄文、擦文）との交流では、前期（5～6世紀）は十和田式、北大式、土師器での交流。0歳のクマのみは道南のクマで、これは続縄文人がオホーツク人にギフトしたもの。中期になると土師器の模倣品が出てきて、後期になると擦文土器がオホーツク人集落から発見されたりする（その逆もあり）。

・蕨手刀は、モヨロや目梨泊の拠点集落から出ている。金銅装直刀は9世紀頃秋田城を経由して来たものか。

・本州からは鉄製品、ろくろを使用した土師器、銭貨が入っている。

・大陸系は前半（靺鞨系の影響のため）、本州系は後半（擦文文化成立のため）が多い。

（変容と融合）

・目梨泊とモヨロの2拠点があるのが後期の特徴。交易、祭祀、居住の中心で、特に大陸からの交易品はこの2拠点にしかない。

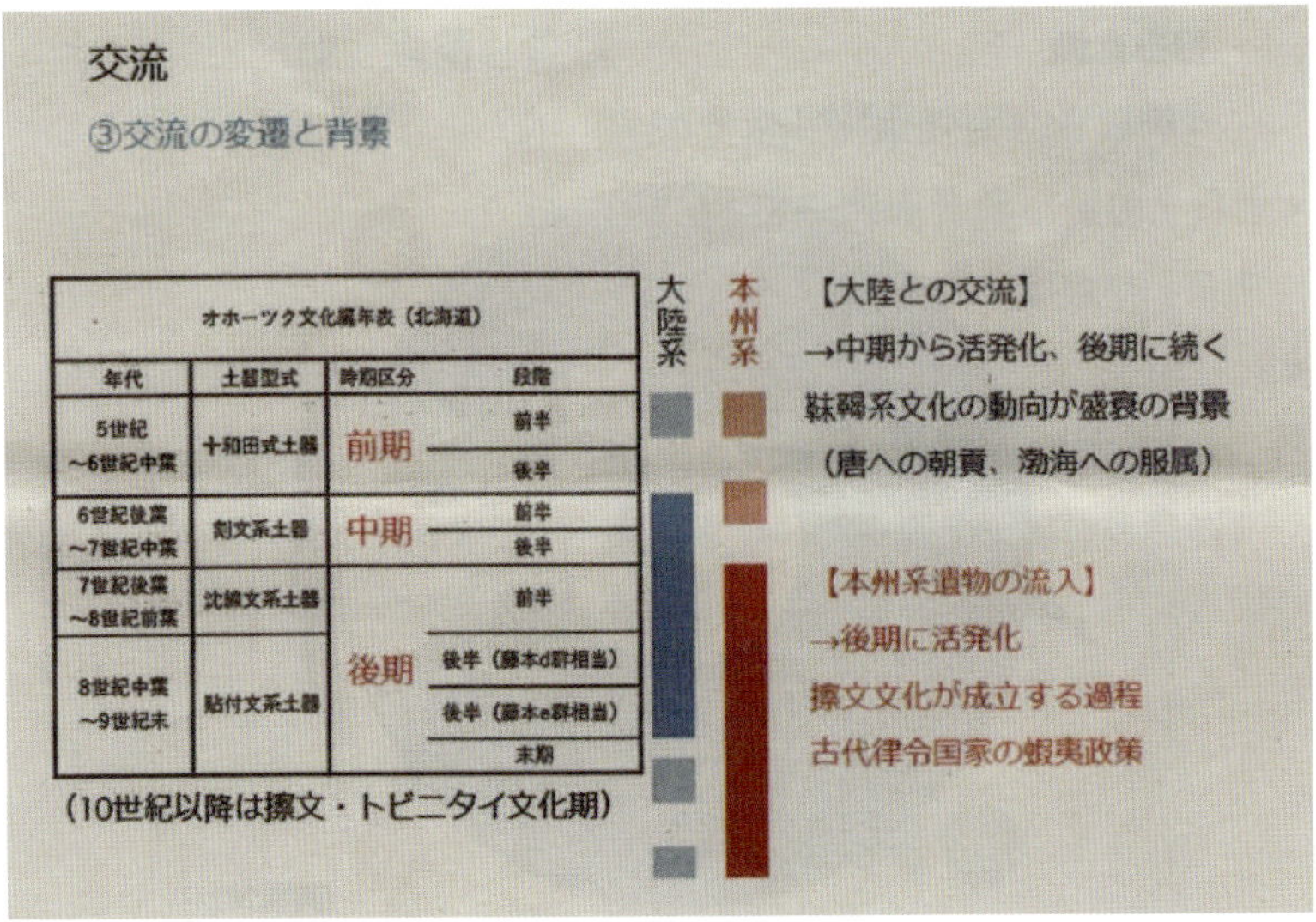

・擦文人は石狩低湿地帯にいて、目梨泊やモヨロと交易をしていた。

・トコロチャシ跡7a号はクマの頭骨が110個体で最大である。モヨロにも同様の規模のものがある。各遺跡持ち回りで祭祀を行っていたらしい。

・終末期の特徴として、元地式土器とトビニタイ式土器がある。

・変容と融合の過程では、擦文文化が時計回りで道南⇓西部⇓北部⇓東部に広がった。

・8～9世紀のオホーツク文化はモヨロと目梨泊が軸だったが、10世紀には元地（北）とトビニタイ（東）に分断される。

・元地式は利尻、礼文、稚内、浜頓別で枝幸は含まれない。居住は長方形。元地式土器は厚手で雑なつくり（不完全な擦文の模倣）。甕が主体で器形は擦文的だがサハリンの影響もある。文様はオホーツク土器。急激に擦文が入ったため混乱した。

・オホーツク文化の終末期の元地式では伝統の断絶・

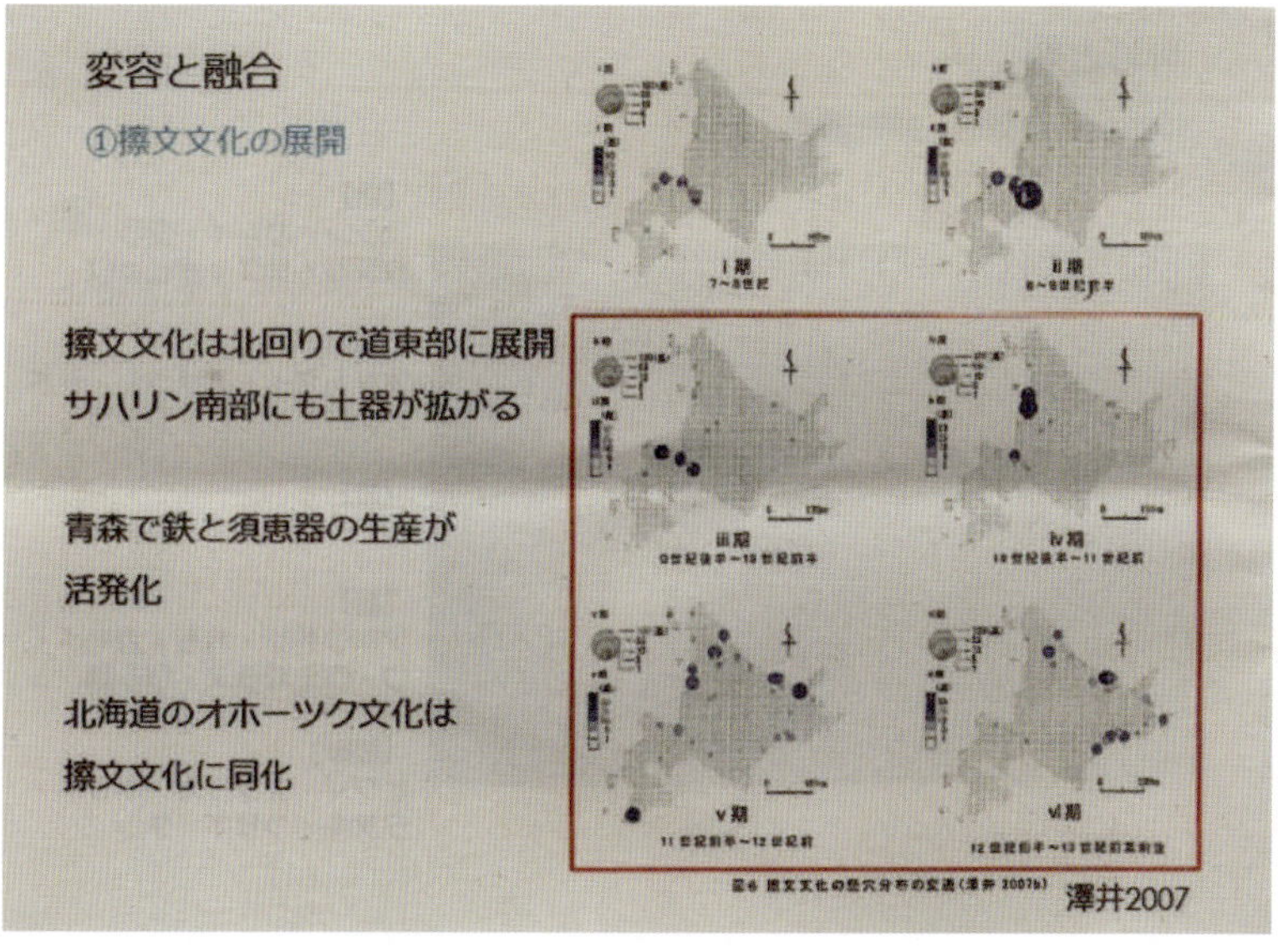

擦文の不完全な模倣（急激・直接的な影響）。これがトビニタイとの差である。
・トビニタイは、前半は擦文とオホーツクの両文化を折衷している。後半は擦文土器化が進む。斜里と知床半島でも差があり、斜里は擦文化が早いが、知床半島は遅い。擦文文化は北から来たので段階的に擦文化が進んだ。
・チャシコツ岬の遺跡は既に終末期になっていた。トビニタイは時間をかけてゆっくり変化したが、後半期は粗雑化し、その後は擦文土器が主体となる。
・知床でも西のほうが擦文化が早く進む。東側のほうが遅い。段階的に信仰した。
・モヨロや枝幸の拠点集落がなくなったのは、緩衝地帯を作るため。元地式とトビニタイの間は緩衝地帯。
・擦文は北とは仲が悪いが、東とは何かつながりがあったのではないか。擦文人は西と東では対応が違う。東の太平洋側では関係がやや違う。融和的？　これは重要なことに聞こえた。同じ擦文と言っても道東方面に初めから影響した人達がいて、それは時計回りで移動した人達とは違うのではないか。十勝にコロポックル伝説が多く残っていたり、摩周岳が国後島、択捉島まで移動したというアイヌ伝説が残っていることと関係ないだろうか。

4. 日本海側に南下したオホーツク文化人

ここで千島列島とは逆の方向になってしまうが、オホーツク人（集団）を考える上で日本海側を南下した人達についても触れておきたい。

彼らはまず日本海側を南下している。実際に稚内から日本海側を南下すると最初に出てくるのは抜海の「抜海岩陰遺跡」である。この遺跡はオホーツク式土器が大半を占めているが、小数の擦文式土器と続縄文時代の後北式土器も出土しているという。オホーツク文化の初期に位置するという。この辺りは利尻・礼文に近く、オホーツク文化人が生まれた地域に含まれると言ってもよいかもしれない。

〈天塩川河口〉

抜海から更に日本海岸線を南下していくとサロベツ原野を通り、天塩川河口に辿り着く。天塩川は、松浦武四郎の痕跡も残る大きな河川である。天塩町では、人の痕跡は縄文中期（4千年前）からだとしている。遺跡分布図を見るとオホーツク人の遺跡もあり、天塩川河口の海に近いところに3ヶ所ある。オホーツク土器も出ている。利尻富士はよく見える。

〈留萌、増毛、石狩、小樽の道央～南西部の海岸線〉

越田賢一郎は「北海道史におけるオホーツク文化の位置づけ」（斜里町立知床博物館、チャシコツ岬上遺跡国史跡指定記念シンポジウム、2019年）[18]の中で、

「いずれも河口部に位置し、海上交通に便利な地点となっており、奥尻島と道北部を結ぶ中継点としてとらえることができよう」と述べている。具体的には、留萌市街地（貼付文土器）、増毛町阿分3遺跡（貼付文土器）、石狩市浜益岡島洞窟遺跡（刺突文土器）、小樽市忍路土場（刻文土器）、蘭越町尻別川河口（貼付文：トビニタイ）などである。

〈天売島、焼尻島〉

筆者は中学生のとき半年間だけ羽幌町に住んでいて、毎日のように天売島、焼尻島を眺めていた。島には行かなかったが、とにかく透き通った海がきれいでオロロン鳥の島という知識しかなかった。島に渡ったのは大学生になってからで、そのイメージは変わらなかったが、最近はオホーツク人がこの島でどうしていたのかが気になって仕方がなかった。２０２３年6月に生活するにあたっての水場の確認もしたいと思い、訪問した。その詳細を紹介する。

①焼尻郷土館で得た情報と現地確認

・まず焼尻郷土館へ行き、話を聞く。ここは石川県から来た人の古民家で１２０年前に建てたものという。釘を使ってないので保っているという話。この建物自体がすごいが、古い物品の展示が多い。聞いた話は興味深いものだった。

・この島は水が豊富で沢もある。元々人が多く住んでいたのは東海岸で沢があるという。またこの辺りにはアイヌも住んでいて、何と縄文時代の石器はアイヌが掘り出して使っていたという。

・実際に東海岸に行ってみると、めん羊牧場と白浜との間と白浜キャンプ場にしっかりした沢があった。縄文～オホーツク人、擦文人、アイヌが住んでいたのは間違いなくこの辺りだろう。白浜キャンプ場の沢は、松浦武四郎が残した地図（東西蝦夷山川地理取調図 安政6年）では「カムイシンタラナイ」という辺りではないか。

・松浦武四郎が残した地図を見ると「ナイ」が付く地名は、焼尻8ヶ所、天売7ヶ所ある。またワッカが付く地名が天売に2ヶ所ある。これを見ても水は豊富な島と思われる。

・焼尻島の重要と思われる沢の地点は「カムイシンタラナイ」で「カムイ」も付いている。それだけアイヌにとっては重要な場所だったと思われ、それはアイヌよりも前の人達にとっても同じだったはずである。

・白浜キャンプ場に興味深い看板があった。それによると、「焼尻島に

めん羊牧場と白浜の間の沢

白浜キャンプ場の沢と白浜

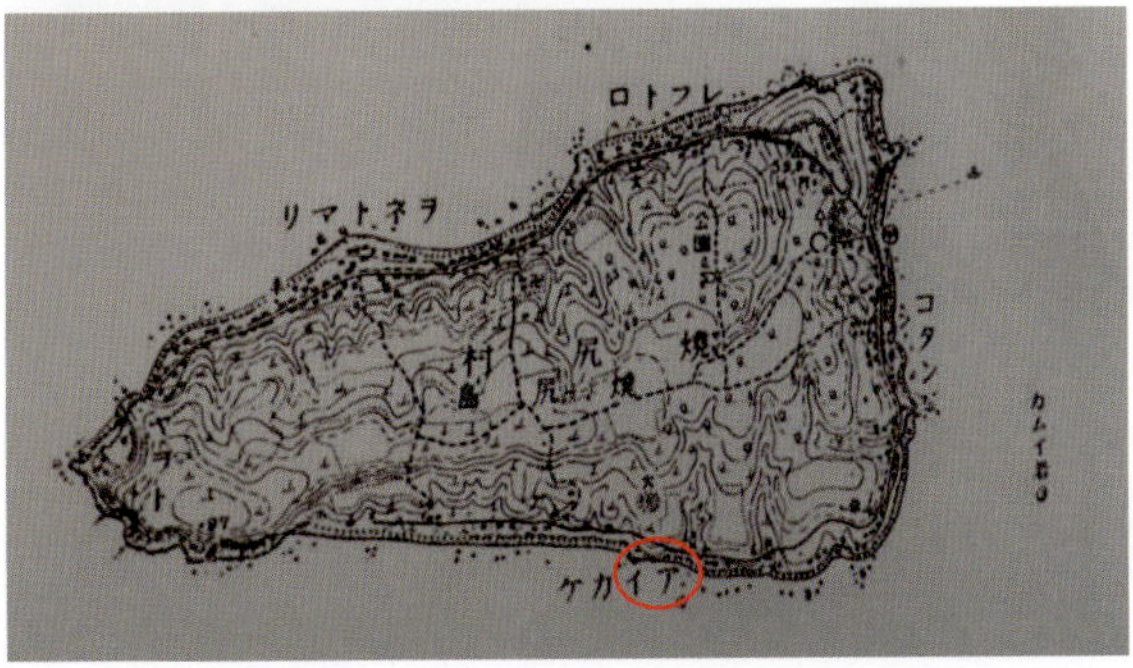

最初に上陸した欧米人はペリー来航の5年前、アメリカ人のラナルド・マクドナルドで、捕鯨船で来日し上陸した。当時島の東側にアイヌやニシン漁の番人が住んでいたが、西側の高地に登って観察した彼の視界には入らず無人島と判断し、3日後には利尻島に向かった」とある。資料館の人に沢の話を聞いたとき、マクドナルドとか言っていたことを思い出した。やはり島にマックのマクドナルドがあるわけないと笑ってしまった。

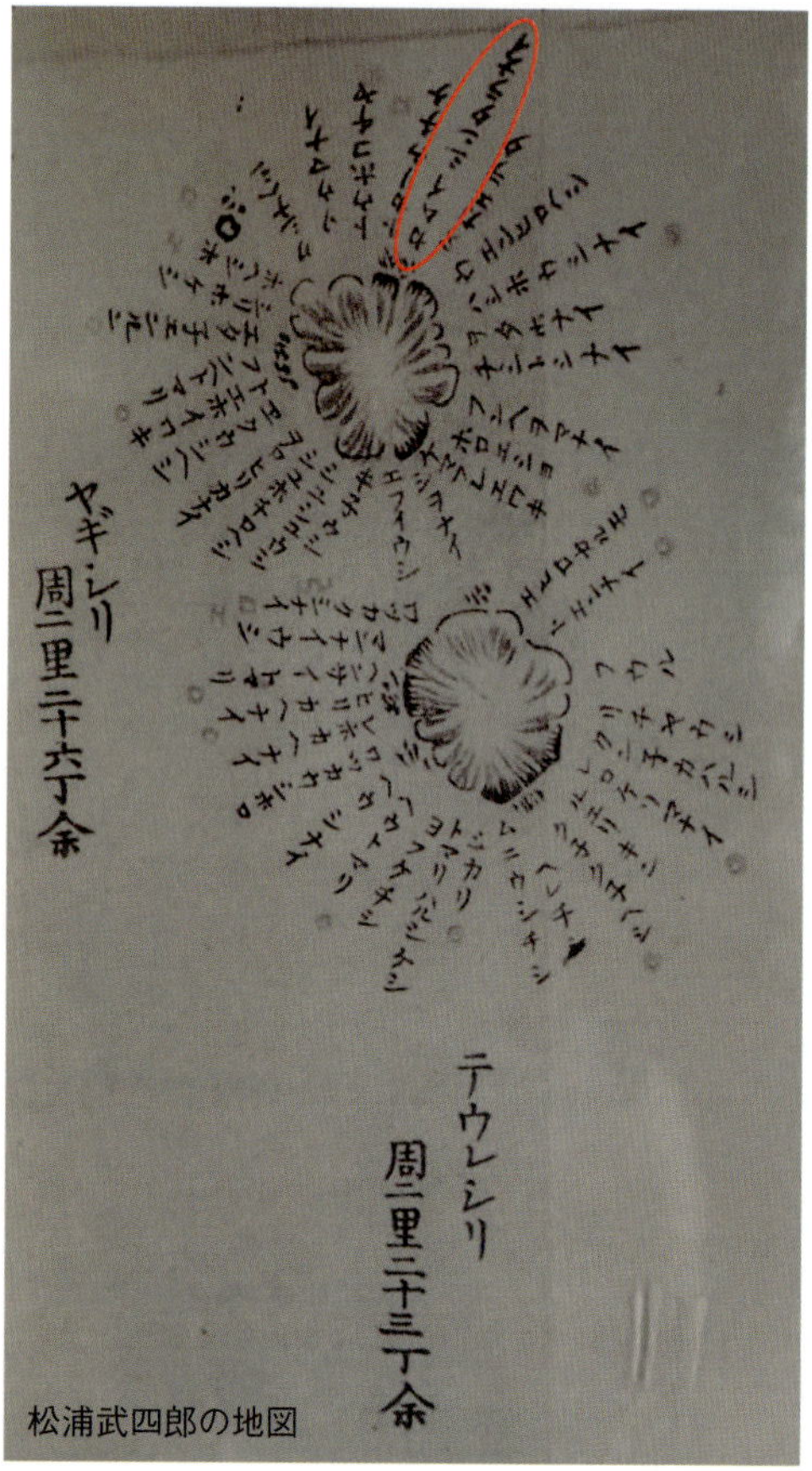

松浦武四郎の地図

・この資料館では、縄文時代のものとして石器と土器を展示している。アイヌが石器を掘り出した場所は東海岸とのこと。確かに石器の1つには「東浜、昭和37年」と記載されていた。土器は縄文時代とあるが、そうではなさそうなものもある。「A円筒式、昭和35年」と書かれたものは縄文かもしれないが、穴があったり細かい筋が入っているもの等は違う感じがする（オホーツク文化？）。

・また説明はなかったが、どこかの河原から持ってきたものと思われる丸い黒耀石らしき石も展示されていた。先人が北海道のどこからか持ってきたものなのか。

・この日は利尻も見えたが、東海岸からは見えない。天売島と北海道の陸地が見える。

② 天売ふる里館（郷土資料館）で得た情報と現地確認

・天売島も、全ての場所ではないが水には困ってない。特に港からかなり赤岩に向かって西へ行った辺りに沢がある。台地は昔畑があり、土器はその畑から出たという。海岸ではないらしい。

・この資料館の人は昔、その辺りに住んで畑をやっていたという。

・ここに展示していた土器は縄文から続く時代のものらしい。オホーツク文化（甕型土器は種石による分類）や擦文時代らしき模様のあるものがある。

・石器は黒耀石以外に頁岩らしきものもある。かなり古そうな形状のものもある。旧石器時代の可能性はないかとふと思ったが、少なくとも縄文時代に遡るものであろう。

・石器はアイヌが掘り出したとは言ってなかったが、ここもアイヌが先に住んでいたとのこと。焼尻島と状況は似

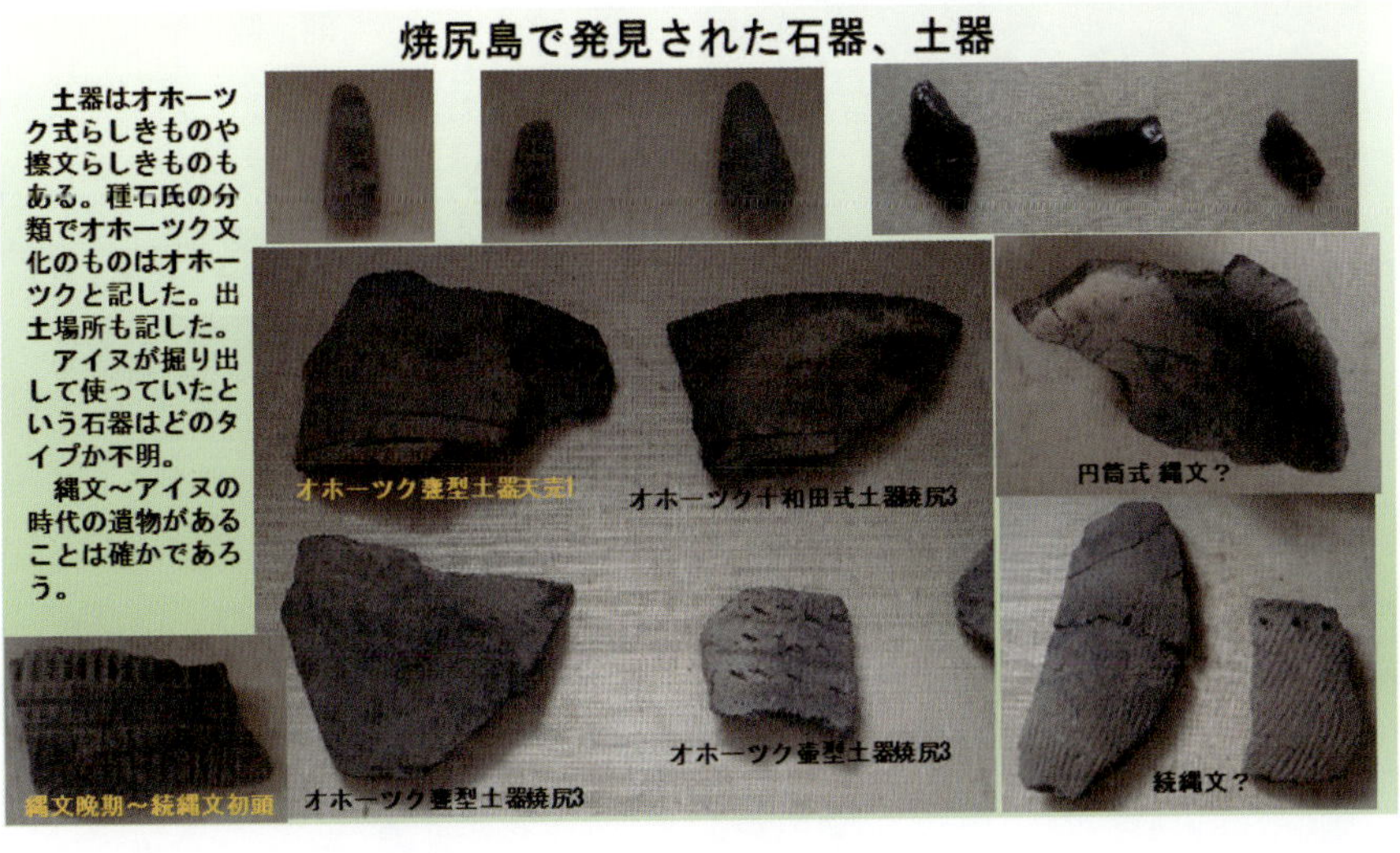
焼尻島で発見された石器、土器
土器はオホーツク式らしきものや擦文らしきものもある。種石氏の分類でオホーツク文化のものはオホーツクと記した。出土場所も記した。
アイヌが掘り出して使っていたという石器はどのタイプか不明。
縄文～アイヌの時代の遺物があることは確かであろう。
オホーツク壺型土器天売1
オホーツク十和田式土器焼尻3
円筒式 縄文？
縄文晩期～続縄文初頭
オホーツク壺型土器焼尻3
オホーツク壺型土器焼尻3
続縄文？

ている。

・羽幌町郷土資料館には天売島出土のオホーツク文化の石器や土器も展示されている。種石によれば、有角石斧は結縛用の抉り溝を備えるタイプで、オホーツク文化鈴谷式・十和田式にはそれがないので刻文期以降の時期が考えられるとしている。

・実際に港から自転車で赤岩方面に行ってみたが、沢は大きなものはなく、昔畑だったという辺りは草ボウボウでよく分からない。上から見ると何となく下の段に畑があったのかというのは分かったが、想像していたよりかなり上のほうだと思われた。松浦武四郎が残した地名では「レロケリマナイ」か。

・昔畑だったという辺りの下部の道に立つと、足下には小さいが水の流れた跡が見られた。

・「ナイ」が付く地名は7ヶ所、ワッカが付く地名が2ヶ所ある。郷土資料館の人が見つけた土器は海岸ではなく、比較的高台の位置である。むろん人が住んでい

オホーツク甕型土器

たのはそこだけではないはず。

③種石悠：「焼尻・天売島のオホーツク文化」『北海道立北方民族博物館研究紀要第32号』（２０２３年）19) より

・奥尻島のような中継点らしく、遺跡の位置を特定した右代は「サハリンからオホーツク文化の人びとが宗谷海峡をつうじ南に交易・交流を求め移動する中継点」で、「日本海をつうじて石狩低地帯、さらに

（参考）天売・焼尻の遺跡の位置
出典：種石悠：焼尻・天売島のオホーツク文化、北海道立北方民族博物館研究紀要第32号（2023）

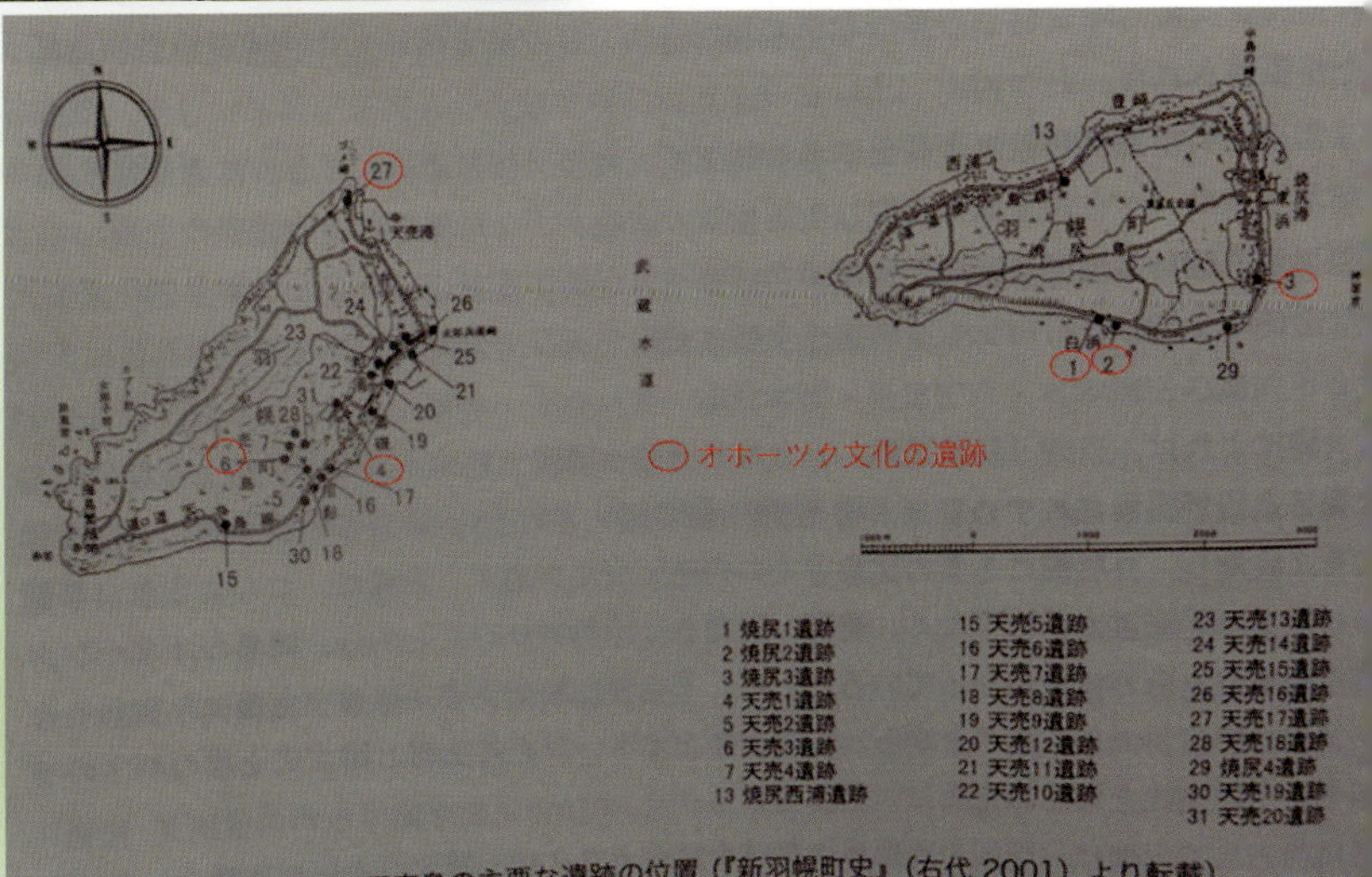

図１　焼尻・天売島の主要な遺跡の位置（『新羽幌町史』（右代 2001）より転載）

は東北地方北部との交流が行われていた」と推測したとある。

・大場は両島のオホーツク式土器類似土器の特徴を、①沈線文を持つオホーツク式土器の系統に連なること、②貼付文土器が不在であること、③オホーツク式土器と擦文土器の接触様式（融合型式）であること、の3点にまとめた。

・天売ふる里館展示の擦文土器は、オホーツク文化集団が擦文土器を模作した可能性が高い。

・両島のオホーツク文化集団は道北部の同じ集団とだけでなく、道東部や道南部の同じ集団とも交流を持ち続けていた可能性が高く、オホーツク文化集団による擦文土器の模作は道東部だけでなく天売・焼尻にも見られたということらしい。

・これは利尻・礼文をはじめとする道北部北端で作られていた元地式土器の時期に当たる。元地式土器はオホーツク式土器と擦文土器の接触様式（融合型式）と考えられている。模作土器と元地式土器を製作していた両集団の交流の実態解明は今後の課題。

この文献によると日本海の焼尻島、天売島からもオホーツク文化期末期の元地式土器と同様のものが出ているらしい。時計回りに動いたと言われる擦文人の影響はかなり大きいものだったと推察できる。

〈奥尻島〉

①オホーツク文化人が集団だったことを示す文献

越田賢一郎の「北海道史におけるオホーツク文化の位置づけ」[18)]の中に次の記述があるが、これはオホーツク文化人と呼ばれる人達が続縄文人も含む民族集団だったことを示す例ではないかと思う。

青苗砂丘遺跡で、オホーツク文化の遺構と遺物、土師器、クマ頭骨などがみつかっている。オホーツク文化の遺構には、十和田式土器が出土する竪穴住居跡、刻文、沈線文期の土器とそれに伴う竪穴住居跡、住居の覆土に掘り込まれた墓2基などがある。女性墓からは、クックルケシ（帯飾り）や曲手刀子など道東や道北と共通するものがみつかっているが、骨の特徴から、オホーツク人ではなく、続縄文人系の特徴を持つと判断されている（北海道立埋蔵文化財センター2002、2003）。

②瀬川拓郎の見解[7)]

瀬川は、オホーツク人は続縄文人との接触を避けるように、天売島、焼尻島、奥尻島など、主に島嶼伝いに移動していて、融和的だった続縄文人と古墳社会の人々との関係とは異なり、緊張をはらんだものだったとしながらも、全面的に対決する状況ではなかったようだとしている。筆者はオホーツク人集団の中に続縄文人がいたと考えているので、勿論オホーツク人集団が続縄文人に対決姿勢があったとは思えないとも考えたが、どちらも古墳社会の人々と交易をしたいと考えていたなら競合する関係になり得ると思った。

また、オホーツク人はクロテンの毛皮を求めて北海道に南下し、その後千島列島を北上する過程で同地に生息するラッコの毛皮も大陸へ移出していたという説（大塚 2003）を紹介し、中国側資料にある7世紀に流鬼と呼ばれる集団がクロテンの毛皮を唐に献上しているが、これがオホーツク人という説（菊池　２００９）も紹介している。オホーツク人も交易が目的で移動していたと思われるが、千島列島を目指した集団と日本海側を南下した集団は相対する人達が違っていたようである。

　奥尻島では６５８年から６６０年に阿倍比羅夫が行ったとされる粛慎の討伐の記録が日本書紀にあるが、ここでは粛慎がオホーツク人にあたる。オホーツク人は奥尻島に年間を通じて住んでいたわけではなく本拠地ではなく隠れ場所だったが、比羅夫は北海道の続縄文人に事情を聞いた上でオホーツク人を執拗に狙い撃ちにしていたという。オホーツク人集団は嫌われたらしい。比羅夫との戦いで立てこもったのが宮津チャシ跡とされているが、退路がないため敗れた粛慎が妻子に手をかけたという話も残っているらしい。オホーツク人集落は、この比羅夫の遠征と同時に姿を消したとある。

　比羅夫側は、北海道の続縄文人と対立状態にあった異文化性の強い粛慎（オホーツク人）の南下を排除することによって、北方交易安定をはかることが目的だったとしている。そしてもう1つの目的は、続縄文人と東北北部の人々の間で行われていた交易を王権の管理下に置くことだったとしている。

〈東北〉

　オホーツク人集団は、古墳社会の人々との交易を求め、奥尻島から津軽海峡を回り込み東北北部の交易拠点を訪れていた。下北半島の青森県むつ市瀬野遺跡、八戸市から近い岩手県軽米町大日向Ⅱ遺跡で見つかった土器は、いずれもオホーツク人が奥尻島に拠点を構えていた６～７世紀の土器である。東北北部太平洋側と北海道の遺跡でいくつか出土しているロシア沿海州産の錫製耳輪もオホーツク人が持ち込んだものらしい。

〈佐渡島〉

佐渡島には旧石器時代に人が来ていた。２万年~1万7千年前の旧石器時代のナイフ型石器が出ている。縄文時代中期の火焔型土器もある。オホーツク人も来ているが、どうやら敵視されていたらしい。残された言い伝えは悲しいもの。

『日本書紀』５４４年の記事には、佐渡島の北にある御名部の海岸（この場所がどこかは定かでないらしい）に粛慎という船で来着し、魚を捕りながらそこに留まったと伝えている。

佐渡島の対岸の新潟市周辺は、４世紀以降に続縄文人が南下していた日本海側の中間地帯だったが、オホーツク人も当然ここを目指していたはずと瀬川は指摘している。

①羽茂地区に残るオホーツク人伝説（**粛慎伝説**）

・ここでは、８００歳だったという八百比丘尼が伝えた伝説で、禹武邑の地がかすめ取られたが土地の神様が怒ったので大方は毒水にあたって死んだとあり、その土地が粛慎の隈という説明。

・この説明板にこの奥１００ｍと書かれていたので、進むと人の庭のようなところを抜けて田んぼに出た。反対の海は静かな海だった。

②ミシハセのクマ伝承の解釈

「ミシハセのクマ伝承地」の看板について佐渡博物館に聞いてみたが、何も分からなかった。八百比丘尼の話は有名らしい。次に筆者なりの解釈をしてみたい。

・オホーツク人が佐渡に来たのは交易が目的だったと考えられる。阿倍比羅夫に討伐されたオホーツク人の奥尻島の拠点は、年間通じての本拠地ではなく隠れ場所だったので、佐渡にいた期間も短いものだったと思う。

・阿倍比羅夫が粛慎（ミシハセ）を討伐した目的は、続縄文人と東北北部の人々との間で行われた交易を王権の管理下に置くためとも言われている。オホーツク人はここでも執拗に狙われていたのかもしれない。

・オホーツク人は、鬼と言われたぐらいなので交易はうまくいくはずもなく、上陸地点は北部でその後東部へ移動したりして拠点を作ろうとしたが、敵視され交易品も取られて瀬波河浦というところに隔離されたのかもしれない。

・毒水を飲んで多くが死んだというのは、何か飲まされて毒殺されたのかもしれない。浦の神が怒ったということになって

『日本書紀』第十九の欽明紀（五四四）の頃

十二月。越國言
「於佐渡嶋北御名部之碕岸有肅愼人、
乘一船舶而淹留、春夏捕魚充食。
彼嶋之人言非人也、亦言鬼魅不敢近之。
嶋東禹武邑人、採拾椎子、
爲欲熟喫着灰裏炮。
其皮甲化成二人飛騰火上一尺餘許、
經時相鬪。
邑人深以爲異取置於庭、
亦如前飛相鬪不已。
有人占云是邑人必爲魅鬼所迷惑。
不久如言被其抄掠。
於是、肅愼人移就瀬波河浦。
浦神嚴忌、人不敢近。
渴飲其水死者且半。
骨積於巖岫、俗呼肅愼隈也。」

五年十二月越の国言さく　佐渡の島の北の御名部の碕岸に粛慎人あり　一つ船舶に乗りて淹留る　春夏は魚を捕って食に充つ　彼の島の人　人に非ずと言ひ亦鬼魅なりと言ひて敢て之に近づかず　島の東　禹武の邑の人　椎子を採拾ひ熟し喫わにと欲して　灰の裏に著いて炮る　其皮甲化して二人となり　火上に飛騰ること一尺余計　時を経て相闘う　邑人深く以て異しと為し　取て庭に置く　亦前の如く相闘ひて己まず　人ありて占ひて云う是れ邑人必ず魃鬼の為に迷惑されんと　久しからずして言の如く其の抄掠を被る　是に於て粛慎人瀬波河浦に移り就く　浦の神厳に忌み人敢て近つかず渇して其の水を飲み死する者且に半ばならんとし　骨巌岫に積む　俗粛慎の隈と呼ぶ也

いるが、集団で殺されたのは間違いなさそう。

・山中の岩穴で岩に骨が積み上げられたというのが粛慎の隈だが、看板のある現場はそのような感じのところではなかった。しかし骨が積み上げられたというのが本当であれば、やはり敵視され、よほど嫌われたのではないか。

・羽茂地区の大石というところの近くが粛慎の隈の場所だったのかもしれない。大石というところが800年生きたという八百比丘尼が伝えた伝説のところであるということから、オホーツク人が来てから800年経ってアイヌの伝説のように蘇った話かもしれない。しかし、佐渡博物館に聞いても分からない。

・佐渡は旧石器時代から人が住む歴史がある地であるが、そこにオホーツク人も足跡を残している。悲しい言い伝えだが、阿倍比羅夫の動きから王権の意向を考えると理解できる気がする。言い伝えだけでなく、オホーツク土器などの遺物が発見されればもっと注目されるかもしれない。

③なぜ南下したオホーツク人はこんなに嫌われたのか？

瀬川拓郎は、オホーツク人は異文化性が強い人達で、沈黙交易によらなければ接触できない人達というところが原因なのかもしれないと言ってい

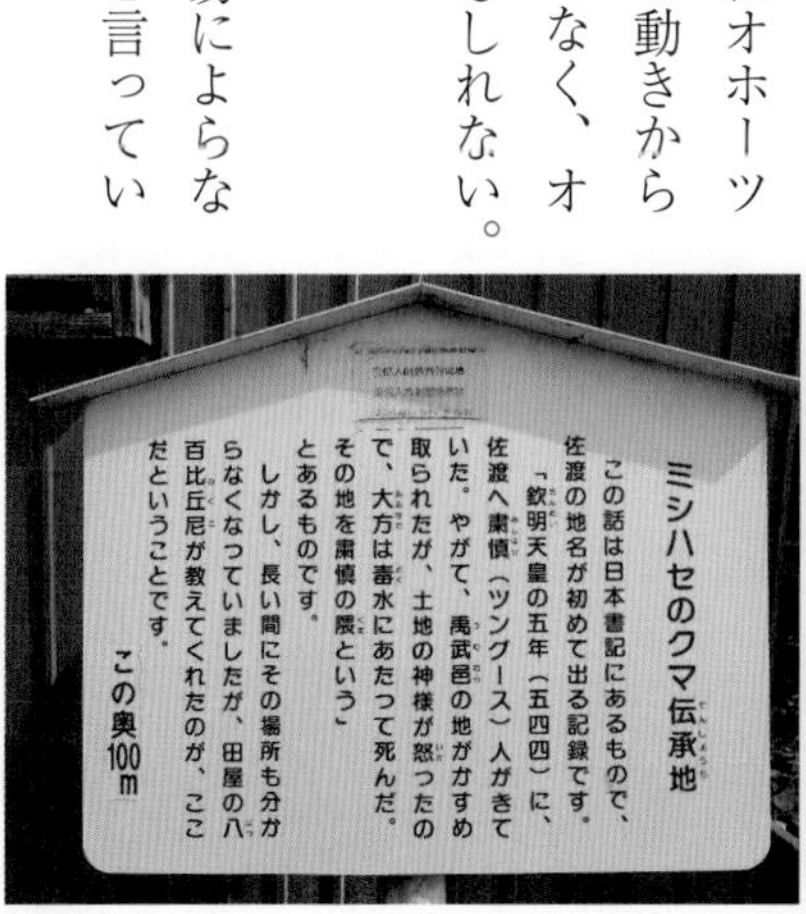

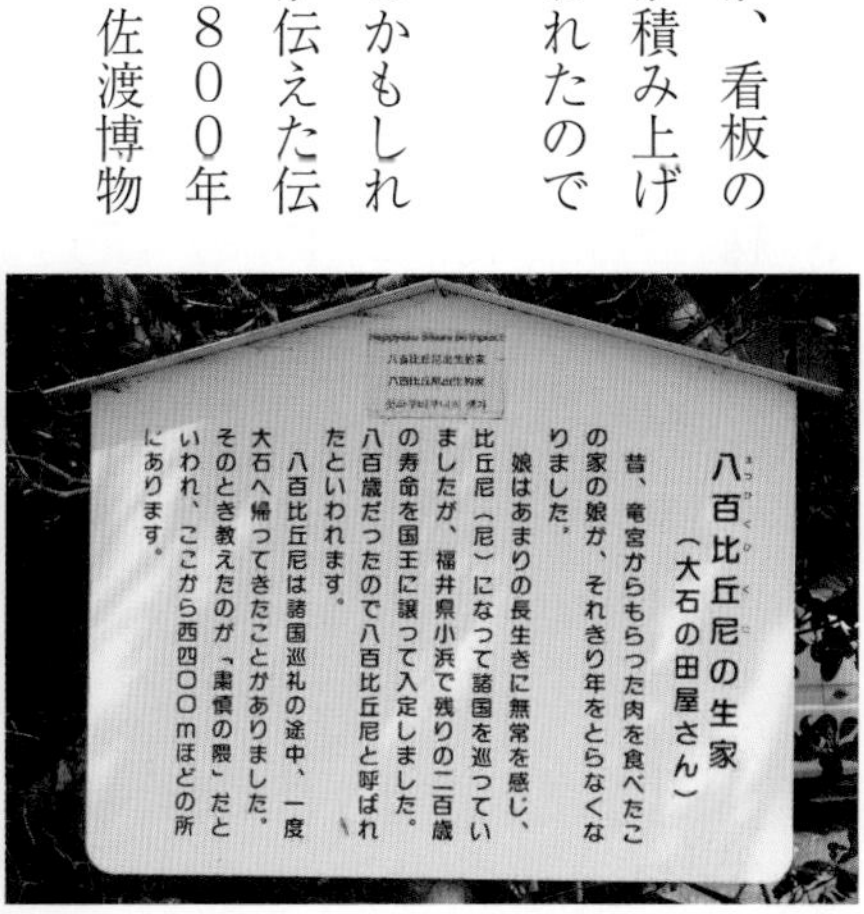

るようでもある。沈黙交易とは、直接相手に接触することなく物々交換を行うというスタイルで、これは交換したい品物を海辺や山中の境界に置き、しばらくその場を離れると交易相手がやってきて、それに見合う品物を置いて交換品を持ち帰るというやり方で、古代の続縄文人とオホーツク人、中世のサハリンアイヌとツングース系先住民、近世の北千島アイヌと北海道アイヌの間で行われていたという。

しかし、鉄器が欲しかったオホーツク人集団が沈黙交易をやり続けたとは思えない。北方系の人とは違う和人（弥生系から多数の渡来人が入って縄文人から大きく変わってしまった集団）と合わない何か（言語も含めた何か）があったのではないか。

5．3方向に向かったオホーツク人集団

カムチャッカ集団が南下して千島列島か北海道のどこかで続縄文人と混合して生まれたオホーツク人集団は、オホーツク海側を北上し、稚内、利尻・礼文辺りからまず日本海側を南下したらしい。日本海側を南下した集団は渡来系の人達との交易に魅力を感じて行動したということなのか。東北の太平洋側の交易拠点まで行っている。佐渡島までは追ってみたが、その先の能登半島までも到達しているような気がする。

また、モヨロや目梨泊の拠点に大陸の交易品を直接もたらした人がいた。サハリンから南下してきた外国人集団やサハリンを北上したオホーツク人集団の存在も考えられる。靺鞨（吉林省・黒竜江省・アムール川流域・沿海地方）との交易を担った人たちと考えられる。モヨロや目梨泊は交易品が出ている

拠点なので、大陸とつなぐ役をやっていた人達がいたらしい。流鬼と呼ばれた人達は唐にクロテンの毛皮を献上しているという。

千島列島を目指したオホーツク人集団については、北海道大学大学院教授：高瀬克範が２０２３年度地域の文化財普及啓発フォーラム「北海道の古代集落遺跡Ⅳ―北海の古代世界とオホーツク文化―」の「千島列島のオホーツク文化」の中で次の内容を語っている。

○２０２３年度地域の文化財普及啓発フォーラム「北海道の古代集落遺跡Ⅳ―北海の古代世界とオホーツク文化―」より「千島列島のオホーツク文化」北海道大学大学院教授：高瀬克範

・オホーツク人はまず日本海側を南下し、その後でオホーツク海側から千島列島を北上した。
・馬場は北千島を5回にわたって調査し、オホーツク式土器→内耳式土器→末期（ロシアからも入る）の3期に分類した。
・北千島は、北海道やサハリンとは違うオホーツク文化がある。住居は円形で小さい。骨塚もなくクマの崇拝もない。刻文と沈線文は北海道と共通だが、銛頭等が違う。カムチャッカの影響か。しかし南から北上してきた人達と考えている人が多い。
・どの島にも遺跡があるが、小規模なものも多い。占守島、ラショワ島などがアイヌの拠点にもなっている。新知島は孤立していたらしい。
・多くの場所を続縄文、オホーツク、アイヌが重複使用。3つの移住の波があったが、長期にわたって安定的に居住できなかった。チャシはオホーツク期とアイヌ期。中・北千島には57のチャシがある。

・カムチャッカ集団の南下は約6千年前から散見されるが、カムチャッカからの遺物は少ない。小規模で短期的な居住だったのではないか。
・道東の続縄文人は中・北千島に行っているが、中千島中心か。興津式土器が出ている。
・カムチャッカには1300年前に人が入っている。
・オホーツク人はなぜカムチャッカ半島へ行かなかったのかというのが大きな謎。
・オホーツク式土器がカムチャッカ半島の南から出ていると言っているのは、大英博物館のみ（筆者はオホーツク人はカムチャッカに入っていると考えている）。
・続縄文期とオホーツク文化期の間、オホーツク文化期とアイヌ期の間は人がいなかった。火山の噴火や津波なども関係ない（本当か？）。
・オホーツク人が行った時期は温暖期。占守島ではオホーツク文化期の跡が厚い。なぜ消滅したのかも謎。
・北千島のオホーツク人の黒曜石はカムチャッカ産。カムチャッカの人が持ってきたのであろう。
・北千島のオホーツク人は北海道の人との繋がりはない。ラッコの毛皮を北海道に送ってないとされている。
・カムチャッカ半島は土器が出ない。

以上の内容だが、オホーツク人がカムチャッカ半島に行ってないというのは信じられない。筆者はカムチャッカから阿頼度島に行ったことがあるが、占守島まで行って目前のカムチャッカ半島に足を伸ばしてないというのは考えられない。阿頼度島でもオホーツク人の痕跡が残っているが、占守島から見ると遠い。カムチャッカ半島のほうが遥かに近い。「カムチャッカには行ってない」ではなく、「カムチャッカに行った痕跡が発見されてない」であろう。しかし大英博物館にはカムチャッカで見つかったオホーツク式土器があるという。この事実は重く見てもよいのではないか。オホーツク人にとっては、カムチャッカは故郷とも言える。

もしオホーツク人がカムチャッカ半島に居住しなかったとすれば、何か理由があるはず。本当は先住民がいたのではないか等の理由が考えられる。カムチャッカは稀に見る火山地帯であり、火山活動は今も活発で160の火山の内29個の火山がまだ活動している。当時も活発だった可能性が考えられる。高密度の火山地帯であるため、噴火した際の火山現象の大きな影響も考えられる。筆者は登山活動でクリュチェフスカヤ山（4750m）へ行ったことがあり、肌で感じた。

カムチャッカ半島は土器が出ないというのも気になる。なぜだろうか？ アイヌ期のものも残ってないのか。アイヌ語地名はカムチャッカに残されているが、オホーツク人が残した可能性はないであろうか。

〈筆者が思い描いたオホーツク人像〉

以上の文献や報告から筆者はオホーツク文化人について勝手に次のように考えてみた。

・基はカムチャッカ集団と北海道の続縄文人の合流・混血した集団だが、色々な考えを持ったグループがあって、縛りもなく自由に活動していたようである。

・つまりオホーツク人の故郷は、カムチャッカ半島でもあり、後に千島列島を目指したオホーツク文化人集団は故郷に向かったことになる。
・オホーツク文化集団は、全て混血していたわけではなく、大陸系の人や続縄文人もいたのではないか。そのため大陸の靺鞨文化や道南の続縄文人などと交易ができたし、海獣狩猟、漁労、栽培やクマを中心とする動物意匠置物・動物儀礼が行われた。
・食べ物は、海に頼っていたため特に海の哺乳類の肉が好きだが、魚も好きだった。
・言語は続縄文人が使っていたアイヌ語が主に使われていたのではないか。
・家族を大切にし、平等な非階層化社会を作っていたが、石鏃が刺さった遺体が発見されていることから暴力的な人もいたと考えられる。縄文人の純粋さみたいなものを引き継いでいた部分と、そうでない部分もあった。
・間宮林蔵が見たニヴフに残る女尊男卑のような女性崇拝もあったのではないか。

6. カムチャッカ半島でのアイヌの痕跡

〈高瀬克範：「千島アイヌの成立と展開」[14]〉

北千島・カムチャッカ半島南部に千島アイヌが入ったときは、ほぼ無人状態の土地だったという説明が気になる。そんなことはあるのか？ 次がその内容。
・千島アイヌが残した物質文化は、カムチャッカ半島南部から北千島に分布するナルィチェヴォ文化と呼ばれる考古学的統一体である。

・この文化の直前にはこの地域には考古学的文化が分布していなかったと見られ、ほぼ無人地帯に突然出現したのがナルィチェヴァ文化と理解される。

・内耳土器、銛頭、骨鏃、魚鈎などや本州以南で生産された物質文化（鉄鍋、キセル、寛永通宝など）が多数含まれる。同時期のカムチャッカ半島北半部の物質文化（古コリヤーク文化の土器、狩猟具など）は含まれない。南千島、北海道、サハリン南部のいずれかの地から移住してきた集団によって、それが残されたことは疑いない。

・千島アイヌは15世紀半ばから17世紀末にかけてカムチャッカ半島のかなり広い範囲に居住していた。中心はカムチャッカにあった。

・カムチャッカでは、トナカイ、ヘラジカ、ヒグマ、ビッグホーン、ウサギなどの狩猟獣、サケ科の遡上数も多く生活しやすいので、島に留まらずカムチャッカへ渡ったのは当然である。しかも、そこがほぼ無人であれば占地することに躊躇する理由はなかった。そして地名も自分たちで命名した。

・交易相手は南のアイヌ集団だったことは、多数の和産物から理解できる。しかし半島北部のコリヤークや内部のイテリメン（カムチャダール）などとも接触していたことは間違いない。石ランプなどがある。

・南カムチャッカの千島アイヌの居住域は18世紀初頭に急激に縮小する。ロパトカ岬から４５０㎞ほど北、東海岸のクロノツキー湾の中央部までが一気に３５０㎞南下しヴェストニク湾が北限となり、その後19世紀までには南カムチャッカから完全に撤退し、千島列島内を移動する生活スタイルに移行していった。

・原因はロシア人のカムチャッカ侵入か？ 毛皮税の徴収をめぐってロシア人と先住民の間に衝突があり、それを避けるために南に撤退したと推測している。

・千島アイヌの故地は解明されてないが、内耳土器や竪穴住居が長期にわたって利用され続けたサハリンが有力な候補。ナルィチェヴァ文化のＩａ式に類似する土器が利用されていればその可能性が高い。サハリンや南千島では少量ながら分布しているが決定的な証拠は見つかってない。

北千島にはオホーツク人もアイヌも到達しているが、オホーツク人が移動した10世紀までと、アイヌが本格的に移動する15世紀までにはタイムラグがある（５００年位？）ようである。オホーツク人はカムチャッカまで行ったかどうかを示す証拠は見つかってないが、前述のようにオホーツク人の故郷はカムチャッカとも言えるとすれば、長期居住してないにしても当然行ったはずである。

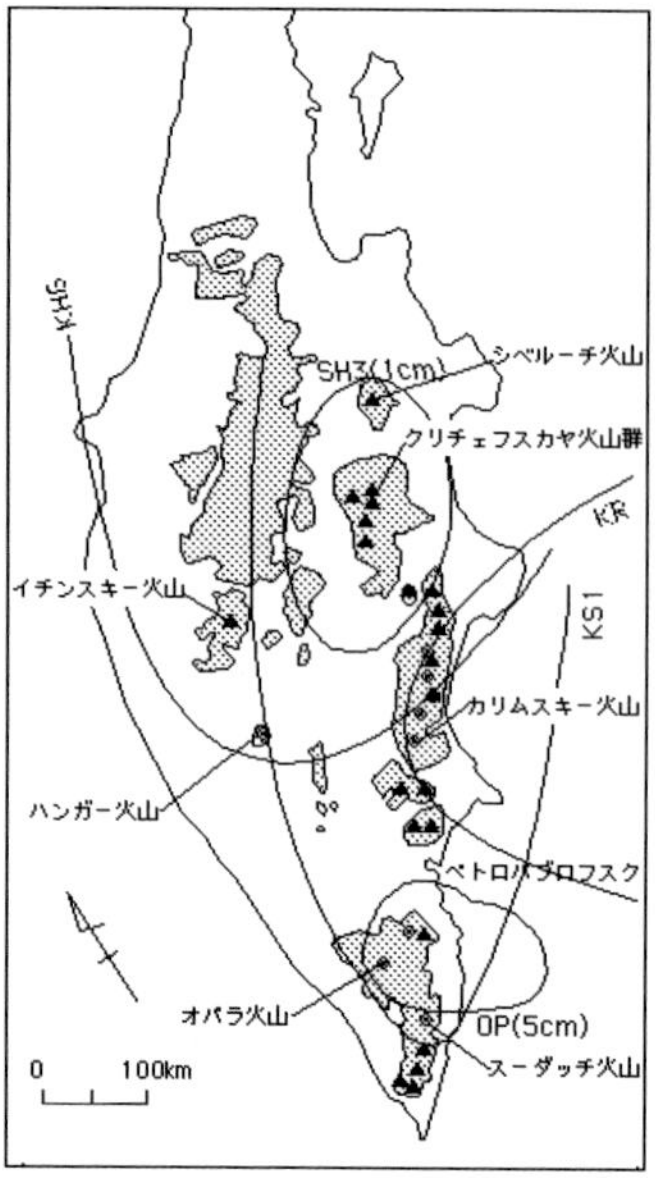

千島アイヌが北千島・カムチャッカに入ったとき無人状態だったというが、その理由は何であろうか。もしかしたら火山活動ということは考えられないだろうか。別所二郎藏の『わが北千島記』Ｐ１５８[16]には、「この年（著者注：明治41年）の夏、カムチャツカで火山が爆発し、一日中、大砲を撃ったような音がし、家がビリビリふるえました。あとで海岸にどっさり軽石が寄りました」との記述がある。カムチャッカ南部の火山が噴火したのであろう。占守島にいてもカムチャッカの火山の噴火の大きな音

が聞こえるのである。前述したようにカムチャッカは火山密集地帯であり、その影響が全くなかったとは思えない。

小杉康は１９９７年発表の「物質文化からの民族文化誌的再構成の試み」[20]の中で次のように述べている。少し前のものだが、他の研究者の考え方を示しておきたい。

> オホーツク式土器時代は、道東のオホーツク文化とは様相をだいぶ異にしており、住居形態や炉址、自然石を利用した石ランプ、逆刺のある骨鏃、銛頭などはむしろカムチャッカとの関連が強くうかがえる。これについて、この時期の北千島にはカムチャダールに代表されるようなカムチャッカ系統の人びとが居住しており、オホーツク式土器に代表されるようなオホーツク文化の要素を部分的に取り入れることによって、北千島の固有な文化をつくりあげていたとする見解も示されている「菊池　１９７２：81」。**これに反して、北海道から南千島を経て北進したオホーツク文化系統の人びとが、やがて北千島の自然環境に適応し、周辺のカムチャダールなどとの民族接触を経た結果であるとの解釈も提示されている**「馬場１９３９：１１４；山浦　１９８９：３０１」。またその際にはオホーツク文化の民族的帰属としてサハリンアイヌ系統の人びとが想定されることもある「山浦　１９８９：３０７」。
>
> 　続く内耳土器時代には、前代から系統的な連続性を保つ石ランプや石ナイフ、断面三角形の磨製石斧などの一群も存在するが、内耳土器に代表されるような北海道系の要素やクリールアイヌの物

質文化につながる要素なども登場してくる。またその分布はカムチャッカ半島の南端まで広がることが確認されている。これについては、北海道から南千島を経て新たに到来したアイヌが、前代からの「北千島オホーツク文化」の人びとやカムチャダール、ロシア人との民族接触を遂げた結果であり、この「内耳土器人」こそがクリールアイヌの祖先であるという見解が示されている【馬場 1939：115】。

以上のように、馬場は北千島でのオホーツク人からアイヌまでの関係性を考えている。オホーツク人とアイヌの間の空白が実際どんなものだったか分からないが、オホーツク人からアイヌの時代に引き継がれていったものはあったのだと思う。

7. アイヌ語から見た北千島[11)]

村山七郎によると、アイヌ語方言は北海道方言（北部、南部）、樺太方言、北千島方言の大きく3つに分類されるとしている。

A. 北海道方言

A－a. 北部方言

北海道の最北端の宗谷から西は日本海岸を南下して、天塩、石狩、後志に至り、東はオホーツク海岸に沿って北見・根室を含み、さらに太平洋岸を南下して釧路、十勝から襟裳岬を越えて日高の静内にまで及ぶ。クナシリやエトロフなど南千島の言語もこの方言に属したと見られる。

A－b．南部方言

静内以西の日高と胆振全部に分布する。

B．樺太方言

ロシア人ドブロトヴォルスキー、ポーランド人 Pilsudski、アメリカ人 B.Laufar などの文献あり。金田一、知里、服部らの研究あり。

C．北千島方言

鳥居龍蔵のシュムシュ島からの引き揚げアイヌの言語調査資料、ポーランドの動物学者のシュムシュ島出身アイヌをインフォーマントとして採集した資料などあり。

〈アイヌ語方言の流れ〉

・北千島アイヌ語は北海道北部方言に極めて近く、それと同時に樺太アイヌ語と共通するものが少なくない。

・北海道アイヌ語が南部方言と北部方言に分かれてから、北部方言を話す一部のアイヌが早く樺太に渡って樺太方言が生まれ、他の一部が後に北千島に渡って北千島方言が生まれたと解するのが合理的。

〈村山が注目した北千島アイヌ語を確認するにあたり有用な文献〉

（1）クラシュニンニコフのラテン・クリル語彙集（1738年、ボリシェレツクにおいてポロムシル、シュムシュ・アイヌをインフォーマントとして記録。レニングラードのソ連科学アカデミー・アルヒーフに原稿として保存され、ソ連では発表されず、Bulletin of the Faculty of Literature Kyushu University, No.12 において発表された)。

（2）クラシュェニンニコフの「カムチャツカ地誌」（1755年）第3部のロシア・クリル語彙集。1と密接な関係がある。

（3）DYBOWSKI が1878～1882年カムチャツカにおいてシュムシュ島出身アイヌをインフォーマントとして採集し RADLINSKI が発表した資料（クラコウ、1892年）……著者注：日本では知られてなかったらしい。

（4）鳥居龍蔵氏が1889年シコタン島においてシュムシュ島アイヌ人についてその言語を調査し1903年に「千島アイヌ」において発表したもの（3）と（4）とは密接な関係がある。

以上のように、北千島のアイヌは北海道北部方言を話す人達が北上したということのようである。アイヌがカムチャッカまで移動するのは15世紀のようだが、北千島に北海道北部方言を話す人達が北上したのは、もっと前の時代、少なくともオホーツク人の時代に遡るのではないかと思われる。

8. カムチャッカ半島に到達したアイヌ語[11]

アイヌが本格的にカムチャッカ半島に到達したのは15世紀だが、アイヌ語を話す人がカムチャッカ半島に到達したのは、そのはるか前の時代だったのではないであろうか。例えば、10世紀以前に北千島に到達したオホーツク人集団もカムチャッカ半島まで到達したのではないか。もしかしたらカムチャッカ半島に残るアイヌ語地名は、そのときに残されたものもあるかもしれない。筆者は、オホーツク人集団はアイヌ語も使っていたのではないかと思っている。

また、極端かもしれないが、旧石器時代から人の行き来はあったはずで、そこまで遡ることもできるのではないか。筆者は、旧石器時代の人もアイヌ語（祖アイヌ語）を使っていたと思っている。

〈17世紀にアイヌの居住地だったことを示すカムチャッカ南部に残るアイヌ語地名〉

・カムチャッカ半島は北緯52度のオパラ川がアイヌの痕跡の北限

〈Pit（北海道アイヌ語の pet「河」の付く河川名〉

・Chiput-pit（チプト・ピト）、Moi-pit（モイ・ピト）、Utatum-pit（ウタトゥム・ピト）、Chius-pit（チウス・ピト）、Iziaum-pit（イジアウム・ピト）、Chuichum-pit（チュイチュム・ピト）、Kruvi-pit（クルヴィ・ピト）、Yachkuum-pit（ヤチクウム・ピト）、Wachumkum-pit（ワチュムクム・ピト）

〈この地区の山名、岬名、クリルの語源〉

・Paramitut（パラミトウト）：北海道アイヌ語 para「広い」、metot「山地」（バチラー）、Chumit（チユミト）：Chu-mitut「山地」、Mutepkup（ムテプクプ）、Uniguya-Kazach（ウイニグヤ・カザチ）、Taichurum（タイチュルム）、Chaauxch（チャアウフチ）「赤い石 婆さん」

・カムチャッカのクリル湖に入る Yachkuum-pit 川と Giligisgua 川との間に Iterpine「白い石」という石があった。Retar poina「白い」「石」のゆがんだ語形。

・ロパトカ岬：アイヌ語の Tapere（肩甲骨）をロシア語に訳したもの。

・南カムチャッカの部族の呼称クリル：アイヌ語起源で「人々」「部族」が原義。カムチャダル語のクリル人（アイヌ）呼称クシン〜クジンはコサックたちによって Kuril に変えられた。Kurshin〜Kurzhin は、Kur-shin 〜 Kur-zhin にさかのぼる。Kur はアイヌ語で「人」、シン〜ジンは複数接辞。クリルはアイヌ語由来である。「煙を吹く」のロシア語「クリーチ」が由来ではない。

・17世紀は、パラムシル島のアイヌの言葉がアイヌ語であったことは疑いないが、シュムシュ島の住民はカムチャダル語とアイヌ語の両方を用いていたと見られるらしい。クランシェニンニコフもシュテラーもロパトカ及びシュムシュ島の言語をカムチャダル語を根幹とするクリル語（アイヌ語）の要素を若干含んだと見ているらしい。隣同士の島だが、カムチャッカ半島により近いシュムシュ島ではカムチャッカの人の影響が色濃いということらしい。

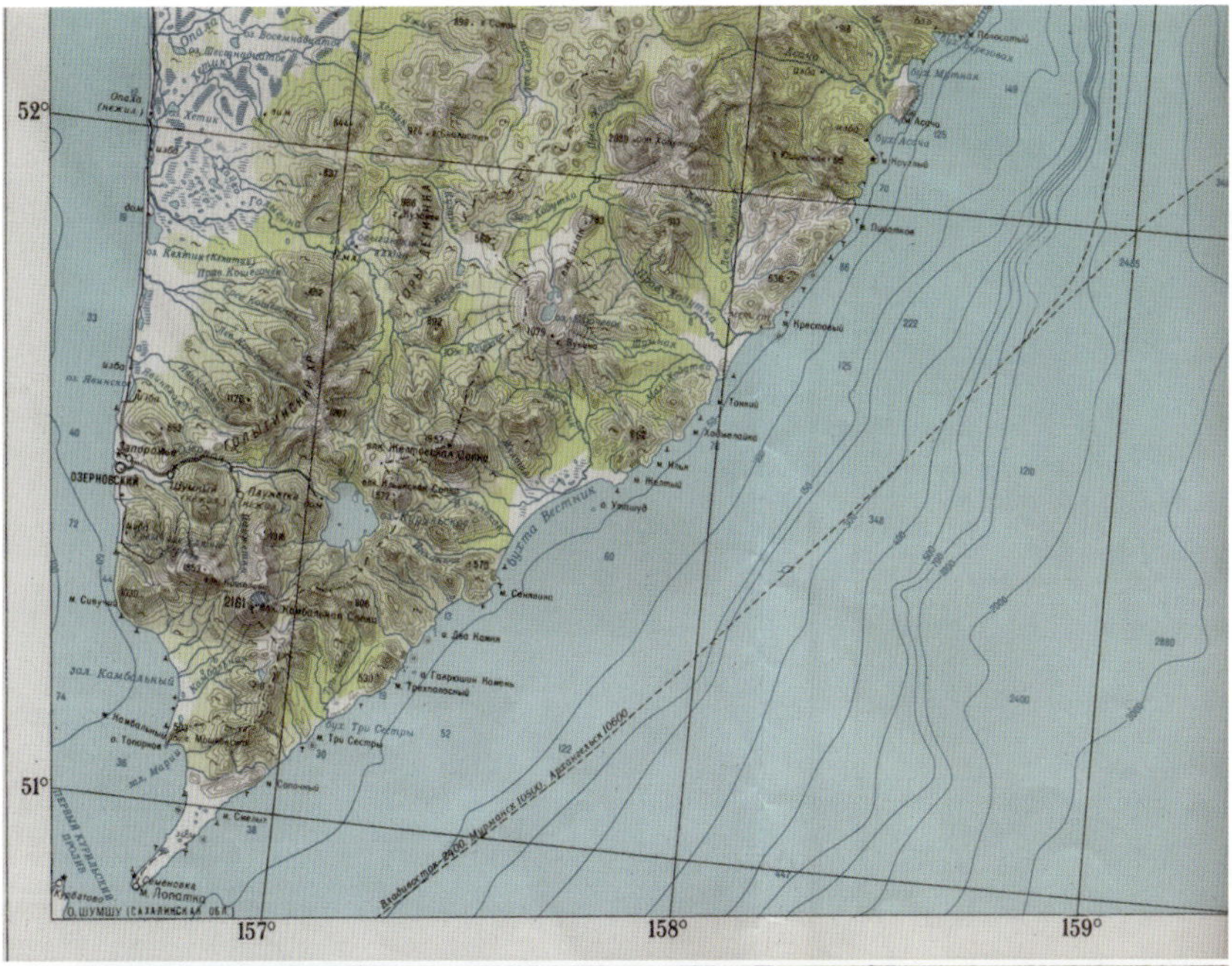
52°
51°
157°
158°
159°
ОЗЕРНОВСКИЙ
Опала (нежил.)
изба
дом

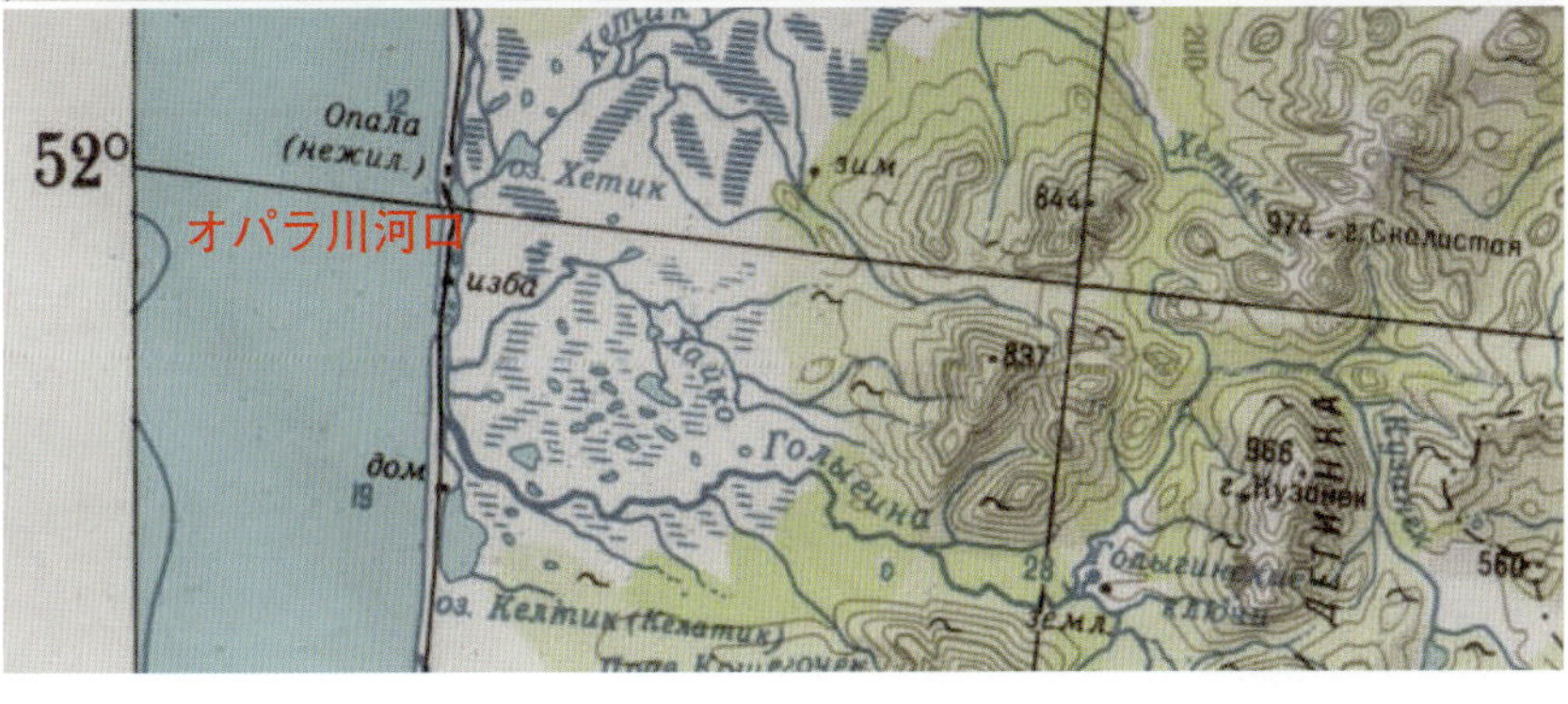
52°
Опала
(нежил.)
оз. Хетик
Хетик
зим.
844
974 г. Скалистая
オパラ川河口
изба
837
Голыгина
дом
966
оз. Келтик (Кехатик)

中部千島・北千島の島々

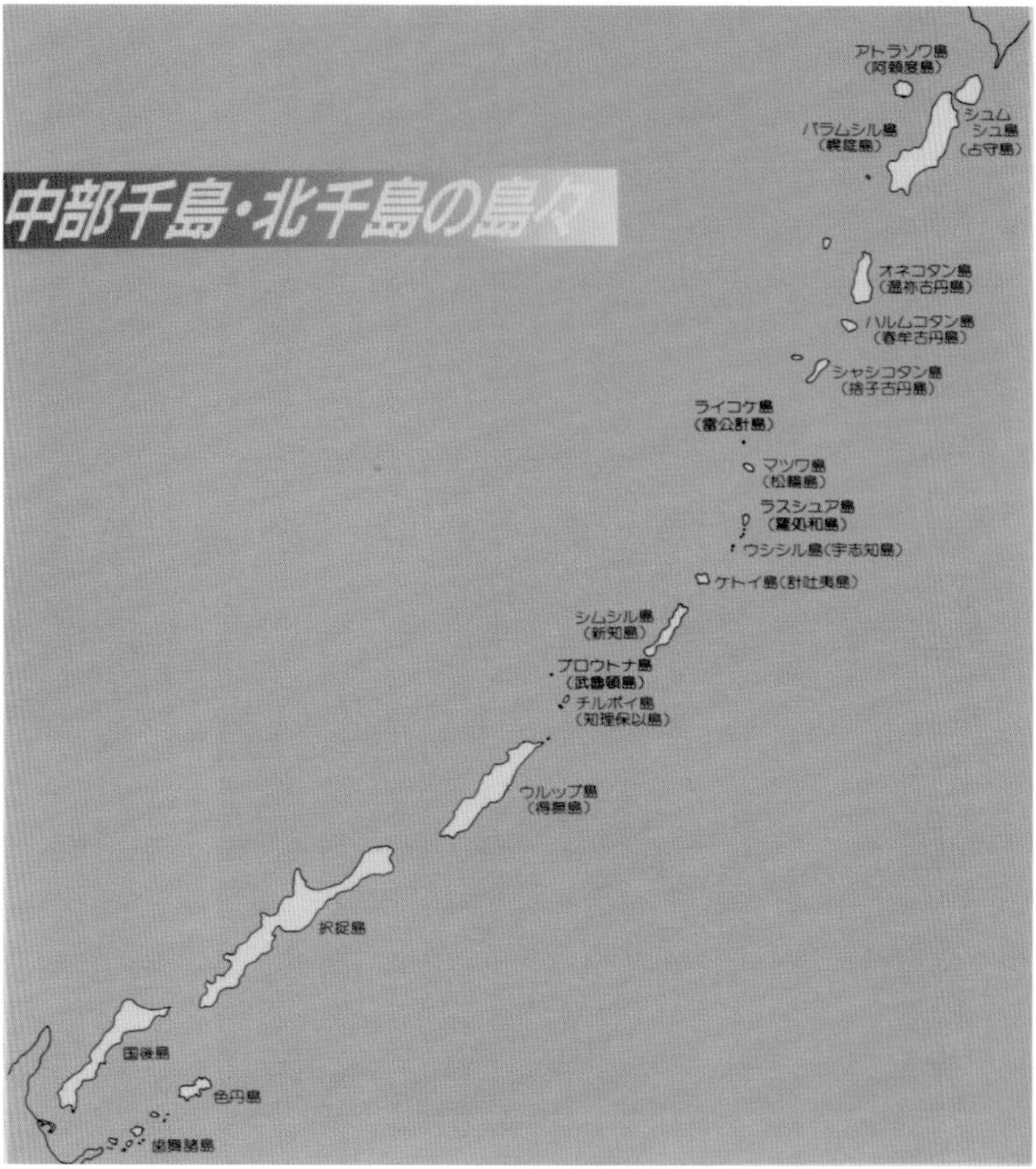
アトラソワ島
（阿頼度島）
シュムシュ島
（占守島）
パラムシル島
（幌筵島）
オネコタン島
（温祢古丹島）
ハルムコタン島
（春牟古丹島）
シャシコタン島
（捨子古丹島）
ライコケ島
（雷公計島）
マツワ島
（松輪島）
ラスシュア島
（羅処和島）
ウシシル島（宇志知島）
ケトイ島（計吐夷島）
シムシル島
（新知島）
ブロウトナ島
（武魯頓島）
チルポイ島
（知理保以島）
ウルップ島
（得撫島）
択捉島
国後島
色丹島
歯舞諸島

〈まとめ〉

・村山は「アイヌ語がオーストロネシア（ANと略す）系の言語であることに（中略）金田一京助のような、またその高弟の知里真志保（アイヌ）のようなきわめて卓越したアイヌ語研究家がこの点に気づかれなかったことは不思議である」と述べている。

・アイヌ語はオーストロネシア語系言語であることは正しいらしく、それを考えると、ホモ・サピエンスが日本列島に入ってきた3つのルートのうち、3万5千年前の沖縄ルートの台湾から与那国島経由で日本列島に入ってきた人々もアイヌ語（祖アイヌ語）を使う人達だったらしい。おそらく3万8千年前の対馬ルートで日本列島に入ってきた人々もアイヌ語（祖アイヌ語）を使う人達だったのだろう。

・2万5千年前に北海道ルートで入った人は、最終氷期に入った細石刃文化を持つ人間集団で、この人達もアイヌ語（祖アイヌ語）に近い言語を使っていたのかもしれないが、北海道のアイヌ語に何らかの影響を与えたことは考えられる。北海道でサハリンから入ってきた旧石器人と本州から北上してきた旧石器人は出会っている。

・北海道アイヌ語方言は北部と南部に分かれるが、北部方言がサハリン、千島列島に北上し樺太方言、千島方言に分かれていったらしい。

・旧石器時代、縄文時代の千島列島で発見された痕跡は少ないが、特に海面が低かった時代は移動しやすかったはずである。旧石器時代の方が通りやすかった可能性があり、また海中に隠されてしまったものもあるかもしれない。縄文時代以降の動きとしては、後述するアイヌの伝説の中にもそれを示すものがあるのかもしれない。

・続縄文時代になると、前期には中部千島の得撫島アリュートカ湾、北知里保以島、新知島で興津式土器が発見されている。後期になると、幌筵島ヴァシリェーヴァで石偶（カムチャッカでも数点発見）が、幌筵島ラブレットで柄付き石製ナイフ等（アリュート民族等の関係か）が発見されている。カムチャッカとの関係が深い。

・アリュート民族（アレウト族）は、新知島で明治9年の段階で57名住んでいたらしい。これはカムチャダールばかりでない北からの人の動きを示すものか。アリュートはオホーツク人となる続縄文人と混合した民族かもしれない。

・サハリン州立郷土史博物館歴史部門の主任のオーリガ・A・シュービナ氏は「縄文晩期以降の2750年前～700年前時期については、島々への居住が予想以上に積極的に行われた状況が顕著である。続縄文及びオホーツク文化期の集落跡がクリール列島全域にわたって確認された。但しクリールの居住には空白の時期があり、なぜこの時期に関係した考古遺物がないのかという問題がある」（著者要約）とも言っている。

・オホーツク文化期（5～10世紀）になると、前期は千島列島全体にオホーツク土器の文化が広がったが、占守島、幌筵島、阿頼度島など北千島ではカムチャッカ半島の文化的影響を受けてオホーツク人が居住していた。後期になると、特徴的な貼付文土器は中部、北千島からは発見されてない。南千島まで後退したとも言われている。この頃からアイヌ文化期までが空白の期間のような気がする。

・アイヌ文化期（13世紀末～18世紀末）になると、前期に占守島、幌筵島、カムチャッカで内耳土器が出ている。北海道では内耳土器は15世紀頃なくなるが、北千島では18世紀まで使用されている。後期に確認されたチャシは、カムチャッカ、幌筵島、温祢古丹、捨子古丹島、羅処和島、宇志知島、新知島で確認されている。

・小杉康[21)]は占守島から色丹島に移住させられた北千島アイヌを調査した鳥居龍蔵の未解決の事項として次の点を挙げている。とても興味深い話である。「クリールアイヌが自らを中心に置き「アイヌ」と称し、その東のカムチャダールを「チュプカ＝グル」、その西に住む人を「ルトン＝モン＝グル」と呼称する方位民族観」を持っていた。北千島のアイヌは、「北海道アイヌやサハリンアイヌと自らとは異なる民族であると認識していた」。

・前述の小杉康の報告はとても興味深いが、基本的には北千島のアイヌも北海道アイヌもサハリンアイヌもアイヌ語を話していた。しかし北千島のアイヌは長期出漁（猟）型海洋適応を遂げていたことが、他のアイヌと違う意識を持った原因ではないかということらしい。この独自の精神性はどこから来たものなのか。オホーツク人の影響がより強いということなのか？

（文献）

1）（再掲）川上淳『千島通史の研究』（北海道出版企画センター、2020年）
7）（再掲）瀬川拓郎『アイヌと縄文—もうひとつの日本の歴史』（筑摩書房、2016年）
11）（再掲）村山七郎『アイヌ語の起源』（三一書房、1992年）
14）高瀬克範編『北海道考古学の最前線—今世紀における進展—』（雄山閣、2023年）
15）米村喜男衛『モヨロ貝塚』（講談社、1969年）

16）別所二郎藏『わが北千島記』（講談社、１９７７年）
17）種石悠『オホーツク文化の考古学 辺境から眺める古代日本』（銀河書籍、２０２３年）
18）越田賢一郎「北海道史におけるオホーツク文化の位置づけ」（斜里町立知床博物館、チャシコツ岬上遺跡国史跡指定記念シンポジウム「オホーツク文化と古代日本」（２０１９年）
19）種石悠「焼尻・天売島のオホーツク文化」『北海道立北方民族博物館研究紀要第32号』（２０２３年）
20）小杉康「物質文化からの民族文化誌的再構成の試み：クリールアイヌを例として」『国立民族学博物館研究報告21巻２号』（１９９６年）

Ⅳ．アイヌの伝説からの検証

〈着目点〉

①オホーツク人が関わる伝説がある

②山が移動するという伝説は人が動いたことを示すのか

③コロポックルは北千島アイヌなのか

アイヌ伝説には縄文時代からのものが残されており、拙著『「シレトコ岬の法則」を考える』[21)]でも考察を進めた。例えば、栗の木が出てくるものや知床岬の先端の立岩はサマイクルカムイ(国造神)という伝説も縄文時代から続くものと考えた。また山自体が神で、戦ったり、夫婦だったり、場所を移動したりする伝説も多くその考察も進めたが、その後、**村山七郎の「山が移動するという伝説は人が動いた**ということを意味するのではないか」という見解を知り、その視点で考察をすることにした。

またオホーツク人の動きも気になる。アイヌの伝説にオホーツク文化時代の人に関わるものはないかという視点でも見直してみることにした。アイヌの先祖にはオホーツク人も含まれるという痕跡が残っていないかと改めて考えたからである。

1．アイヌの伝説に残るオホーツク文化時代のもの

〈オロッコ人が出てくる伝説〉

(1) ウトロのオロンコ岩（知床博物館）

昔オロッコ人がオロンコ岩に住んでいて、石を投げたり岩を投げたり、ものを盗んだりで、アイヌは被害に遭っていた。そこで策を弄してオロッコ人をおびき出し全員やっつけたという話。オロッコ人とは誰を指すのか？オロッコ人はオホーツク人でアイヌが擦文人と読み替えるのかとも思ったが、文字通りオロッコ人がサハリンの先住民族の1つ（ウィルタの古い呼び方）であるとすれば、オホーツク人（アイヌ）がサハリンの先住民族をやっつけたという話なのか。

地質学的には、元々オロンコ岩と三角岩は元々1つだった。真ん中が浸食された。水冷破砕岩の最後の段階でドーム状となっている。オロンコ岩もチャシコツ岬・カメ岩（実際にオホーツク人の遺跡が発掘されている）もオホーツク人が好みそうなところである。

(2) 枝幸地方のアイヌ伝承（オホーツクミュージアムえさし）

知床博物館で見た「ウトロのオロンコ岩」とやや似た言い伝えをオホーツクミュージアムえさしでも

見た。ここでもオロッコ人が出てくる。住んでいたオロッコ人を滅ぼした天塩アイヌに北見アイヌが一計を案じて勝つという内容。昭和4年に採集された枝幸を代表する伝説。

(川尻のチャシと「砂鯨」にまつわる伝承)

昔、北見幌別川下流には、北見アイヌが平和に暮らしていた。湿原の小高い砦にはオロッコ人が住んでいたが、あるとき天塩アイヌが攻めてきてオロッコ人を滅ぼした。それを見ていた北見アイヌは天塩アイヌに戦いを挑んだ。

北見アイヌの古老が一計を案じ、幌別川河口にできた砂山に色々な魚をまいた。次の日、カモメが集まるのを見た天塩アイヌは「寄り鯨」だと思って我先に駆けつけ、そこに待ち伏せた北見アイヌは見事に勝利し、記念すべき砂山は、「砂（オタ）山（ヌプリ）」から「歌登」の語源になったというもの。オロッコ人はサハリンの先住民族の1つで、ウィルタの古い呼び方。もしかしたらオホーツク人の記憶が伝記になったのかもしれないとしている。

これら2つの伝説で、オロッコ人＝オホーツク人とするとアイヌはオホーツク人を追いやった擦文人ということになる。しかし物語ではオロッコ人と言っているので、オホーツク人がどこかでサハリンの先住民族と戦ったという記憶が基になっているような気がする。カムチャッカから来た人が北海道の続縄文人と混合して生まれたオホーツク人集団が、稚内、利尻・礼文、サハリン南部にまで達したところでサハリンの先住民との戦いが起き、その記憶がアイヌの伝説となって残ったのではないか。

〈オホーツク人の終焉から考える利尻島、礼文島の伝説〉

（3）利尻島漂着伝説（更科源蔵『アイヌの伝説』）[22]

むかし、利尻富士は札幌の近く千歳部落にあった。

ある年、海底地震があり、大津波が起り雄姿をたたえていた利尻富士は大津波にもぎとられ流されて、石狩のサマッキヌプリ（横になった山）にぶつかり、その山をねじり倒しさらに、石狩川に沿って北に下り海に流れでて、今の利尻島になったという。

長沼のサマッキヌプリは、今の馬追山で、サマッキヌプリとは、横になるという意味で形がねじれたようになっているのは、利尻富士がぶつかったためとつたえられている。

（4）礼文島漂着伝説（更科源蔵『アイヌの伝説』）[22]

昔、その昔の太古の時。

天塩の沖にあった利尻島に一人の男を知らない、美しい女神がおった。

ある年のこと、支笏湖の水があふれ、洪水となり千歳にあった山が押し流がされ海まで流れていき、利尻島の北で止まり礼文島になった。

この時、利尻島に住んでいた美しい女神は、流されてくる礼文島の男の神様をみて、恐しくなり逃げだし、樺太島に渡り突岨山という山に化身してしまった。それからこの山を女山というようになった。


（擦文人との関係は？）

2つの伝説で利尻も礼文も千歳辺りから流れていったとしているが、この話は北海道の各地の集団が道央に集まってきて生まれたとされる江別文化に関わる人が作ったということは考えられないか。4～7世紀の江別文化の頃、北海道では各地で色々な集団があり、それまではまとまってなかったが、それが道央の江別辺りで（石狩川流域）でまとまりを見せてきた。それが北海道の擦文やアイヌに移行していったとも考えられる。

利尻島が千歳辺りから石狩川を流れて現位置に流れていったというのは、オホーツク文化期末期に中央部から擦文人が時計回りに動いて、稚内の元地式土器に象徴されるようにオホーツク文化が崩壊していった動きを示しているのではないか。マサッキヌプリの話は、擦文人集団の中にはその動きを止めようとする人達もいたということかもしれない。オホーツク文化期末期に道東で展開したトビニタイ文化は変化がゆっくりで、北部の元地式土器文化とはかなり異なり、擦文人集団でも東に展開した集団は穏やかな人達だった可能性もあるのではないか。

また礼文島の男の神様は、まさにオホーツク文化を終わらせた動きをした擦文人で、利尻島に住んでいた女神はオホーツク人でサハリンに逃げていったということではないか。

実は筆者はチハヤ湾の突岨山の下から突岨岬まで歩いたことがある。[23] 位置は、北知床岬の対になる小さなノテト岬から70㎞ほど南で、サハリン島南部の島が最も狭くなっている辺りのオホーツク海側。トッソとはアイヌ語で絶壁を意味している。筆者は突岨山を登ったわけではないが、海岸の急峻な崖の上を歩いた。松浦武四郎も歩いたらしい。調べると突岨山は

上部の両側が鋭く切れ落ちた危険な岩のヤセ尾根で、一般の登山者は登れない山らしい。利尻島に住んでいた「一人の男も知らない美しい女神」は、人を寄せ付けない険しい山になったらしい。この物語は誰が考えたのか？　険しい突岨山を知る人であろう。オホーツク人集団に居てサハリンに動いた人ではないか。やはり擦文人から逃れたオホーツク人ではないか。

〈日本海側に残るアイヌ伝説〉

(5) 日本海側のアイヌ伝承：黄金山（こがねやま）

いしかり砂丘の風資料館で得た情報である。

黄金山のアイヌ名は「ピンネタイオルシペ」あるいは「タヨロウシハ」で、意味は「木原にそびえる男山」「水木の多い山」とのこと。浜益のアイヌにとって特別な山で儀式の祭壇を設置する場合、その方向を向くようにしている。英雄ユカラ「クトネシリカ（虎杖丸の曲）」に出てくるポイヤウンペの住む「高杯を立てたような山」の候補の1つらしい。

群別岳から見た黄金山

このクトネシリカの内容は、山の上の砦に住むポイヤウンペが育ち、石狩河口まで空を飛んで黄金のラッコを捕まえ、日本海沿岸のアイヌや海の向こうの民族と戦った末、美しい娘と結婚するといったもので壮大なものとのことである。話の筋立てからこの物語は、柏木、川下、毘砂別付近で生まれたと考えられている。浜益にはオホーツク式土器も出ている岡島洞窟遺跡もある。

このユカラに出てくる戦った海の向こうの民族とは何を指すのか？「黄金のラッコを捕まえ」というくだりもあり、日本海側の島々に進出したオホーツク人集団のような気もする。

黄金山は隣の群別岳に登ったとき（２００３年5月）に見たが、確かに特徴的な形だった。浜益のアイヌにとって特別な山で儀式の祭壇を設置する場合、その方向を向くようにしているというのも分かる。

2. サハリンやカムチャッカの北方から南に移動する人達を示唆する伝説

(1) 枝幸郡の伝説と昔話（第27話の中の解説：利尻山）[24)]

中頓別の敏音知岳と松音知岳の夫婦山を紹介しているが、中頓別に近い夫婦山の例として、樺太西海岸南部の女の子（メノコ）山と利尻山を紹介している。次の通り。

> メノコ山は本斗（今はネベリスク）町の近くにある、五八八mのなだらかな山で、昔は利尻山と夫婦でした。

あまり仲がよいので、付近の山たちがやっかみで虐めるので、とうとう利尻山の方が彼女を残して逃げ出し、今のところに落ち着いたのだそうです。

もう一つは夫婦ではありませんが、やはり山が逃げ出した話で、北千島の阿頼度富士（二三三九m）は、もとカムチャッカ半島に住んでいました。

余り高いのでその蔭になる山々に、日が当たることがありません。日かげの山たちは、団結してアライドの追い出しにかかりました。そしてとうとう、アライド山は今の場所に逃げてきたのです。

この山は駿河の富士山以北で、日本で一番高い山で、北海道の大雪山を凌ぎ、また戦前の日本の一番北になる島でした。

カムチャッカには、三千m以上の山が沢山あり、一番高いクリュチェフスカヤ山は四七五〇mもあります。

北の伝説では高い山が北から南に逃げてきたという例が多く、それは昔の先住民の願望を、表現しているのかも知れません。

ともかくピンネ・シリとマツネ・シリは、近くの山に追い出されることもなく、一緒に住めて幸福そうです。


この利尻山の話は、元々サハリンで夫婦だったということで、オホーツク人集団がサハリンから南下してきた人も混合して誕生したという説に立てば、サハリンから利尻島方面へ流れていった人の動きになる。しかし、最新の情報では、オホーツク人集団はカムチャッカの人と北海道の続縄文人の混合のみで説明がつくという。とするとこのサハリンからの南下した人を示していると思われる動きはどう考えればよいのか？　オロッコ人と戦ったというアイヌ伝説もあるように、やはりサハリンから南下を試みた人達が本当に多くいたということを示しているのであろう。冷静に考えると、この時期の人の動きは活発で、オホーツク人の遺跡では大陸の影響が感じられるものが出土しているが、交易品をどのようにして持ってきたかということを考えると、サハリンからの人の動き、サハリンへの人の動きがあり、大陸からは大陸産の物や文化も入ってきた。サハリンから人の大きな動きの中で、オホーツク人集団に加わった人もいた可能性はあると思われる。

また、阿頼度島もカムチャッカから南下してきたという話は、本著作にとってはとても興味深い。これもカムチャッカ半島から人が南下して千島列島に入ってきたという動きを示しているように思われる。これらの北からの動きを示すものであれば、南から北上する動きばかりではないことを示すとても重要なものと思う。

この北のカムチャッカ半島からの人の動きが千島列島を人が南下したことを示し、その人たちが南千島か北海道かどこかで続縄文人と混血しオホーツク人集団となり、次に稚内、利尻島・礼文島、南サハリン方面に移動していったということになる。

北から南下した人達は、サハリンやカムチャッカの人達から逃げてきたというスタンスなのか。伝説の内容からすると、逃げたか追い出されたかという感じである。枝幸郡の伝説と昔話には、北の高い山の南下は昔の先住民の願望を表現しているのかもしれないと記されていた。とても興味深い。

3. 北海道から南千島に北上する人達の動きを示唆するアイヌの伝説

村山七郎は著書『アイヌ語の起源』[11]の中で、知里真志保の『アイヌ語入門』（1956年）P56－58中のアイヌの伝説を出して、南千島アイヌが北海道東北部に移ったのではなく、その逆だったと述べている。これは千島列島を北上する人たちの話になる。前述の千島列島を南下する人たちの後の時代になるのかもしれない。

（アイヌの伝説）

クッシャロ湖の奥に、今もコト山といっている山がある。この山、アイヌ語の名を『とーエトコウㇱペ』（Tó-etoko-us-pe「湖・の頭の先・にいつも居る・者」）といい、恐しく我儘な神で、何かというと煙を吐いたり火を降らしたり、大地をゆるがして乱暴をはたらくので、あたりの山々や人間たちがひどく迷惑した。

そこで湖の落口近くに住んでいた『ぴンネシリ』（Pinne-sir「男である・山」）は、世のため人のため、この山をこらしめてやろうと決心して、果たしあいを申しこんだ。

まず、ピンネシリが必死の願いをこめて槍を投げつけた。それが狙いたがわずトーエトコウㇱペの胴の真中にズブリと突き刺さり、そのために山が裂け、傷口からは、血がどっと流れ出て、クッシャロ湖畔の岩を真赤に染めた。

一方、痛手に狂ったトーエトコウㇱペは、血を噴きながらピンネシリめがけて槍を投げ返したが、狙いは外れて、ピンネシリの肩のあたりを僅かに傷つけただけで、槍ははるか後ろに飛んで行き、マシュウ湖畔のマシュウ岳（「カむイヌプリ」Kamúy-nupuri「神・山」）の足に突きささった。

そこでカムイヌプリはひどく腹をたてて、**千島のクナシリ島へ飛んで行き、**一時そこの『ちゃチャヌプリ』（Chácha-nupuri）「爺・山」）のそばへ身を寄せたが、晴天の日はアカンの方にトーエトコウㇱペのもがき苦しむ醜い姿が見えるので、さらに飛んで**エトロフ島へ行った。**

カムイヌプリのことを、もと『オめゥケヌプリ』（Oméwke-nupuri「抜けて行った・山」）、あるいは『イけスィヌプリ』（Ikésuy-nupuri「怒って去った・山」）といったが、それには上のようないわれがあったわけである。

クナシリ島のチャチャヌプリの傍らにかなり大きな沼があり、それはカムイヌプリがそこからふたたび**エトロフの方へ飛び去った跡**だといい、クシロやアカンのアイヌが千島へ行くと晴天でも雨が降るというが、それは**カムイヌプリが故郷を想い出して流す涙**だという。

この騒ぎがあってから、さしものトーエトコウㇱペもすっかりおとなしくなってしまい、火も噴かなくなったが、ピンネシリの槍に傷つけられた所は『ヌぷリエペレㇷ゚』（nupúri-e-pere-p「山が・顔を・割った・所」）という大沢になり、今はドンドン川という奔流が血の色して流れている。血に染まった岩も今なお湖畔にそのまま残っている。

一方、ピンネシリは、その時以来『おㇷ゚タテㇱケ』（Óp-ta-teske「槍が・そこで・それた」）と呼ばれるようになり、その肩の傷は今も岩が露出して昔の面影をとどめている。

なお、マシュウ湖畔のカムイヌプリの裾の赤い岩は、当時カムイヌプリの流した血で、対岸の白い岩はその涙の跡であるという。

また、ネムロのニシペツやメナシの海岸地方のウバユリは、カムイヌプリが、クナシリへ飛んで行くとき、そのふところからこぼれ落ちた食料だったという。

村山は、このアイヌの伝説は古い時代における北海道東北アイヌと南千島アイヌとの交通の反映で、この伝説には南千島アイヌが北海道東北部に移ったのではなく、その逆であること、つまり北海道東北部アイヌが南千島に移ったことを反映する部分が含まれ、「カムイヌプリが故郷を想い出して流す涙」という言葉のうちにもそれが端的に表れているという。南千島アイヌ語は北海道北部方言に属するとしている。また1739年頃、北千島出身のアイヌのリパガが北千島のアイヌ語と南千島のアイヌ語が何ら差異もないと証言していることから、北千島アイヌ語も南千島アイヌ語と同じく北海道北部アイヌ方言に属すると結論することができそうとしている。アイヌ語は北進したと言えるが、1739年の時点では確かにそうだったのであろう。

4. 他の山に関わるアイヌの伝説

（1）夫婦山と息子と栗（十勝のアイヌ伝説より）[25)]

昔十勝川の奥に夫婦山（著者注：東ヌプカウシヌプリと西ヌプカウシヌプリ：アイヌ語でヌプカウシヌプリとは、原野にいる山という意味）があった。

ある時、その息子が内地に行きたいといって出かけた留守に、夫婦がけんかをしてしまった。腹をたてたおかみさんは、女の子を連れて釧路の実家に帰ったが、どうにも腹の虫がおさまらなかった。そこで十勝川の奥にいるおやじさんに槍を投げつけた。

一部始終を見ていたヌプカウシヌプリ（原野にいる山）は、これは大変なことになった――と立ちあがり、飛んできた槍を途中でつかまえようとした。しかしつかみそこなって耳たぶを吹っ飛ばされてしまった。それで方向が変った槍は、十勝川の奥の山の一部をこわした。

ヌプカウシヌプリがもと立っていたところには、水がたまって然別湖ができた。

内地へ行っていた息子が帰ってみると、母親がいなくなって、付近が荒れ放題になっているので腹をたて、空知川の奥のユクトラシ（著者注：現南富良野町幾寅）へ行った。そして、みやげとして沢山持ってきた栗を、全部日高の方にばらまいてしまった。それで日高側には栗があるが、十勝側にはないのだ。槍を投げつけられたおやじさん山は、大雪山系のオプタテシケ（槍が肩をそれた）山だ。

この話には栗が出てくるので、縄文時代まで遡る古いものである可能性がある。栗が本州から持ち込まれたのは縄文時代である。夫婦喧嘩をして女の子を連れて釧路の実家に帰ったということは、古い時代の十勝と釧路の人の結びつきや人の動きを示すものなのかもしれない。オプタテシケ山は夫婦だった雌阿寒岳と離婚の末に槍を投げ合う大喧嘩をしたという伝説も他に残っている。

（２）山にまつわるアイヌ伝説のまとめ

表１．伝説に残る夫婦の山、移動した山の例

＊太字：人の移動が考えられるもの

	山名（夫婦の場合：男／女）	場所	移動状況
1	ピンネシリ（敏音知岳）／マツネシリ（松音知岳）	中頓別	移動せず
	ピンネシリ（雄阿寒岳）／マツネシリ（雌阿寒岳）	阿寒	移動せず
	ピンネシリ／マツネシリの例は多い	日高等	移動せず
	オプタテシケ山／雌阿寒岳	十勝	離婚の末槍を投げあう
2	**摩周岳**	弟子屈	**藻琴山がピンネシリに投げた矢が足に当たり、弟子屈→国後島爺爺岳傍ら→択捉島へ移動**
3	**阿頼度山**	カムチャッカ	カムチャッカ→**北千島に移動**

4	利尻山／ネベリスク近くの588mの山	サハリン	利尻山がいじめられ彼女を捨ててサハリン↓礼文島の隣に逃げる
5	利尻山	千歳	地震による大津波で石狩川から海に流れて行き現位置へ
6	礼文島	千歳	支笏湖の水が溢れ、洪水となり千歳にあった山が押し流され海まで流れていき現位置へ
7	東ヌプカウシヌプリ／西ヌプカウシヌプリ	瓜幕	息子が内地に旅行中（栗持ち帰る）に夫婦喧嘩、女が娘を連れて釧路に帰り槍を投げる
8	オプタテシケ／雌阿寒岳	大雪	7と類似、夫婦喧嘩し女が釧路に帰り槍を投げるが、男に投げ返され女が怪我
9	大山（紋別山）／斜里岳	斜里	大山が藻琴山と話したことに嫉妬し離婚、大山は子供（落石山）を連れて紋別へ

山に関する伝説は、山それぞれに人格のようなものがあって、結婚したり、離婚したり、喧嘩して槍を投げたりするものが多い。なぜ山の伝説では山に人格のようなものがあるのかについては、拙著『シレトコ岬の法則』[21]を考える』の中で考察した通りである。ここでは、山が移動するという話が人が移動したということを示していると考えて考察することが重要と考えた。

（北方から南へ動く人の動き：表1のNo.3、4）

阿頼度山移動の話は、カムチャッカ集団と縄文集団の混合でオホーツク人集団誕生が起きる今から1

950年前頃の人の動きと考えられる。
利尻島がサハリンから現位置に移動する話は、当初オホーツク人集団誕生に二回目の混合があったと考えられたサハリンからの人の動きか（1600年前頃）、オホーツク人集団成立後にサハリンから人が入ってくる動きを示していると考えられる。

（北海道から千島列島へ動く人の動き：表1のNo.2）

カムイヌプリが国後島、択捉島まで移動したという伝説は、村山七郎が言う通り北海道島北部アイヌが南千島に移ったことを反映している。オホーツク人集団が生まれた以降はアイヌ語も北千島まで北進し、少なくともアイヌの時代にはカムチャッカ半島南部まで行っている。

（道央部から利尻島、礼文島へ動く人の動き：表1のNo.5、6）

石狩川流域の続縄文文化の中核をなす「江別文化」の付近（千歳）から利尻島や礼文島が現位置に流れていったという伝説は、時計回りに動いた擦文人に追われるオホーツク人を表していると考えた。一方、道東で展開したトビニタイ文化人は、時計回りで西から北へ回った擦文人に追いやられた元地式土器文化と比べて変化がゆっくりで、擦文人集団でも東に展開した集団は穏やかな人達だった可能性がある。この人達が時計回りで動いた人達を止めようとした可能性があるのではないかということが伝記にも表れているような気がする。
礼文島が目の前に来るのを見て、サハリンへ逃げていったという利尻島の美しい神というのは、擦文人に追われるオホーツク人集団のことを指していると考えた。オホーツク文化期末期の元地式土器は擦文土器の不完全な模倣で、短期間の内に擦文人に追われるオホーツク人を表しているのかもしれない。

（斜里から紋別へ動く人の動き：表1のNo.9）

無理矢理考えると、オホーツク人集団成立のカムチャッカ人と続縄文人が混血した後、稚内、利尻・礼文島方面に移動する途中の動きなのかもしれない。

（表1のNo.7、8）

喧嘩したり離婚したときの女性側が釧路に帰り槍を投げるというのは、縄文時代の話かもしれない。十勝と釧路の間の人の動きを示すもので釧路はどこなのか不明だが、例えば釧路川に近い北斗遺跡（旧石器時代、縄文時代から擦文時代まで続く）などは可能性がないであろうか。

5. コロポックル伝説の解釈は

(1) 十勝に多いコロポックル伝説

『十勝のアイヌ伝説』[25]という本を見ると、コロポックル伝説が実に多い。帯広市、芽室町、清水町、上士幌町、音更町、本別町、陸別町にコロポックル伝説が残っている。帯広市のものを例示する。[25]

後述するが、コロポックルは千島アイヌという説があり、もしそうだとすると十勝になぜコロポックル伝説が多いのか？という謎が残り、考えてみたいと思った。

（シアンルルのコロポックル）

十勝がまだシアンルル（遠い彼方の海浜。または、大いなる海。山沢湖沼の多い大きな海）と呼ばれていたころ、コロポックル（コロ・ポ・ウン・クル）という人種が住んでいた。身の丈四尺七、八寸の小人種族で、蕗の葉の下に住み、魚や獣を獲ってなごやかに暮らしていた。ある時、日高山脈を越えてアイヌ人がやってきたが、コロポックルはこれを大歓迎、十勝川からたくさんの魚を獲ってきてご馳走し、将来とも仲良く生活していこう——と話した。

コロポックルは新しい移住者のアイヌ人に魚や獣の上手な獲り方を教えたり、困った事があると何かと助け、心をつくして親切にした。しかしアイヌ人は、その好意を少しもありがたいと思わないばかりか、小さなコロポックルを馬鹿にして危害を加えたり、財宝を奪ったりした。

アイヌの乱暴は日がたつごとにひどくなり、ついにコロポックルの住居を焼き払うほどになった。コロポックルは大変怒り、アイヌ人をうらんだが、力のなさから対抗することもできずに、住みなれたシアンルルの地を離れることにした。

一族をあげてさすらいの旅に向かったコロポックル達は、音更の高台に出て原野の中をゆったりと流れる川を目にした時、平和だった頃の様ざまな事がよみがえり、豊かな大地を離れる悲しさが一層大きくなった。立ち去りがたい思いと、立ち去らなければならない悲しみは、やがて、アイヌ人に対する憤りとなった。

「トカップチ（この乳、涸れよ！腐敗せよ）」

「トカップチ（水は涸れろ！　魚は腐れ！）」

誰の口からともなく呪いの言葉が洩れた。シアンルルへの限りない愛着と、アイヌ人へのつきせぬ恨みが、幼児の母乳にも等しい川の流れの涸渇を、神のしうちとして願わせた。

「トカップチ。トカップチ」

一族は、アイヌへの呪いをつぶやきながら、どこへともなく去っていった。

その時から、原野の中の大きな流れが「トカップ」とか「トカプチ」と呼ばれ、やがてトカチとなったといわれる。

オホーツク人集団が誕生して以降、アイヌ語を話す人は千島列島を北上するばかりに見える。オホーツク人も北千島まで到達していてアイヌはカムチャッカ南部に地名まで残しているが、コロポックルは千島アイヌであるという説がある。コロポックル伝説が十勝に多いというのは、千島列島に交易に行くアイヌは十勝地方のアイヌが多かったということなのか。後述する瀬川拓郎の『コロポックルとはだれか』[26]によると、この伝説は「フキの葉の下の人」が出てくるので、明治時代以降に作られたものではないかと思われる。千島列島に交易でいったアイヌの記憶なのかもしれない。また、小人が渡った先は帯広ではレプンコタン（沖の村）ということで、北千島を指しているようである。次にコロポックルは北千島アイヌではないかとしている瀬川拓郎の『コロポックルとはだれか』について考えてみたい。

（2）瀬川拓郎著『コロポックルとはだれか』から見るコロポックル伝説

瀬川は、「小人伝説を読み直すことで、千島アイヌの成り立ちと、交易しながらコミュニケーションを閉ざす彼らの奇妙な習俗が浮かび上がってきた」と小人伝説の意味は大きいという趣旨を述べている。

1）小人名称の三種類の考察

①竪穴住居に住む人（神）
トイチセコッチャカムイ、トイコイカモイ、コッチャカモイ、トイチセウンクル
②フキの葉の下の人（神）
コロボルグルカモイ、コロブクングル
③千島の人
クルムセ

・明治時代は②だが、江戸時代は①③が併用。
・小人が海の向こうからやってきた、海の向こうに去った、という伝説がある。小人が渡った先は、帯広ではレプンコタン、稚内では樺太、天塩町では離れ島。
・アイヌのイレズミは縄文時代から続くもので、小人から学んだという伝説は違う。
・義経伝説の「北海道に渡って八面大王の娘と通じ、大王の秘蔵する虎の巻を盗んで逃げ帰った」というのは（ユーカラにもある）、『御伽草子』（室町時代）に収録された「御曹子渡り」という義経の北海道渡海伝説そのもの。金田一京助は、この伝説のアイヌ社会への流布はかなり古い時代に遡るとしている。17世紀あるいはそれ以前に遡るのは間違いない。
・アイヌが小人の手を引き入れて怒ったというのは、オキクルミ伝説と共通するストーリー。

2）どうやらモデルは北千島

・「竪穴系名称」は道東に偏っている。「フキの葉系」は新しいもの。原形は『勢州船北海漂着記』（1662年）か？ そのモチーフは次の通り。

・小人は本島から100里も離れた「小人島」に住んでいる。↓北千島かカムチャッカらしい。
・その島にはワシが多くいる。↓オオワシを意味するらしい。
・小人は船で本島にやってくる。
・その目的は土鍋製作用の土（粘土）の採集にある。↓内耳土鍋は補強用に草が入っているが、千島で土鍋作りが行われていた。
・アイヌが脅かすと小人は身を隠す。

・鳥居龍蔵によると、シュムシュ島アイヌはアライド島へ土を採集に行き、ラショワ島のアイヌはモジリケシ（ラショワ島内）で採集したとある。阿頼度島には主に砂を取りに行ったのか？
・南千島では近世に土鍋が使用されていたという記録はない。
・**千島アイヌは沈黙交易を行っていた**。**直接的な接触を避けながら交易を行っていた**。↓交易したいものをある場所に置いておくと、相手が相応の交易品を置いて帰るという無接触での交易法。
・北千島アイヌには、小人伝説、オキクルミ・サマイクルの伝説が伝わってない。これは北千島アイヌの強い特異性らしい。**北千島アイヌこそ小人伝説のモデル**ではないか。
・**小人伝説の成立は15～16世紀**。道東で土鍋が絶えた時期とジョン・セーリスの記録（1613年）から絞り込むとそうなる。**この時期はアイヌの千島進出時期と重なる。**

・エトロフ島とウルップ島の間にはエトロフ水道と呼ばれ、動植物の境界線（宮部ライン）がある。

・1697年のウラジミール・アントラーソフの調査によれば、当時のカムチャッカ南部はアイヌが占めるところになっていた。アイヌの千島進出は15世紀だが、そのときにカムチャッカ南部にまで達していた可能性がある。↓この頃コロポックル伝説の原形が出来たか？

3）千島アイヌの活動

・シュムシュ島：南方のアイヌが交易にやってくる。

・パラムシル島：エトロフ島のアイヌが日本の商品を持参し交易。

・オンネコタン島：遠くの島々、カムチャッカへの交易に出かける。カムチャッカのイテリメン（カムチャダール）と結婚もしている。

・シャスコタン島：エトロフ島のアイヌが交易に来ている。北千島と南千島のアイヌが集まる場所。

・ウルップ島：クナシリ島へ交易に行く。シュムシュ島、パラムシル島にも交易に行く。

・エトロフ島：カムチャッカへ交易に行く。

・クナシリ島：住民がしばしば松前に行く。↓和人の影響が最も強い？

4）17世紀以降の動きと結論

・1701年の和人の交易拠点は、キリタップ、その後ノサップ。1745年にはクナシリ島。

・1711年にはロシアが進出。パラムシル島、ハルムコタンへ進出。ロシア政府がアイヌにも毛皮税を課した。1768年には南千島のエトロフ島まで進出し、沈黙交易は終わっている。

・北千島アイヌと本島アイヌはその分離が進み（15世紀から）、お互いに異なる集団としての自覚を強く持っていた。
・道東アイヌから見ると、北千島アイヌは交易に際しても姿を現さず、言葉を交わすこともない。「肌の色が違う」「言葉が通じない」など自分達と異なる「異人」として伝える中で「小人」と語ることもあった。特徴は「色が白い」「ヒゲがない」。
・モデルである北千島アイヌ自身には小人伝説が伝わってなかった。
・物流を確保しながらコミュニケーションを遮断する沈黙交易の習俗によって異人視され、15〜16世紀には道東のアイヌの間で小人として語られるようになった。
・その後は、北千島産のラッコ毛皮やオオワシ羽は出てこなくなり、伝説の中で小人がアイヌにプレゼントしていたのは基本的に食べ物になる。19世紀以降は「フキの葉の下の人」や「イレズミの起源」が付け加えられ「オキクルミ（義経）伝説」との融合も生じていった。
・竪穴住居や土鍋の習俗が小人伝説の中で語られてきたのは、それがアイヌ社会では既に絶えた奇妙な習俗だったからである。
・その後、さらに様々な神秘的なモチーフを取り込み、他の伝説とも融合し、小人伝説はアイヌ世界の物語として成長を遂げた。
・「石器時代人＝アイヌの先住者」説も「先住者＝コロポックル」説も誤りである。

5）考察

15世紀にアイヌがカムチャッカ南部まで進出する前に、5〜10世紀の前半までにオホーツク人集団が北千島に到達している。この間500年以上の空白があるが、この間北千島が無人であったとは思えない。考古学者は否定すると思うが、おそらくオホーツク人集団は既にカムチャッカ半島に上陸していたし、一部は北千島からカムチャッカ南部の地域に残って生活していたという可能性はないのであろうか。

実は北千島に到達したオホーツク人集団は、北海道北部アイヌ方言を話す人々で、そのまま土鍋（オホーツク式土器→内耳土器）を使う生活を続けていた。15世紀にアイヌが本格的にカムチャッカ南部まで進出したときに道東アイヌが見た北千島アイヌは全く別の民族に見えて、小人伝説（コロポックル伝説）が出来てしまったらしい。

実際、北千島アイヌも「クリールアイヌが自らを中心に置き「アイヌ」と称し、その東のカムチャダールを「チュプカ＝グル」、その西に住む人を「ルトン＝モン＝グル」と呼称する方位民族観」を持っていた。北千島のアイヌは、「北海道アイヌやサハリンアイヌと自らとは異なる民族であると認識していた」と小杉康[20]は鳥居龍蔵の未解決の事項として述べている。これは人の行き来が少なかったオホーツク人集団が北千島に到達してからアイヌがカムチャッカ南部に本格的に入るまでの期間（500年以上）があったが、人は残っていてこの間に醸成されたということを意味しているのではないか。前述したように、馬場も「前代からの「北千島オホーツク文化」の人びとやカムチャダール、ロシア人との民族接触を遂げた結果であり、この「内耳土器人」こそがクリールアイヌの祖先であるという見解」を示している。

前述の小杉康の報告はとても興味深いが、基本的には北千島のアイヌも北海道アイヌもサハリンアイヌもアイヌ語を話していた。しかし北千島のアイヌは長期出漁（猟）型海洋適応を遂げていた[20]ことが、他のアイヌと違う意識を持った原因ではないかということらしい。

この独自の精神性はどこから来たものなのか。おそらくオホーツク人集団の影響がより強いということなのではないか。

6. 終わりに

アイヌに残る伝説は無視できない。何か真実が隠されていると思う。今回の着目点は、①オホーツク人が関わる伝説がある、②山が移動するという伝説は人が動いたことを示すのか、③コロポックルは北千島アイヌなのか、ということで考察を進めたが、実はいずれもオホーツク人が関わっている気がした。旧石器時代から続いた長い縄文人の時代が終わると、恐ろしく人が動く時代となった。そこからアイヌ伝説も大きく変わった可能性がある。すなわちオホーツク人の活動期からである。アイヌ伝説には縄文時代からのものを示すものもあるが、明らかにオホーツク人時代以降のものも顕著であると思われる。

オホーツク人については、全ゲノム解析からカムチャッカの人と続縄文人の混合のみで説明できるという最新の分析結果から、アムール川流域の人がサハリンから入ってきたという説は覆ったと思った。しかし、アイヌの伝説の中には「利尻島はサハリンから現位置に移動してきた」というものがあり、これを人の動きだと考えるとどう考えればよいのか悩んだ。おそらくこれはオホーツク人と呼ばれる人がサハリンから来たという動きではなく、稚内、利尻・礼文島、サハリン南部付近のオホーツク人集団との交易のために来た北方民族の動きを示しているものと考えた。おそらく人の動きは想像以上に活発で、オホーツク人集団もよく動いたが、交易のため色々な集団がよく動いたのではないかと思う。「阿頼度島がカムチャッカから現位置に南下したという話」は、オホーツク人誕生のために南下したカムチャッカの人の動きと考えるとピッタリ合う。

「利尻島や礼文島が千歳辺りから現位置へ動いたという話」は、オホーツク文化終末期に擦文人が時計回りに北上したという動きに合うと思う。稚内などに元地式土器が残されているが、この北部のオホーツク人は悲惨だったのではないか。サハリンに逃れた人もいたのであろう。道東のオホーツク人集団は、目梨泊やモヨロを緩衝地帯としている。直接道東へ向かった擦文人は穏やかな人々だったようで、オホーツク文化が擦文文化に変容していく過程と言われるトビニタイ文化は時間をかけて推移していく。知床には擦文人の居住跡も残ってないらしい。この道東の人達が千島列島を北上したと考えてよいだろう。

千島アイヌは沈黙交易をやっていたらしいが、北千島へ行ったオホーツク人もそれをやっていたのではないか。主に居住していたところは北千島であったとしても、カムチャッカ半島の原住民に対してカムチャッカ半島に上陸して物流を確保しながらコミュニケーションを遮断する沈黙交易をやっていたという可能性はないであろうか。沈黙交易が成立すれば居住地が北千島でも問題なさそうな気がする。オホーツク人がカムチャッカ半島にほとんど痕跡を残してない理由にもなるのではないか。勿論、前述したようにカムチャッカの火山活動が深入りしなかった理由の1つとも考えられる。

アイヌの伝説を深読みすると、歴史上の事実と繋がっている話のように思えてくるものが確かにある。例えば山が移動したという話については、この話が残っているということは、人の動きが本当にあったと考えてよいのではないかと思ってしまう。実は有力な証拠なのかもしれないと。昔話だとか作り話と言って済ますのではなく、真面目に考えていくべきものだと思う。

（文献）

11）（再掲）村山七郎『アイヌ語の起源』（三一書房、1992年）
20）（再掲）小杉康「物質文化からの民族文化誌的再構成の試み：クリールアイヌを例として」『国立民族学博物館研究報告21巻2号』（1996年）
21）大谷和男『「シレトコ岬の法則」を考える』（風詠社、2022年）
22）更科源蔵『アイヌの伝説 アイヌ伝説集より』（風光社、1968年）
23）大谷和男『3つの知床岬とサハリン』（風詠社、2019年）
24）新岡武彦編著『枝幸郡の伝説と昔話』（枝幸町、1987年）
25）平原の手帖編集部編『十勝のアイヌ伝説（平原文庫第二巻）』（平原書房、1986年）
26）瀬川拓郎『コロポックルとはだれか：中世の千島列島とアイヌ伝説』（新典社新書、2012年）

V. 筆者の山行記録[27)]から見えてくる千島列島

筆者は登山目的に、南千島は国後島、択捉島に、北千島は阿頼度島、幌筵島、占守島（片岡湾の船着き場）に行ったことがある。北千島では目的が阿頼度山登山だったので、歴史に関わるものとしては、事前に郡司大尉の報効義会の活動に関するもの、報効義会が北千島から撤収後残った別所二郎藏の『わが北千島記』、ラッコの乱獲、第二次大戦終戦直後のソ連の蛮行の話などを調べただけで出かけた。特に考古学的なものが見たいと思って出かけたわけではなかったが、撮った写真とか書き残したものを再チェックしてみたいと考えた。

1．北千島での記録（2004年8月）から

〈北千島にどうやって入ったか〉

カムチャッカのペトロパブロフスクに入り、幌筵島のセベロクリーリスク行きのヘリコプターに乗ったのだが、天候が悪く3日間停滞してからやっと入っている。今はとても行けないところになってしまったが、当時も苦労している。当時の文章を次に示す。

荷物の計量が終わり、どの様な人が乗るのかと見渡すと、島に帰る人ばかりといった感じだった。皆、天気が回復するのを何日も待っていたのであろう。阿頼度島を目指す我々はかなり特殊な存在であろう。

ヘリの中の中央に荷物を載せると、その荷物を囲むように窓際の席に一人ひとり座り出発。10年

前にカムチャッカでヘリに乗ったときに比べると、音が小さくなった気がしたが、乗り心地は決してよいものではない。出発してしばらくすると寒くなる。
ヘリはカムチャッカ南部の火山の近くを通り南下する。迫力のある火山を眺めてさらに進むとロパトカ岬の西側から海上に出て、いよいよ占守島が見えてくる。建物や道が見える。占守島の上空を抜けるといよいよ幌筵島のセベロクリーリスク到着。

占守島上空を飛び占守島をじっくり眺めて幌筵島に入ったが、幌筵島から阿頼度島まではすったもんだしたあげく、最終のペトロパブロフスク行きのヘリに乗り、隣の阿頼度島で降ろしてもらっている。阿頼度島からの帰りも幌筵島に戻るためのチャーターした船が故障のためなかなか来なくて、予定した日の翌日の夕方まで待たされた。幌筵島からカムチャッカに戻るヘリも1日待たされて、帰国するぎりぎりのタイミングでペトロパブロフスクに着いている。

〈ユジノサハリンスクの学芸員との交流〉

私が北千島へ行ったのは2004年8月だが、そのときの記録を読み返してみると登山終了後に幌筵島のセベロクリーリスクを離れる直前にセベロクリーリスクの博物館に行っている。やや長くなるが、次に示す。

博物館にはユジノサハリンスクの学芸員（イーゴリー氏）が来ていて、まず日本時代の工場の看板のようなものを読んでくれと言われたが、はっきりと判読できない。石崎煉瓦と書いてあるようだったのでその様に発音した。その他クリルアイヌのものや第二次大戦時の日本軍のものが展示されていた。ある石器を見ながら議論した。この石器は北海道から来たものかカムチャッカから来たものか、である。学芸員は、同様の石器がサハリンにもあるので北海道から来たものだろうといっていた。レオニード（地元の山岳ガイド）は反対の意見だったが、私は北海道からという意見に賛成した。

また学芸員は郡司大尉に興味を持っていて、郡司の没年など聞かれたがすぐに答えられるわけがなく、後でEメールで知らせると答えた。日本陸軍測量の阿頼度島の地形図のコピーを渡すと、この中に郡司の名前に由来した地名はないかと聞かれた。別所佐吉由来の佐吉崎や佐吉沢しか分からなかったのでそのことのみ教えた。彼らは北千島の歴史を知りたがっており、成り行き上その手助けをせざるを得ない状況となった。

結局、帰ってから郡司大尉のプロフィールを英文でまとめ、イーゴリーと占守島に上陸したサーシャ（この方も学芸員）にEメールで送った。イーゴリーは、郡司が有名なライターの幸田露伴の兄であることを知っていたが、なぜ名前が違うのかと言っていたので、その理由も分かるようにして、また郡司の顔写真も入れたものを送ってあげた。サーシャはサハリンに入った日本人に興味を持っていて、メールのやり取りで岡本監輔にも興味があるというので、日本語だが本を贈ってあげた。サハリンの博物館で展示されているかもしれない。

また阿頼度島から幌筵島に移動するときに一緒に船に乗っていて占守島で下船した学術調査隊のメンバーのサーシャは、帰国後２００４年の占守島の状況について次のように知らせてくれたとある。

占守島は公式には今は人が住んでないことになっている。但し、簡易的な小屋が三つある。簡易小屋には一小屋あたり通常３～４人の人がいる。今回は海藻をとるグループと鮭の監視人一人が別飛湖にいた。この夏、最高45人いた。そして今は熊が一頭いる。

全く忘れてしまっていたが、石器を見て北海道由来かカムチャッカ由来かという議論をしていた。今もう一度見てみたいと思うが、写真も残ってないので何とも言えないのが現状である。

サハリンの博物館の日本でいう学芸員の人達の学術調査隊の集団に会って話をしたが、北千島の歴史について知りたいと強く言っていたところを見ると、実は本当によく知らなかったのであろうと思う。私も占守島については郡司大尉に関する小説と別所二郎藏の文献[16]を読んでいた程度だったので、特に第二次大戦時の占守島の状況はよく知らなかったが、その後かなり経ってから相原秀起の『一九四五占守島の真実』[28]を読んで、第二次大戦終戦直後に日本を救った男たちの激闘の詳細を知った。

〈阿頼度島〉

アイヌはかつてこの山を「オヤツコバゲ」「オヤコバッカ」、または「チャチャ（チャチャ・ヌプリ）」と呼んでいたため、別名として親子場山（おやこばざん）という呼び名がある。「親子場」の由来は「オヤク・オ・パケ（外側に・～にある・頭〈島形〉があたかも海上に置いたかに見える→島の列の外側に有って頭のような島）」からであり、この由来が指す「島の列の外側」とは、千島列島の列から外れた西側に阿頼度島が存在するためである。

また、江戸時代の正保御国絵図には「ヲヤコハ」、元禄御国絵図は「おやこば」、蝦夷闔境輿地全図は「ヲヤコバケ」との記述が存在する。

前述のように島全体はアイヌ語由来の名称が残され、日本陸軍測量の阿頼度島の地形図にも大きく「親子場山」との記載はあるが、個々の地名や沢の名前などにはアイヌ語由来と思われる名称は地形図上には残されてない。元々居住にはあまり適さない島を外から見たアイヌ語のみが残っているということも考えられるが、アイヌも住んでいた時期はあるだろう。但し、アイヌ語地名が残るほどアイヌが長く住んでなかったかもしれないし、元々いたアイヌとの接点が少なく和人による新しい呼び名だけが地図上に残ったのかもしれない。

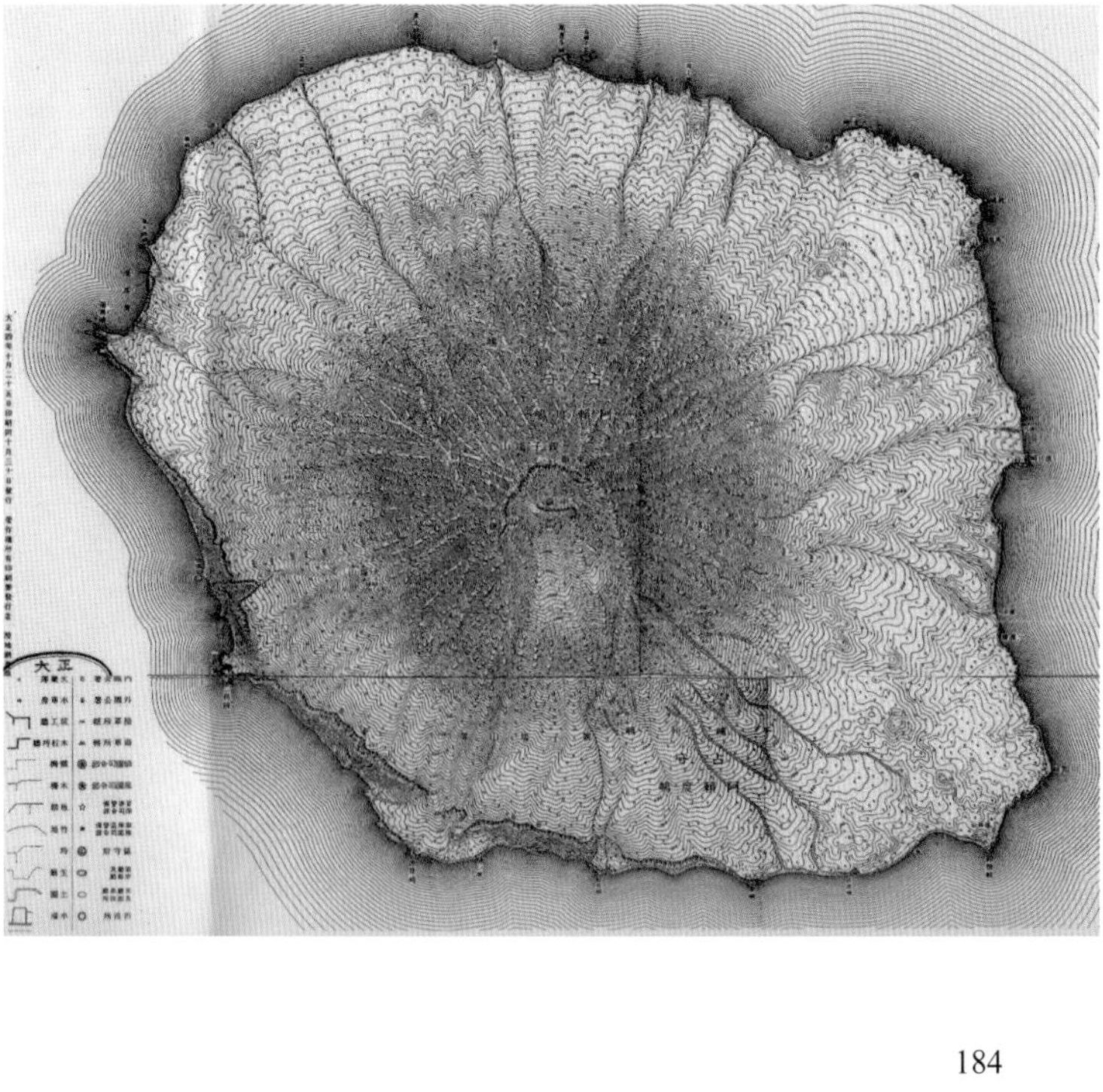

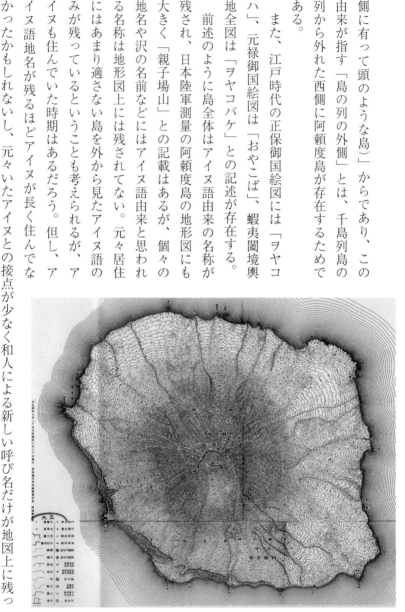

地形図上では、山頂の北側と南側に上から「千島列嶋」「占守」「阿頼度嶋」と記載があり、山頂付近には「親子場山」「東嶽」「中嶽」「西嶽」と記載がある。山頂から離れた南部の裾野には「親子場山麓」との記載がある。

また地形図上に残っている地名を列挙すると次のようになる。北から東周りに地名を拾ってみる。地図上の地名は、「最北崎、金子川、萬喜多崎、烏帽子岩、井上崎、北浦、北浦崎、乾崎、五藤山、筍岩、波川、波川崎、櫻井川、一ノ渡灣、巽崎、擂鉢山、闘根崎、南浦、佐吉岬、泉崎、鯨見崎、大崩岩、一ノ瀬、魚見崎、日暮岩、二俣崎、俣崎、蝋燭岩、海馬（トド）崎、海馬（トド）灣、狐崎、土田川、吉田川」で、和人の名前由来と思われるものも多く、アイヌ語由来と思われるものはない。おそらく地形図上の地名は、明治時代に占守島に移住を試みた郡司大尉の率いる報効義会の人達に纏わるものが多いのではないかという気がする。例えば佐吉崎は別所佐吉由来であろう。

この地形図には、昭和8年に隆起してできた武富島（初め島だったが陸続きになった）は当然ないが、場所は一ノ渡灣になる。２００４年８月に当地を訪れたときの記録を見返すと次のようである。

阿頼度島は、現在ロシアの地図にはアトラソワ島（人名由来）と記載されており、島内の地名は日本語由来のものとロシア語のものが混在している。阿頼度島は今は無人島だが、以前は人が住んでいた。戦後阿頼度山の初登頂者である阿部幹雄の「北千島冒険紀行」によると、日本時代は武富島の南に一ノ瀬という集落、漁場があり缶詰工場もあり、夏は出稼ぎ者が多数来ていたらしい。ソ連になってからも缶詰工場は引き継がれ、アトラソワという島と同じ名前のその集落には、冬も

島に住む定住者が10家族ほどいたが、チリ地震による津波の被害などで、1962年以降無人島になったとされている。

日本の地形図ばかり見ると和人由来の地名ばかりだが、「島の列の外側に有って頭のような島」を意味するアイヌ語「オヤツコバゲ」「オヤコバッカ」などが残されているということは、阿頼度島が見えるこの辺りにアイヌがいたばかりでなく、かなり古い時代からアイヌ語を話す人たちがいた可能性もあるということであろう。

〈幌筵島〉

幌筵島にもチャシがあったらしいが、阿頼度山登頂後に幌筵島セベロクリーリスクに戻って、日本時代のトーチカが残っている高台から見た風景の写真を改めて見てみると、海岸にチャシにもなりそうな小山が見える。当時は全く考えなかったが、そんなふうに見えなくもない。その小山は兜山というらしく（北方四島交流センターの福田光夫氏と確認）、その左には柏原湾の向こうに占守島がよく見えている。

また、阿頼度山登山中は大きな幌筵島と阿頼度島の武富島がよく見えた。占守島方面、カムチャッカ方面は雲がありよく見えなかったが、雲がなければ見えるのであろう。オホーツク人やアイヌも登っていた

ら、当時は武富島はないが同じような風景を見たのであろう。

幌筵島の南方には綺麗な円錐形の後鏃岳、幌筵島最高峰の千倉岳が見える。千倉岳の火山活動は活発で1957年から2008年までの間に数年間隔で噴火しているという。おそらくオホーツク人もこの山の近くには住んでなかったのであろう。後鏃岳の右側には志林規島の一部が見えている。

〈占守島〉

海にはラッコやアザラシが居て、島は無人島だが日本時代からのものと思われる建物や道路が見える。片岡の郡司ヶ丘も見えている。17世紀は、幌筵島の住民はアイヌのみで言葉がアイヌ語であったことは疑いないが、ここ占守島の住民はカムチャダル語とアイヌ語の両方を用いていたと見られている。隣同士の島だが、カムチャッカ半島により近い占守島ではカムチャッカの人の影響が色濃いということらしい。

〈各島の位置関係とロシアの地図〉

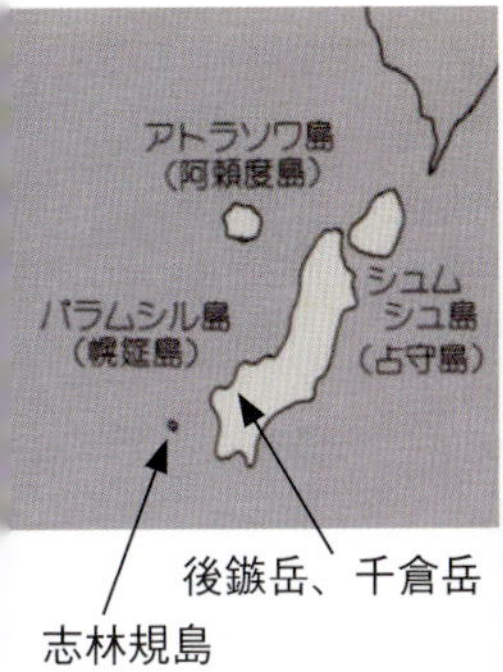

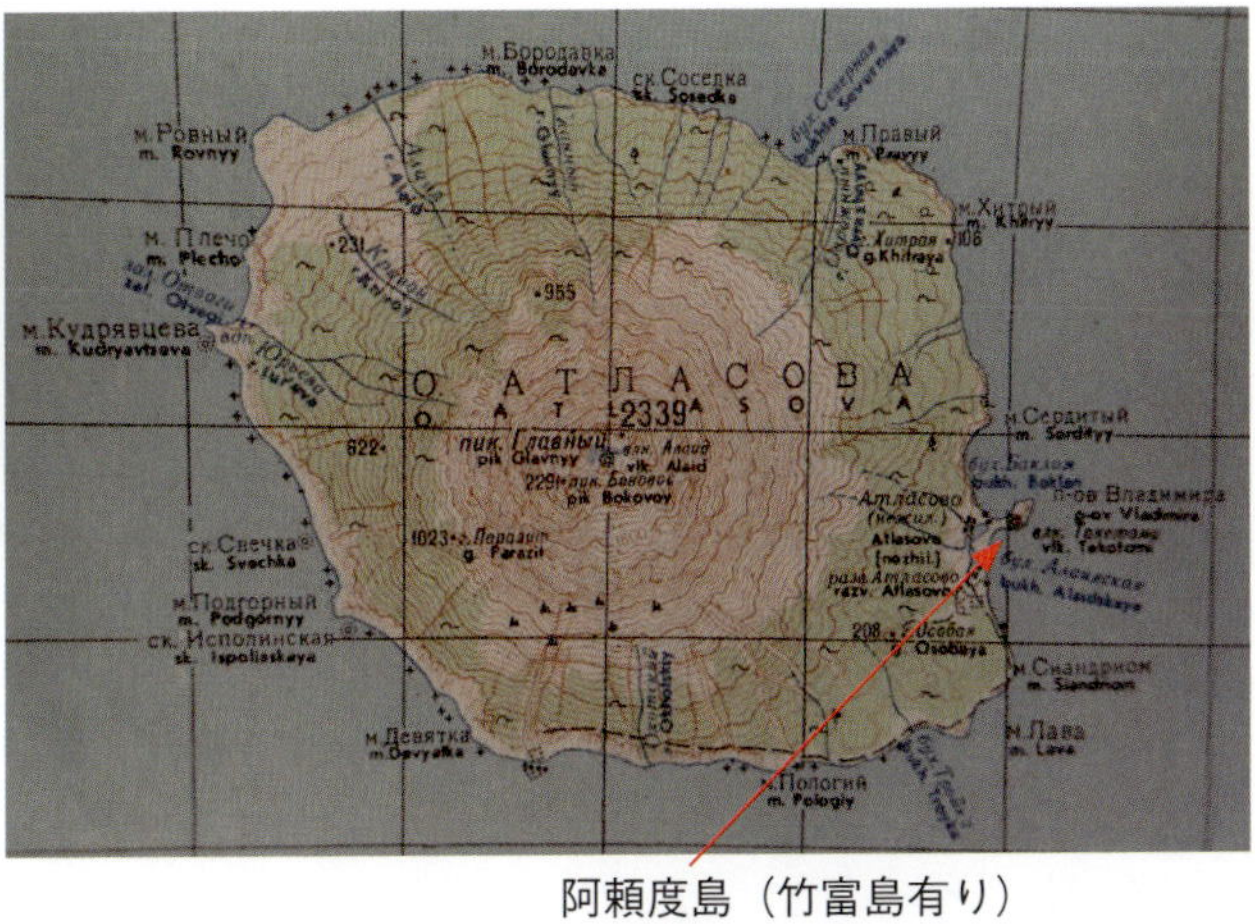

志林規島（火山）

島の名前（しりんき）の由来はアイヌ語の「シ・リン・キ（甚だ・波・所）」で、意味は「ひどく波立つ所」となる。

〈カムチャッカ〉[27]

カムチャッカはオホーツク人の先祖の故郷だが、カムチャッカには登山目的で1994年8月に行った。カムチャッカ中部にあるカムチャッカ最高峰のクリュチェフスカヤ（4750m）とカーミン（4570m）という2つの山を目指して、15名を超える山岳会メンバーと登山活動を続けたが、途中で事故が起きてしまい現地の病院に入院する人が出てしまったため、筆者は現地に残りカムチャッカの中心都市のペトロパブロフスクにしばらく滞在した。

ベースキャンプまでの往復にはヘリを使用したが、帰りに1泊したコズレフスクというところは、紅サケの大群が泳ぐ蛇行した川が流れる地帯で、今にして思うとイテリメン（カムチャダール）もいた地域だったのかもしれない。サケなどはいくらでも獲れるのではないか。自然が豊かすぎてコズレフスクでは、蚊の大群に苦労したことを覚えている。

南部のペトロパブロフスクは、海も近く住みやすいところだったのであろう。海岸にはクロマメ、ブルーベリーなどのナチュラルフルーツが食べ放題状態だった。南部にはアイヌ語の地名も残っており、アイヌも住んでいることが分

コズレフスク

かっている。

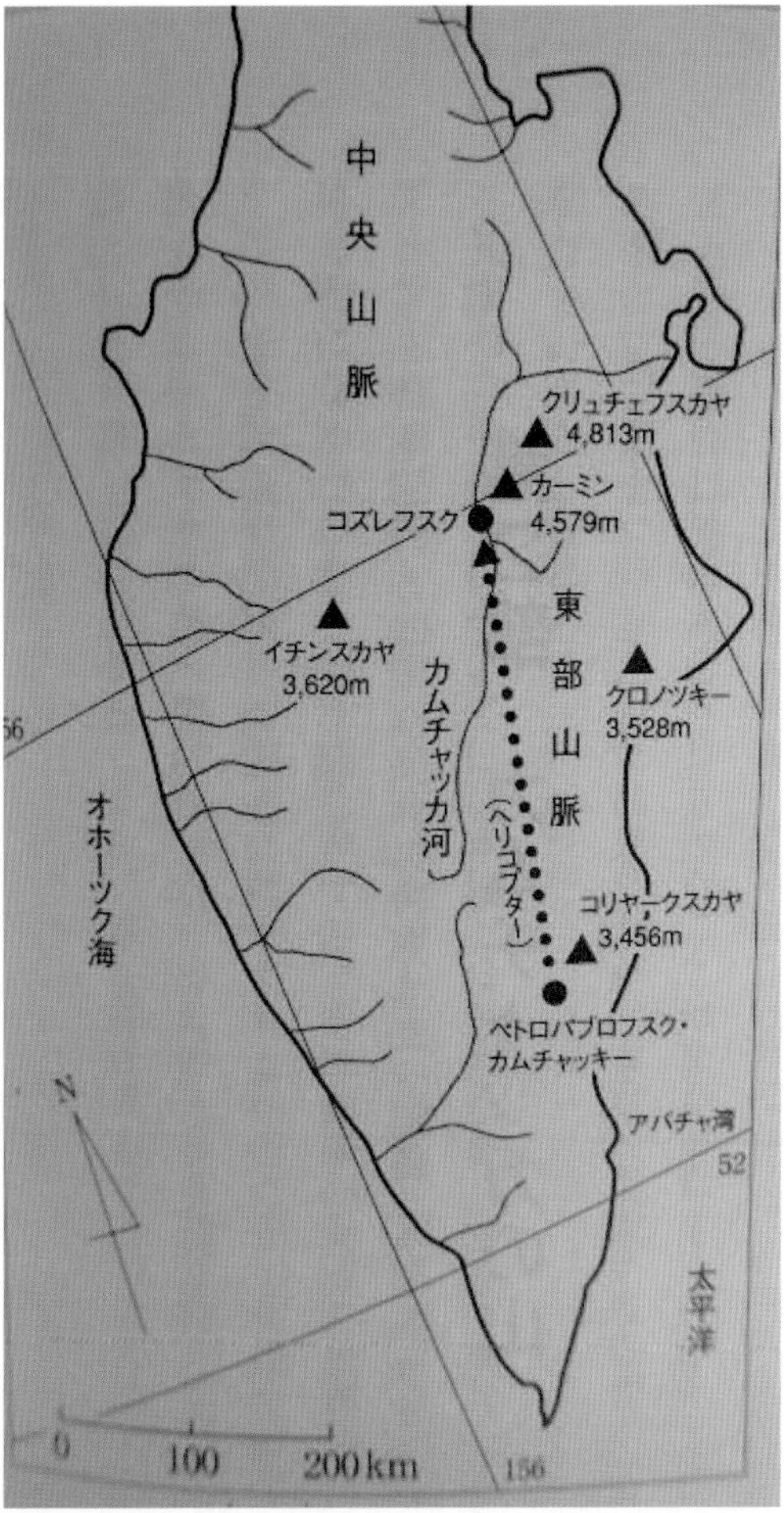
中央山脈
クリュチェフスカヤ
4,813m
カーミン
4,579m
コズレフスク
東部山脈
イチンスカヤ
3,620m
カムチャッカ河
(ヘリコプター)
クロノツキー
3,528m
オホーツク海
コリヤークスカヤ
3,456m
ペトロパブロフスク・カムチャッキー
アバチャ湾
52
56
N
太平洋
0
100
200 km
156

2. 写真に多く写っていたハマニンニク（テンキ草）

阿頼度島の地形図からは、アイヌに関してほとんど見えなかったが、阿頼度島で撮影した写真から阿頼度島にはアイヌのテンキを作るためのハマニンニク（テンキ草）が多く自生していることが分かった。千島アイヌは土鍋を作るための土（砂？）を阿頼度島に取りに行ったらしいが、ハマニンニクも採集していた可能性がある。

この発見は、北斗市郷土資料館の信太成子氏に、拙著『千島列島の山を目指して』[27]という本を見ていただいたことによる。私は、元々アイヌが残した「テンキ」を知らなかった。信太氏は『テンキの妙』（2014年）の著者である。また信太氏は、知里眞希さんの「テンキ草で作るアイヌプリ・バスケット」という報告書と函館・白老・札幌・釧路・大阪のテンキ資料（色丹島、択捉島、占守島採集が多い）調査からアイヌのテンキを数個復元し、そのアイヌのテンキの伝承者であり、今はオリジナルデザインで作っているという人である。アイヌ刺繍・木彫等は伝承されてきたが、テンキは伝承されず資料も僅かで絶滅危惧で謎が多いとされるものだということを教わった。

テンキは、アイヌがハマニンニクという植物の葉で作る小物入れ等であるが、テンキ草とも呼ばれるハマニンニクの写真が拙著『千島列島の山を目指して』[27]のカバーにあったので信太氏は驚いたという。

ウィキペディアでテンキの説明を見ていても発見があった。「コイリング編みは北海道アイヌや樺太アイヌには知られておらず、千島アイヌのみに見られる。コイリング編みはカムチャッカ半島、アリューシャン列島、北アメリカのアラスカから西岸北部に見られる」という点である。

ウィキペディアでの記載（抜粋）

テンキグサ *Leymus mollis*（Trin. ex Spreng.）Pilg. はイネ科の植物。砂浜に生える海浜植物であり、地下に根茎を伸ばし、穂は高く伸び出してよく目立つ。別名の**ハマニンニク**もよく用いられる。（中略）本種は南では小型となるので紛らわしいこともあるが、北海道では『大きさがまるで違う』のだとか。

上記のようにアイヌは古くよりこの植物で籠などを作り、それが和名にも反映されているが、彼らは他にもいくつかの方法で本種を生活に利用していた。アイヌ語では本種をムリッ、ライムンなどと呼び、全草を煎じて食傷の際に服用し、あるいは根を乾燥させたものを煎じて風邪の際に服用した。テンキと呼ばれるのは葉を乾燥させたものを編んで作った容器で、糸や針を入れるのに用いた。さらに死者を葬る際、遺体を包むござを縛る平紐「ムリㇼ」を編んだともいう。

本種の葉を用いた籠の作り方については何通りかの方法があったことが文献や絵図などから知られる。**特にコイリング編みによる方法はカムチャッカ半島、アリューシャン列島、北アメリカのアラスカから西岸北部に広く知られており、アリュートやユピック、エスキモーなどの先住民族の基本素材となっている。ただしアイヌにおいてはこの技法は千島アイヌにのみ見られ、北海道アイヌや樺太アイヌでは知られていない。**北海道はともかく、それ以北の上記のような地域はツンドラ的な気候で、高木も蔓植物もきわめて貧弱であるため、籠編みなどによる生活物資の材料をイネ科の草本に頼らざるを得ないことから、本種のこのような利用が発達したとも考えられる。

また加藤好男著『北千島アイヌ民族の記録』[29)]には、北海道新聞1992年5月30日の記事「忘れられた人々　北千島アイヌ民族4　運命変えた条約北米大陸との交流も」が紹介されているが、そこには次のように記されていた。

「北千島アイヌ民族は、テンキと呼ばれる網みかごの技術を持っていたんですが、実はアメリカ北西海岸に暮らすインディアンとも共通した文化なんです。」東京国立博物館の佐々木利和主任研究官(44)は、北米大陸から千島列島へという、今の常識が尺度にならないダイナミックな文化の伝達が過去にあった可能性を強調した。

「北海道から千島列島を経由してカムチャツカ半島へという物の流れも昔からあって、北千島アイヌ民族も担い手の一人だった。サハリン・大陸ルートのほかに、もう一つの文化接触、物流の北の道があったわけです。」「北の道」がかつて存在した証拠、テンキは白老町のアイヌ民族博物館にあった。一つ製作するのにどれだけの手間と時間がかかったかわからないその精巧さに、しばし目を奪われた。

早速、テンキ作成を行っている北斗市郷土資料館の信太さんに聞いてみたところ、次の興味深いコメントを得た。

・確かに資料は千島が多いが、北海道収集のものもあるはず。しかしどこで作られたかは分からない。

・北海道ではハマニンニクでもゴザ編みやサラニプ等のバッグ、ポシェット系が多い。松浦武四郎は蝦夷人にお酒を飲ませてお土産に黒百合とテンキをもらっている。

・函館の学芸員に「なぜテンキは伝承されなかったか?」と聞いたときの答えでは、**「千島アイヌが北海道に来たとき、アイヌの中でも差別があって、テンキを出すと千島アイヌとばれて苛められたのかもしれず、それでおもてに出なかった」**という説を話してくれた。

占守島アイヌはカムチャダールとも混血しているが、それ以前からコイリング編みはカムチャッカ半島（元を辿るとアリューシャン列島、北アメリカのアラスカから西岸北部になるのかもしれない）から伝わった可能性がある。北千島アイヌは最後まで土器を使っていたし、沈黙交易（贈与交換のなごりか）を行っていて、アイヌ社会では取り残されたアイヌだったと考えられる。色丹島に強制移住させられた占守島アイヌを見た鳥居龍蔵も古風なアイヌと言っている。コロポックルは千島アイヌだったという説があるが、それが正しいとすれば、コロポックル伝説にもあるように千島アイヌ（コロポックル）は北海道アイヌからはやや下に見られていたような感じが理解できる。

しかし、北千島に到達したオホーツク人から続く千島アイヌがそのまま残ったある意味純粋なアイヌとして北方民族から伝わったコイリング編みで作ったテンキが千島アイヌのテンキだったと考えられる。テンキにも北千島のアイヌの違いが表れていて興味深い。

写真は信太氏のオリジナルデザインのテンキ「物語テンキ（文化の混血）」である。北海道アイヌが大切にしているアイウシ※の模様を入れているという。北海道アイヌと千島アイヌとの出会いをイメージして作ったものだという。少なくともコイリング編みを含む3つ以上の色々な技術が使われている。

千島アイヌが発祥であるとも思われるテンキを考えるため、再び阿頼度島のハマニンニク（テンキ草）に話を戻す。阿頼度島は火山島で砂地が多くそのためハマニンニクが多いのかもしれないが、写真で阿頼度島の豊富なハマニンニク（テンキ草）を見ていると、阿頼度島にアイヌが住んだかどうか分からないが、幌筵島や占守島のアイヌも阿頼度島へ土鍋用の土（砂？）以外にハマニンニク（テンキ草）を取りに行った可能性があると思えてしまう。別所二郎藏の『わが北千島記』[16]にも占守島にハマニンニクがあることが記されていて、筆者の写真にも占守島の片岡にハマニンニクが写っているので占守島にもハマニンニクがあることは分かるが、テンキを作るためのハマニンニクは長くて質の良いものが必要である。阿頼度島は筆者が撮った写真には、それなりの長さの多くのハマニンニクが写っている。筆者が記録した写真から分かることは次の通り。

〈阿頼度島のハマニンニク〉

・阿頼度島内のハマニンニクの分布は、標高３００ｍ以下の砂地。
・海岸、崖の上、湿地帯の近くにも有る。
・人が住んでいた痕跡にも分布していてハマニンニクはかなり多く島内に分布している。
・火山島なので砂地が多くハマニンニクが多く自生しているのかもしれない。ここのハマニンニクは、人と写っている写真では長さもあるように見え、テンキ作りには有利であるとか、他島のハマニンニクとの違いもあるのかもしれない。

登山開始点（下は砂地）

建物があった痕跡

湿地帯の近く

比較的標高の高いところ

〈阿頼度島以外のハマニンニク〉

・隣の占守島・片岡にはあるが、幌筵島で撮影した写真には写ってない。しかし幌筵島にもハマニンニクはあるだろう。

・幌筵島、占守島には千島アイヌが住んでいた。占守島のアイヌはカムチャダールとの混血もあったので、そのことからもコイリング編みはカムチャッカから伝わったことが想像できる。日本領だった戦前には旧石器時代からの遺物も発見されている。

・国後島での写真にもハマニンニクらしきものが写っていた。択捉島での写真では見つかってないが択捉島にも当然ハマニンニクはあると思われる。

武富島のハマニンニク

キャンプ地の海岸にはハマナスも

占守島・片岡のハマニンニク

国後島・太平洋岸のハマニンニク

千島列島では、北から南、南から北への人や文化の流れがあるが、北千島のテンキは明らかに北から伝わってきた文化の流れである。

3. 北千島のテンキ

〈鳥居龍蔵の収集〉

小杉康は「物質文化からの民族文化誌的再構成の試み：クリールアイヌを例として」『国立民族学博物館研究報告21巻2号』（1997年）[20)]の中で、鳥居龍蔵が収集した占守島から色丹島に移住させられたアイヌの民具の中のテンキについて次のように述べている。

「雑事に係わる用具としては編み容器7点、縄1点、暦1点」を回収している。この中の編み容器7点が「ムリ草（ハマニンニク）を素材とした編み物の中でもコイル編み（巻き上げ技法）による製品は鳥居の収集品以外にも多くの物が残されている」。「列記すると函館博物館のテンキ4点、北大農学部博物館のテンキ3点・盆1点・帽子1点・杯台1点・菓子入れ1点の計7点、北海道開拓記念館のテンキ3点・盆2点・帽子1点・菓子入れ1点、名刺入れ1点の計8点」（筆者注：収蔵番号略）があるが、「このうち製作年ないしは収集年が明確で1884年のシコタン島移住以前に製作されたことが確認できるものには函1205（テンキ　1875年）・北10465（帽子　1879年）・北10461（杯台　1879年）がある。盆や帽子、菓子入れなどといったものが土産物として製作されていたことは明らかであり、テンキも一部はそうであったろう」としている。土産物というのはロシア人に対するものだったのか。

〈根室市歴史と自然の資料館展示のテンキ〉

まず猪熊学芸員の話を記しておきたい。

（猪熊学芸員の話）

・オホーツク人は北千島までは行ったが、カムチャッカからはオホーツク土器は出てない。オホーツク人は突端とか高いところが好きなので島に留まった可能性がある。

・色丹島のテンキは、占守島から強制移住させられた人が色丹島で昭和8年頃に作ったもの。幼かった子がお婆さんになってから作ったものらしい。占守島では土産物にもなっていたテンキである。残された技術を使って作ったらしい。

・コイリングは北海道アイヌが持ってない技術で、カムチャッカ半島から伝わったものらしい。

〈釧路市立博物館展示のテンキ〉

・縄文前期（6千年〜5千年前）の東釧路人の墓で、「貝塚が残された当時の墓。成人男性の仰臥屈葬でベンガラがかけられている。人骨の持つ特徴のほとんどが近世の道東アイヌと一致している」と

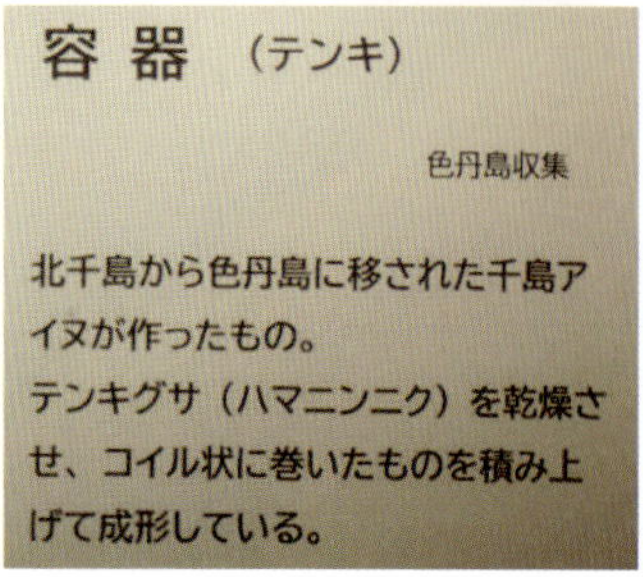
容器（テンキ）

色丹島収集

北千島から色丹島に移された千島アイヌが作ったもの。
テンキグサ（ハマニンニク）を乾燥させ、コイル状に巻いたものを積み上げて成形している。

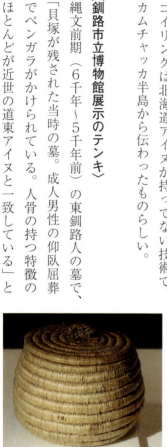

いう説明。近世の道東アイヌは縄文人の人骨の特徴をかなり受け継いでいるらしいが、千島アイヌもこの人達と近かったのかもしれない。

・国後島のテンキ（小物入れ、皿）の展示あり。学芸員に聞くと、昭和14年に初代館長の片岡新助氏が現地から持ち帰ったものという。作製年代は不明とのこと。国後島のテンキは北千島から来た人が作ったものなのか、誰が北から伝達したコイリング技術で作ったものなのかよく分からない。

・また説明では、ハマニンニクで作った草衣があると書いてあった。

〈北海道博物館展示のテンキ〉

・常設展ではテンキの展示もあった。「千島」との表示があったがいつどこで作製されたものか分からないので、学芸員に聞いてみた。提供者の話も残ってないので、いつどこで作製されたものかは分からないとのことだが、色丹島に移住させられたアイヌが作ったものである可能性があるとのことだった。だとすると根室の資料館で展示していたものとルーツが同じ可能性があるが、蓋のつまみ部分が異なる。北海道博物館の丸いバスケットは側面にもつまみが付いているし、ペラペラな感じ。根室（色丹）や釧路（国後）で見たものにはそれはない。また形も釧路（国後）や根室（色丹）のものに比べて、側面が垂直のように見える。そこで信

太氏に聞いてみた。

（信太氏の見解）

・北海道博物館の小さい方のテンキは復元したことがある。台形ではないし、把手も、内側のストッパーも技法も根室のものとは異なる。根室のものは蓋のサイズがピッタリ。しかし同じ人間が作っても色々なことをやりたくなる。

・北海道博物館の小さいほうのテンキは把手を付けるのに糸を使用している。根室のものが糸を使用してなければ作った人は違うのではないか。

（そこで把手の部分をよく見ると）

・北海道博物館のものはテープ状のものが糸で縫い付けられているように見えるが、根室のものはそれとは明らかに異なる。糸も使われているかもしれないが、太い紐状に編まれたものが付けられている。これを見る限り作製者は異なると考えられる。

〈網走北方民族博物館展示のテンキ〉

アイヌのテンキの展示はなかったが（ここは千島アイヌのテンキを持ってない）、コリヤーク、イヌイト、エスキモーのハマニンニク製のバスケットの展示があった。北千島アイヌのテンキは、これらの展示品からの流れなのかもしれない。

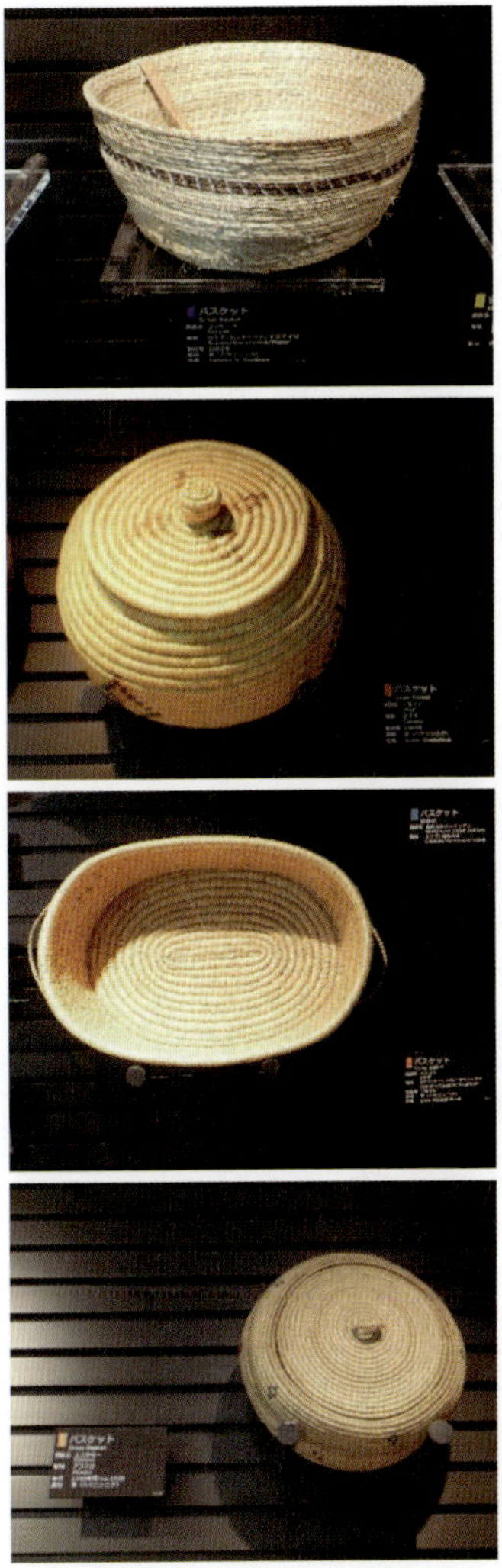

上から
コリヤーク（カムチャッカ イリプイリ）、２００２年製作
イヌイト（カナダ）、１９８９年製作
イヌイト（カナダ・ケベック州・イヌクジュアク）、１９９０年製作
エスキモー（アラスカ）、１９３０年頃製作

〈北方民族博物館特別展「北方民族の編むと織る」の解説会（２０２３年９月）：笹倉いる美学芸員〉

学芸員による特別展の解説会でいくつか興味深い話が聞けた。カムチャッカとサハリンの違いが出ていて興味深い内容だった。次に示す。

・特別展に展示しているのは全て所蔵品。

・編むと織るの違いは、「織るとは、張力をかけたタテ糸にヨコ糸を組み合わせたモノ」（国立民族学博物館：吉本名誉教授）が有力らしいが、織物の分類となる多くのバスケットは、編み物のほうがなじむ。

・編み方は大きく3つに分けられる。①もじり編み（最も多い）、②交差編み、③コイル編み（1万年前から変わらない世界中同じやり方）。

・アムール川流域では、帯はウリチにしかない。ウリチでは「**クイウマリ**」と呼ばれているが、意味は「**アイヌの帯**」である。しかしこの帯をアイヌで見たことはない。ウリチは山丹交易の山丹人のような気がするが、いつ頃から「クイウマリ」と呼んでいたのであろうか。アイヌが交易で活躍していた頃か？　オホーツク人の頃からという可能性はないか？

・北方民族博物館は、千島アイヌのテンキは持ってない。展示しているのは知里さん（第一人者だった人）が作ったもの。ハマニンニクは結構硬くテンキを作るのは難しい。作れる人が少なくなっている。ハマニンニクは小清水原生花園にもあるが光沢があることも特徴か。

・北海道アイヌはオヒョウのカゴがある。アッシは平織りにしたもの。コイリングはカムチャッカ半島から千島アイヌに来たものと言えそう。

・白樺は横方向に剥ぐが、オヒョウは下から剥ぐ。アイヌのガマのゴザは縄文まで遡る（石を吊して作ったもの）。

・サケのクツの中には、靴下状に編んだものが入っている。ブドウで作ったワラジもある。

・コリヤークもハマニンニクを使っている。男の子の尿で茶色に着色している。コリヤークのテンキはトナカイやアザラシ由来のものも使っている。

・コリヤークは海岸コリヤークとトナカイコリヤーク（内陸）に分かれるが、バスケットは海岸コリヤークが作っている。

・サミは白樺の根で作ったバスケットがある。アリュートもハマニンニクを使っている。

・サハリンにはオヒョウがないのでイラクサを使う。『ゴールデンカムイ』に出てくる女性の着ている服はイラクサ。雪に晒すと白くなると言われている。

・アイヌは糸縒りに紡錘車を使ってない。手で縒っている。

〈千島アイヌのテンキ〉

アイヌの中でテンキといえば千島アイヌのコイリングで作ったものになるのだと思う。これはアラスカやカナダを含むアメリカ大陸からの技術だとすれば、千島列島を考える上で重要なものに思えた。アイヌの時代の前にカムチャッカ半島の人と北海道の続縄文人が混血して生まれたオホーツク人（さらに利尻・礼文辺りでアムール川流域から来た人達と合流したかもしれない）集団は間違いなく北千島までは戻ってきた。北千島に戻ってきたオホーツク人がテンキを作っていたどうかは不明だが、その流れを継いだ千島アイ

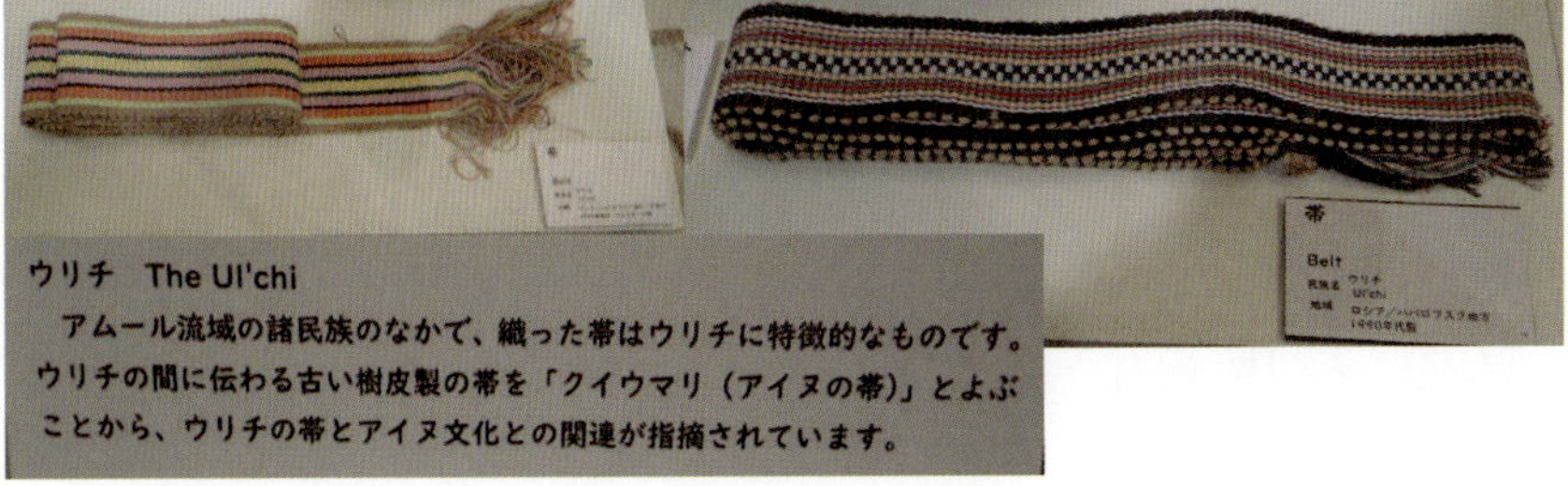

帯
Belt
ウリチ　The Ul'chi
アムール流域の諸民族のなかで、織った帯はウリチに特徴的なものです。ウリチの間に伝わる古い樹皮製の帯を「クイウマリ（アイヌの帯）」とよぶことから、ウリチの帯とアイヌ文化との関連が指摘されています。

ヌは北から伝わったコイリング編みでテンキを作った。

筆者は、前述した通り阿頼度島にはハマニンニクが大量にあることをかなり後になって自分が撮影した写真で確認できた。阿頼度島にはオホーツク人の遺物が残っており、オホーツク人が到達していることは確かである。オホーツク人も阿頼度島の土（砂？）を使って土器を作ったのではないかと思うが、ハマニンニクも使ったと筆者は思いたい。そしてテンキはこの頃から作られていたのではないかと。

旧石器時代から千島列島ルートは人の通り道だったが、オホーツク文化以降の主役はオホーツク人（集団）、アイヌだったのであろう。少なくとも日本とロシアの間で千島列島が分断される幕末の時期までは。

〈千島アイヌの暮らし〉

占守島生まれの別所二郎藏の『わが北千島記』（講談社、１９７７年）Ｐ60－61[16]では千島アイヌの暮らしが見て取れる。ハマニンニクの記載もある。

> 北洋的標準だが、波静かな海辺のやや小高く吹き溜まりのできない所、つまり吹きさらしの所、そして付近に清水の流れている地点をえらんで、クリル人の住居は設けられた。なかば土中に沈み、上部は芝くれでおおわれた土屋である。その多くは五、六メートルの範囲にすべてがおさまるような小屋であった。出入口を冬の主風向、西～北に向けて開き、吹き溜まりを避け、明りとりに海獣の膀胱をつかい、炉に燃す薪は煙をあまりあげない（風通しの悪い土屋にむいた）這松の立ち枯れ

を使うなど、生活の工夫には、なにか心打たれるものがある。

食物はおもに獣、海鳥、魚介などで、肉食の補いとしてクロユリ、エゾエンゴサクなどの球根や、ギョウジャニンニクを摘む。一番の好物は海の巨獣、トドの肉だったという。衣類は下衣が海鳥の皮、上衣が狐か犬の皮、靴は海獣の皮で作られた。コケモモやクロマメノキ、それに這松葉などで酒を醸し、エトピリカなどの海鳥のくちばしを装飾に用い、骨製の弦楽器を作り、香料を抹香鯨から得、器物に絵や文様を刻むなど、素朴ながら人間生活の基本はすべてそろっていた。

アニミズムの最高の神は、熊とシャチ鯨の精だったという。貯蔵の観念（食物など）が発達していなかったというが、これはむしろ彼等の豊かさを示すものだろう。

生活用具は、硬さや鋭さを要求されるものは石や骨で作った。石鏃（矢の根石）、石槍、石斧、石包丁、骨の銛、骨の釣り針、骨の縫い針、骨のバンド止め、骨の人形、骨のくしなどである。耐熱のものの材料は粘土と石である。石ランプ、土器の鍋などである。またこうした自給品のほかに、交易で入手したものも若干ある。

諸器材の結合には皮ひも、縫合には、鯨の筋をさいて糸代わりに使う。また、海岸にはえるムリッチといわれていたハマニンニクは、葉茎が強く、ひも、むしろ、容器など各方面に利用された。

エゾ松、トド松などの流木を割って皮ひもでつなぎ猟船をつくり、ツゲなどの強靭な木質の流木を選んで弓を作り、鯨骨か硬い流木（ナラやクリ）を滑走部にしてそりを作った。住居ももっぱら流木で骨組を作り、雪上歩行具、テシマ（カンジキ）もオンコなどの流木で作ることがあった。

さて、クリル族の集落は島内に数箇所あったというが、よく居を移したらしく、穴居の跡なら海辺いたる所に見られた。最大の集落は西岸のベットブ地区にあった。次に大きな集落は、いうまでもなくバラムシロ海峡にのぞむ小港チボイネである。豊かな海の幸を誘い寄せるばかりでなく、他島の同族やカムチャツカの住民の小船が多数集まって、物質や情報の交流が行われた。いうなればシュムス島の国際性が最初に開花した所である。以上のほか、東北端の国端崎地区、東岸の中川地区、その他、二〜三が主な集落だったようである。

集落といっても決して農耕民族のように地に釘付けされているわけではない。猟船で沿海や、もっと遠方に出猟するのが日常だったし、部落の一部または全部が、数隻の猟船に乗じ（家族や飼犬も一緒に）、カムチャツカの沿岸や南の島々に出猟することも、珍しくなかった。あの島、この島で冬を越し、中部千島を越えて南千島の同族を訪問したのち北上の途につき、数年後にようやく出発地にもどったといった式の〝大航海〟も、生涯のうちには何度もあったらしい。

島伝いといいながら、危険な海域を数千キロも手漕ぎの小船で〝征服〟するのだから、航海術と勇敢さは抜群といわねばなるまい。まずは当時、北洋第一の航海者である。

ともあれ、北はカムチャツカ南部から、南は中部千島まで、延長一〇〇〇キロ、面積にして一万平方キロもの広大な海と陸が、彼等の活動圏であるし、居住圏でもあった。その中心が北千島＝シュムス島である。全人口は約五〇〇人、シュムス島は一〇〇人ほどだったといわれる。意外と少ない人数であるが、彼等の原始的の手法では、これ以上の人口をうるおすだけの採取は、無理だったのかも知れない。

そうした制約こそあったが、一面、何人の支配も受けない自由の身、いや近隣との小戦闘ではいつも最強者で、他民族を〝震撼〟せしめた勇者であったことは、まぎれもない事実である。
そうした、少しばかり荒っぽい桃源郷が数百年つづいた。しかし、距離と風波の壁を破って、この桃源郷に闖入してきた強力で強欲な人々があったのである。闖入者は大陸系でロシヤ人なる名前をもっていた。

別所二郎藏は報効義会の会員の別所佐吉の子供で、1907年（明治40年）に占守島で生まれ、大正末期の短期間の中断を除いて昭和20年の敗戦まで約30年にわたって同島で暮らしているので、まず土地勘がかなりある。独学の人らしいが、その見識は豊かでそのような目で千島アイヌの暮らしも記録しているので、その内容はとても興味深い情報である。

やはりハマニンニクで容器を作っていたことは確かなようで、容器以外にはムシロなども作っていたらしい。一番の好物が海獣の肉（トド肉）だったというのはオホーツク人から続くものであろう。また流木を有効利用している。猟船は、エゾ松、トド松などの流木を皮紐でつないで作り、ツゲなどの強靭な流木で弓を作り、鯨骨か硬い流木（ナラやクリ）を滑走部にしたソリを作り、住居も流木で骨組を作り、カンジキもオンコなどの流木で作っていたとある。これもオホーツク人の時代から続くものではないか。

カムチャッカ南部から中部千島までの広範囲を自由に航海していて、それが家族や犬も連れて越冬も含めた長期間にわたっていたというのも、オホーツク人から続くものだと思う。近隣との小戦闘ではいつも最強者で、他民族を震撼せしめた勇者だったというのは、サハリンアイヌとも似ているようで興味深い。いずれにしても占守島を桃源郷と言っているが、別所二郎藏は本気でそう思っていたのだと思う。

別所二郎藏が書き残したものは、アイヌがカムチャッカまで行く前に来たオホーツク人にも共通する部分がかなりあると思うので、その内容についてもっと考察すべきではないか。

4. 南北千島での記録から

筆者は登山目的で国後島、択捉島に入っている。登山活動は十分なものではなかったが、自分が入ったところと遺跡との位置関係を確認してみた。

２０２３年3月4日に羅臼町郷土資料館で北海道博物館研究講座「未来につなぐ北方四島の歴史・文化」が行われた。講演自体は聴けなかったが、聴講された網走のモヨロ貝塚館の佐

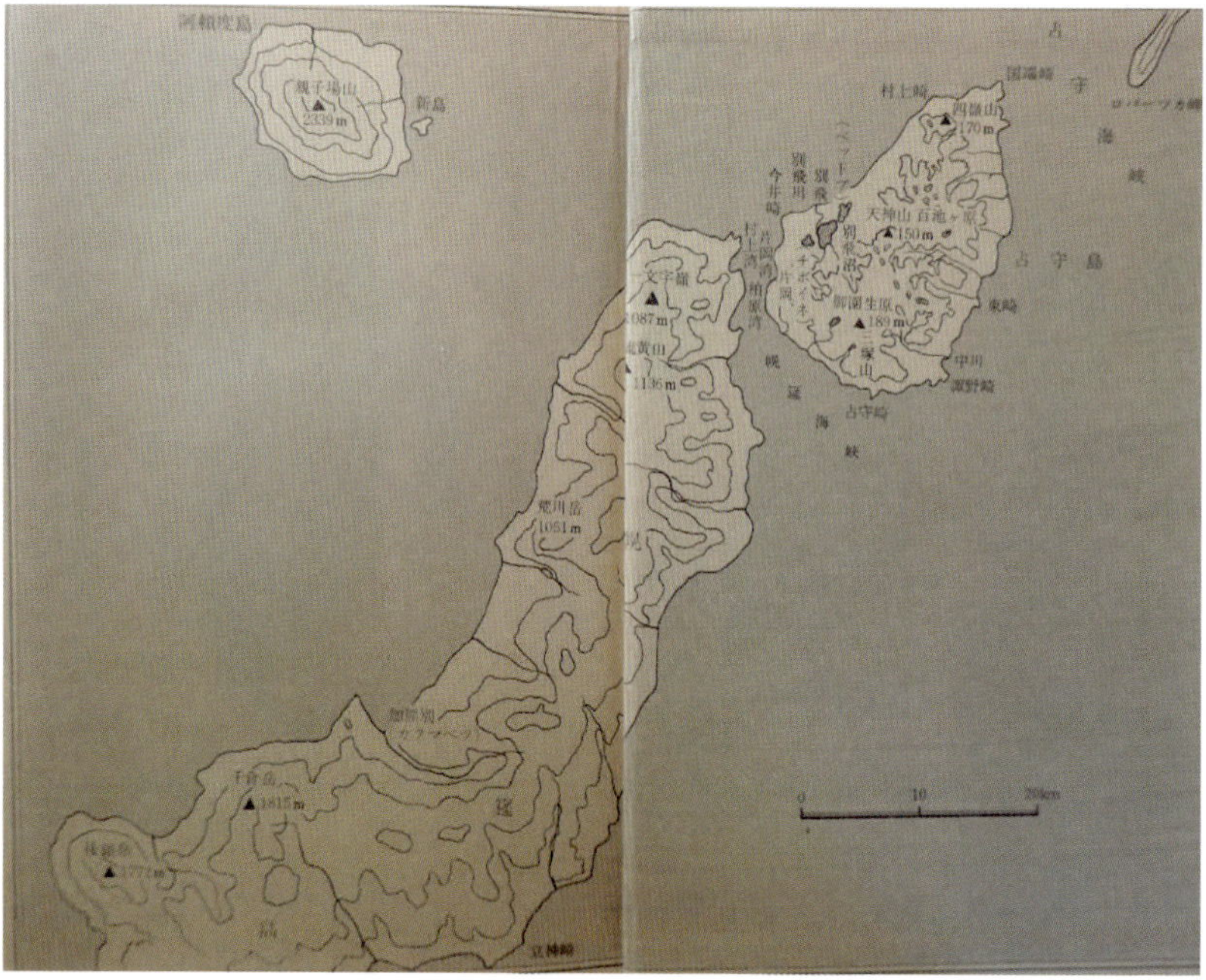

久間氏に資料を頂いた。国後島、択捉島、色丹島についての遺跡について詳しく紹介されている資料だった。この資料にある遺跡と自分の足跡の位置を見てみたい。講演の資料の内容は次のようなものだった。特に③の右代氏の資料が重要と思えた。

(1) 講演会資料

(講演全体の概要)

①「福井友三郎コレクションについて」羅臼町郷土資料館 文化財保護係長 天方博章

・国後島、択捉島で鉱山関係の仕事をしていた福井友三郎のコレクション(考古資料260点、化石46点、岩石3点、古写真51点)が羅臼町資料館に寄贈されているが、鉱山跡地の古写真は北方四島の産業を伝える貴重な資料。考古資料の出土遺跡までの特定は現状では困難。

②「北方四島と東北諸藩・松前藩の蝦夷地警備」北海道博物館 学芸主査 東俊佑

・蝦夷地警備の歴史を紹介。フヴォストフ事件も説明されている。

・松前藩士の墓が2016年に択捉島・振別付近で在島ロシア人によって発見され、2018年にその存在が一般に知られるようになった。

・江戸幕府の蝦夷地対策の一環として建てられた厚岸国泰寺をはじめとする蝦夷三官寺の説明。松前勤番者関係の墓は、国後島・トマリ、択捉島・フウレベツにある可能性が高い。

③「北方四島の歴史・文化と、その継承」北海道博物館 学芸員 右代啓視

・北千島が最もよく分かってない。国後島は歩けば歩くだけ遺跡があり、択捉島は歩けてないので遺跡

が見つかってない。おそらく沢山ある。色丹島も調査に入れるところは限られている。

・色丹島に強制移住させられた北千島アイヌは、色丹島でも土の家を作っていたらしい。

（千島列島全体）

・北千島が、やはり最も分かってない。

・北海道からもカムチャッカからも人や文化の流れがある。

（北方四島）

・北方四島の人類の足跡は、1万5千年前の旧石器文化からである。知内とカムチャッカのウシュキ遺跡の繋がりを考えるともっと古い時代から人は通っていたと思われる。

・土器を使用する縄文文化、鉄器の使用が始まる続縄文文化、擦文文化、アイヌ文化と変遷し、これまで132ヶ所の遺跡が発見されている。

・この先史時代の文化は、北海道本島の各時期の文化圏が北方四島まで広がり、地域色豊かな人々の生活が営まれていた。

（2） 講演会資料と筆者の足跡から見た国後島

・筆者が歩いた場所を国後島遺跡図上で見てみると、遺跡の近くを歩いていることが分かった。特にチクニ川～乳呑路の2日間にわたって歩いたコースはまさに遺跡の場所を歩いている。乳呑路は戦前日本人の集落もあったところでその墓は確認している。

・ニキショロ湖、材木岩は知床半島側の海岸で知床半島もよく見える。ここの遺跡の先人は知床とも行

国後島の遺跡

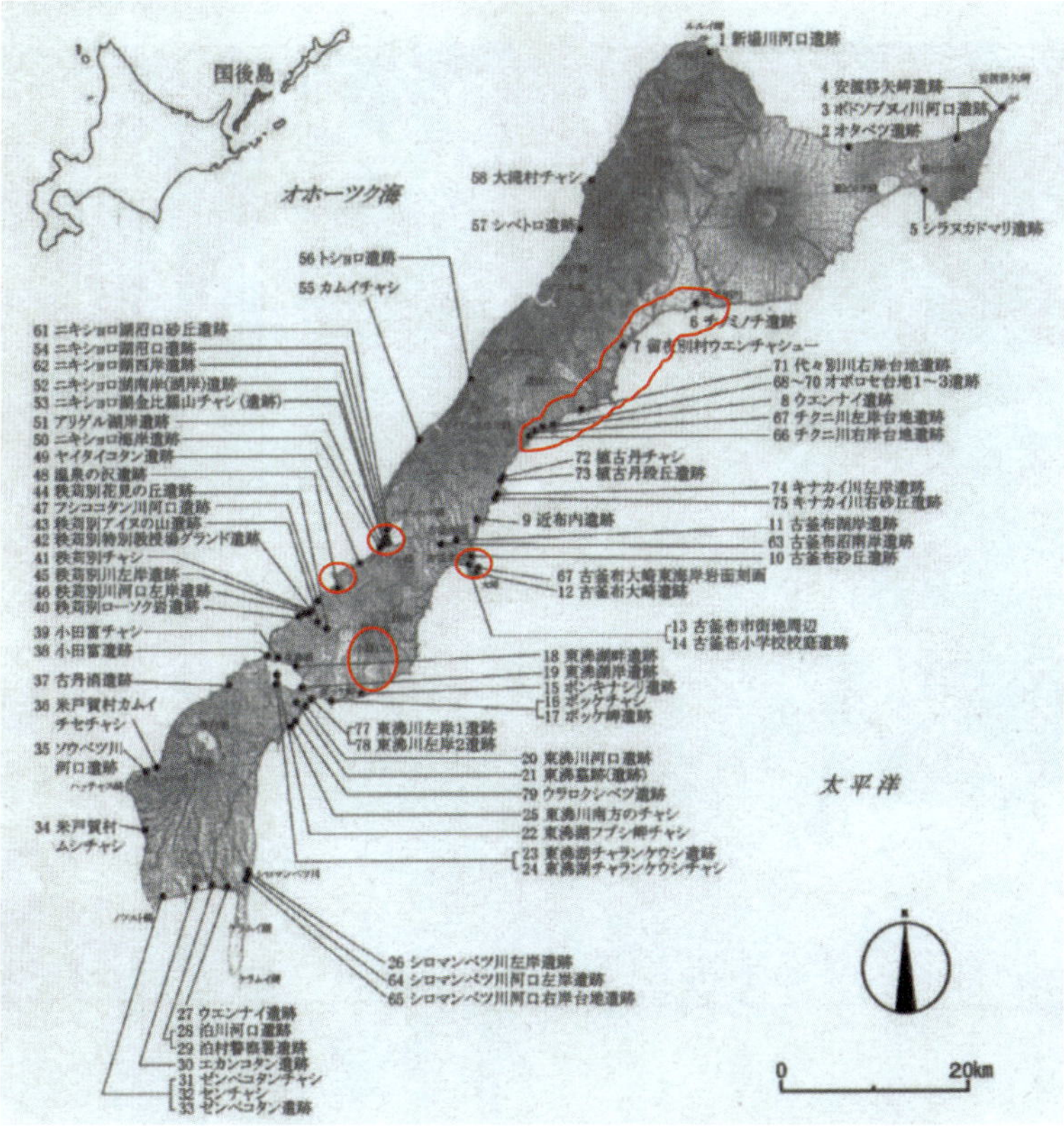

○：筆者が歩いた場所（東海岸：北から①チクニ川～乳呑路、②古釜布、③ラウス山、
西海岸：北から④ニキショロ湖、⑤材木岩）

き来していたのでは
ないかと思う。
・古釜布は国後島の中
心だが、昔から住み
やすかったところな
のだろう。
・ラウス山は、地獄谷
のようなところもあ
る火山活動地帯なの
で、遺跡はその西側
の東沸湖付近に集中
している。東沸湖は
知床半島海岸から見
ると島が切れている
ように見える（知床
の山から見ると湖と
して確認できる）と
ころである。

・講演会資料によると、歩けば歩くだけ遺跡が見つかるらしい。北方四島の中では最も遺跡が見つかっている。ここで取り上げられているのは次の遺跡。

・古釜布砂丘遺跡、ニキショロ湖金比羅山チャシ（アイヌ）、明治～昭和期のヤンベツ漁場。

・小田富北段丘1～4遺跡の中にはオホーツク人の竪穴遺跡もある。オホーツク人からすれば知床半島も国後島も同じような場所で、簡単に行き来できるという認識だったはずである。

国後島古釜布、ニキショロ湖

国後島古釜布

- Ｕ字型は飛行機の格納庫跡らしい。勿論、古釜布滞在時に写した写真では確認できてない。

＊古釜布は中心地で、レーニン広場もあり知床連山も見えた。逆に知床の山からは古釜布の集落の光が見える。

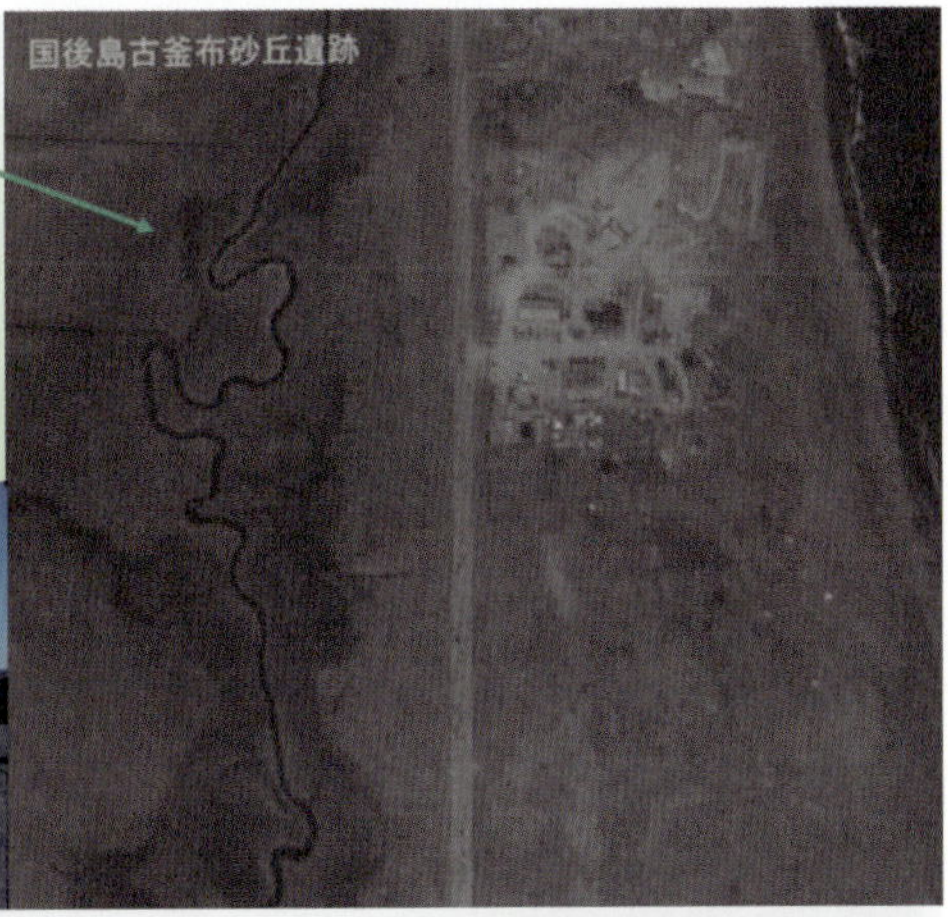

国後島ニキショロ湖

＊ここには実際に行っている。古釜布から近く、知床の山がよく見えた。

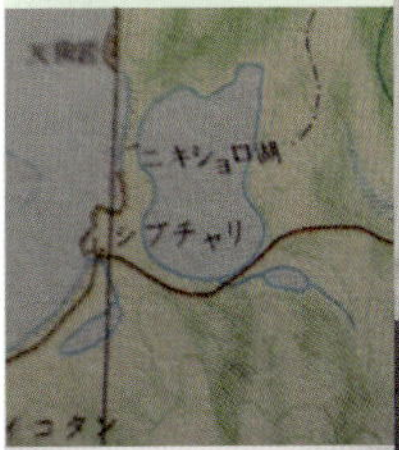

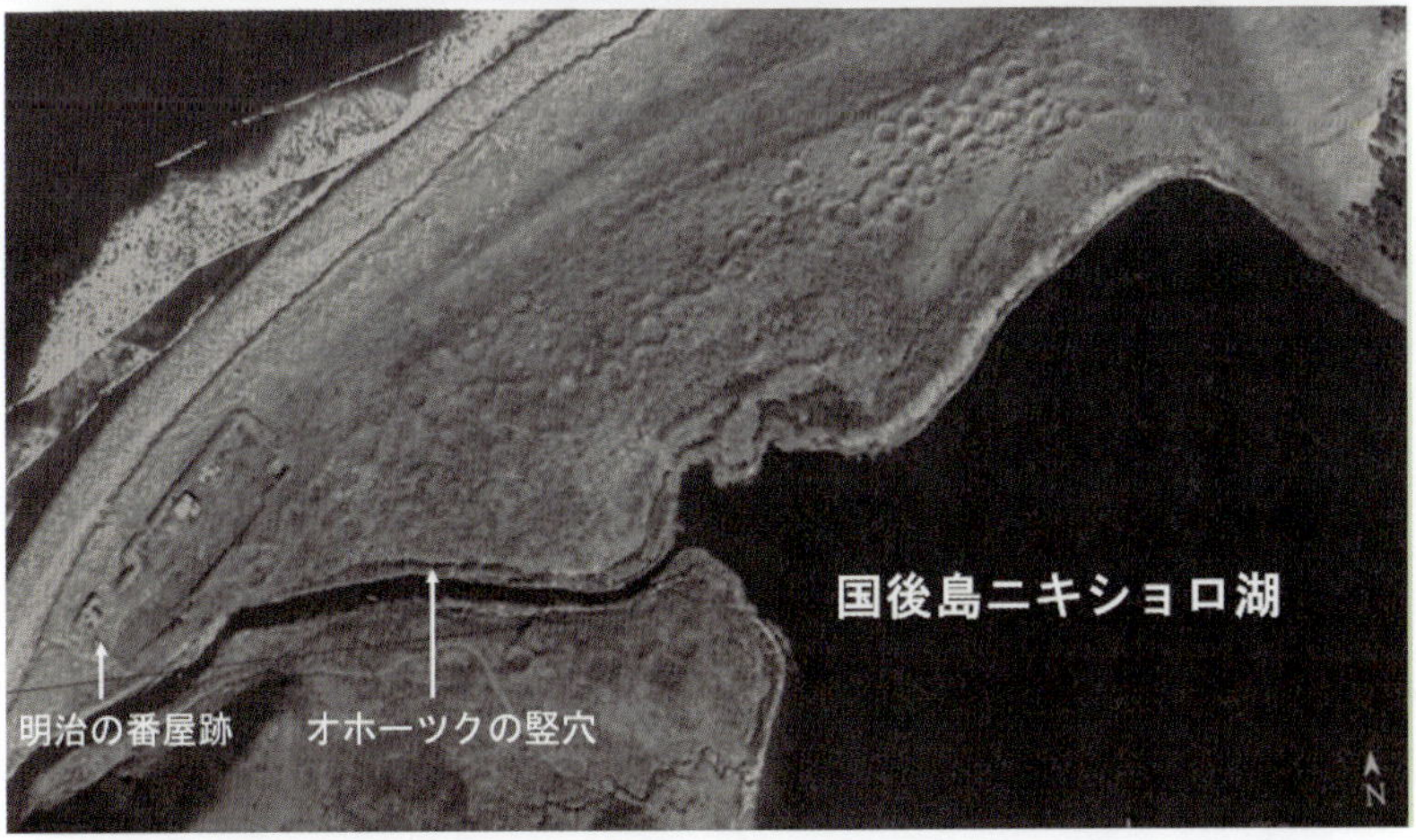

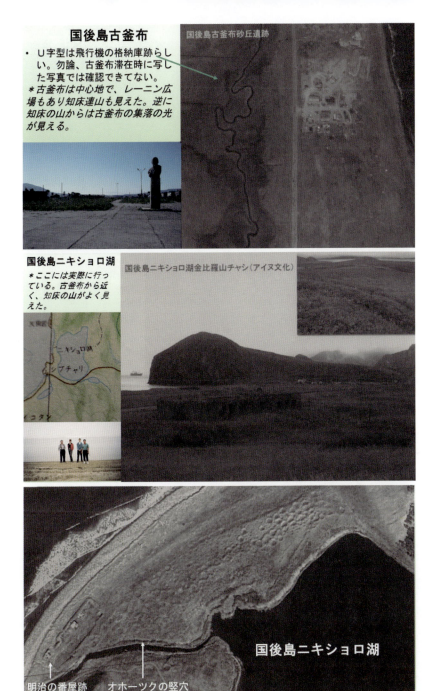

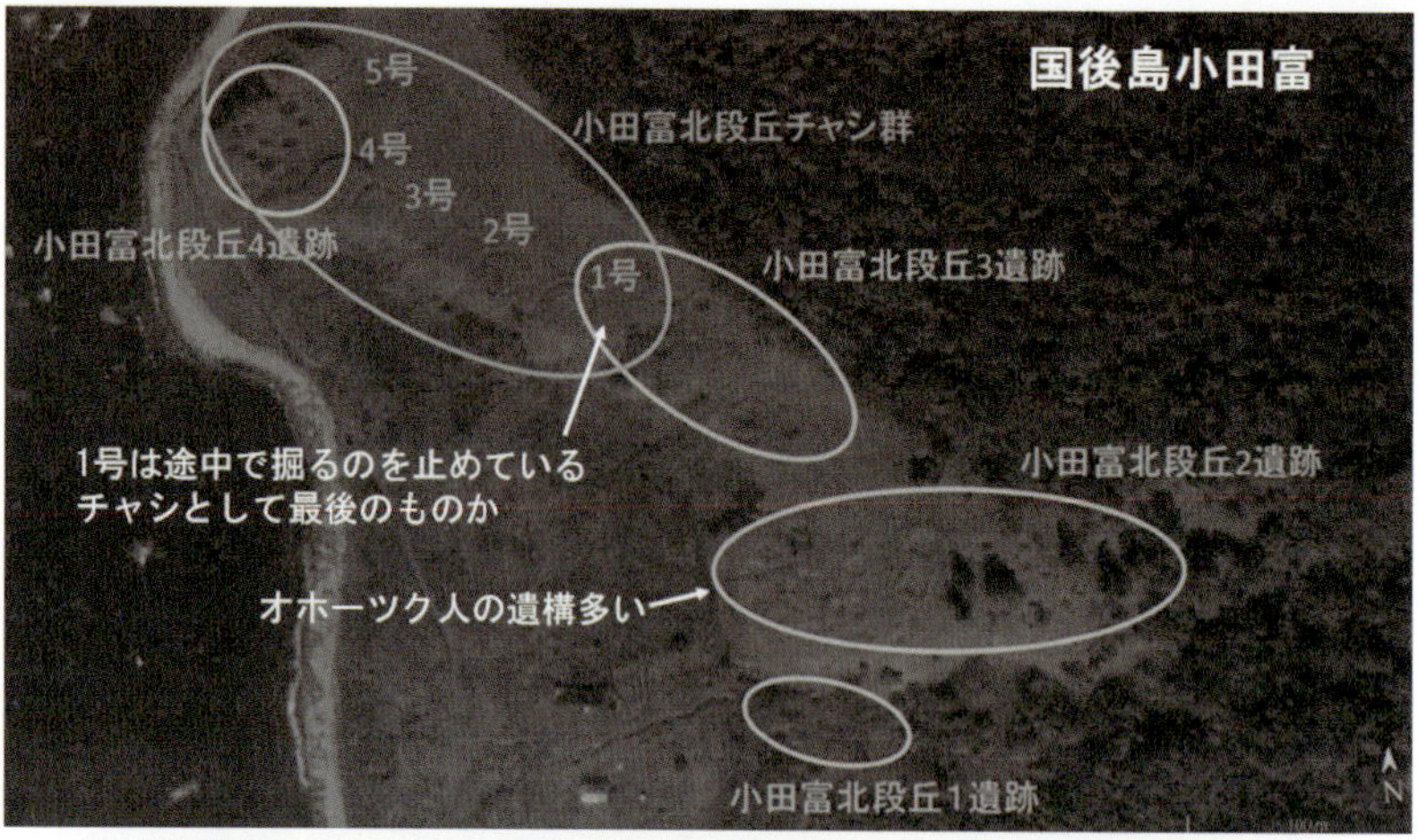

国後島小田富
5号
4号
3号
2号
1号
小田富北段丘チャシ群
小田富北段丘4遺跡
小田富北段丘3遺跡
1号は途中で掘るのを止めている
チャシとして最後のものか
小田富北段丘2遺跡
オホーツク人の遺構多い
小田富北段丘1遺跡
N

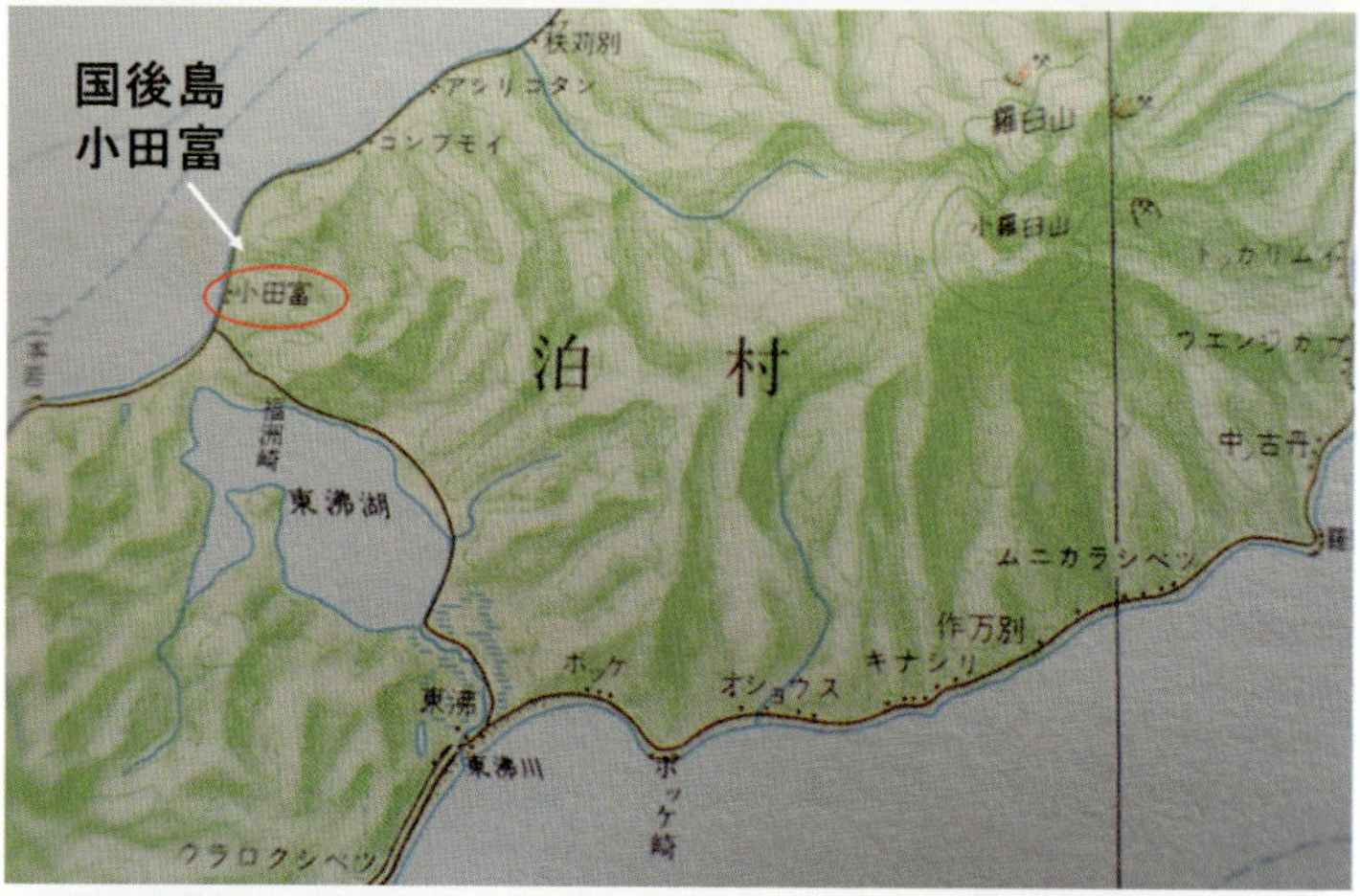

国後島
小田富
アシリコタン
コンブモイ
小田富
泊　村
羅臼山
小羅臼山
東沸湖
東沸
東沸川
ホッケ
ホッケ崎
オショウス
キナシリ
作万別
ムニカラシベツ

国後島
ヤンベツ漁場
ヤンベツ漁場
ポンベツ漁場
国　後　郡
オキツウス
植古丹
キナカイ
キナカイ崎

択捉島の遺跡

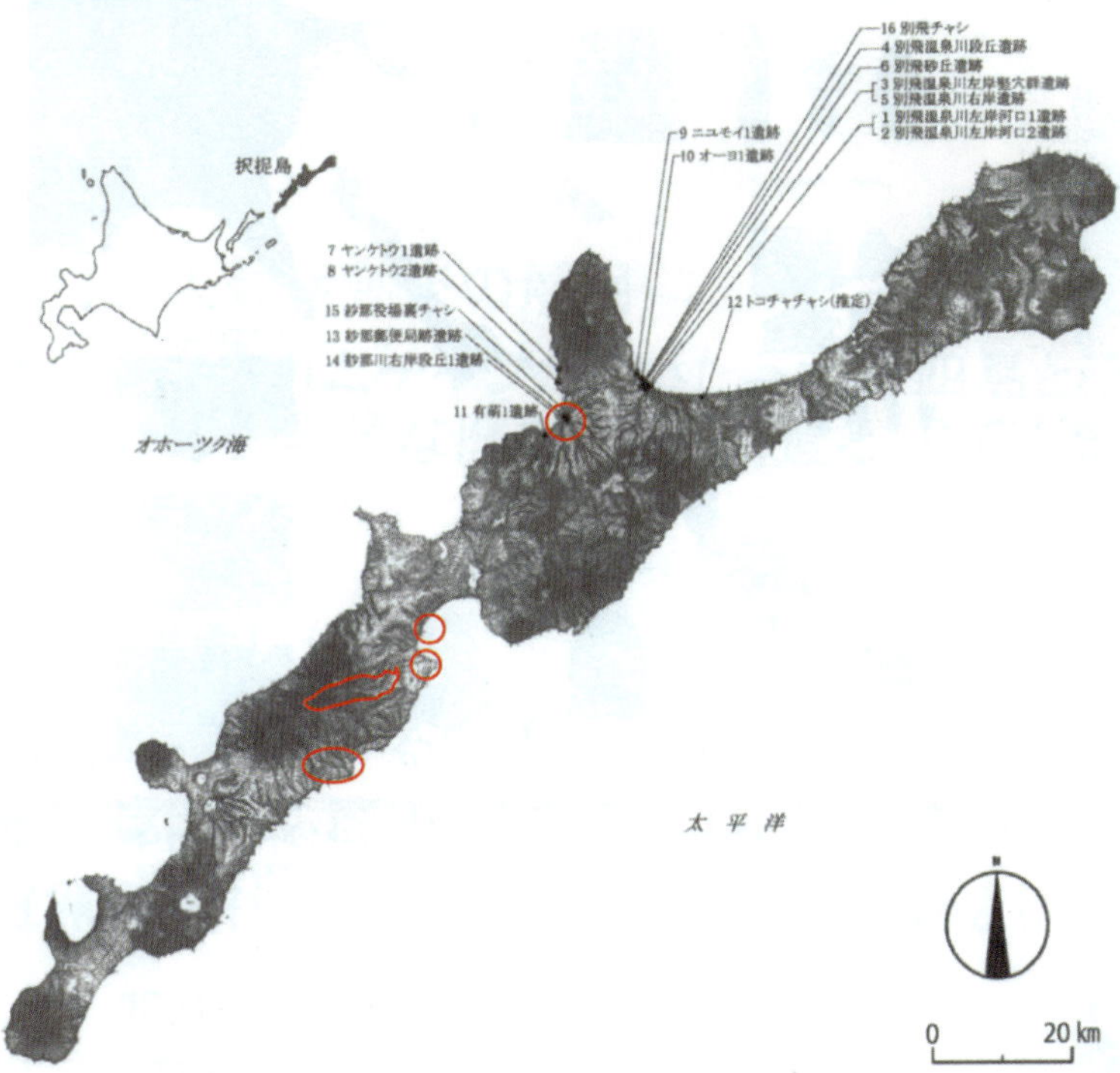

図1　択捉島の遺跡分布（国土地理院、数値地図50000（地図画像）、北方四島の一部を使用）

○：筆者が歩いた場所（東海岸：北から紗那（遺跡もある択捉島中心地）、単冠湾黒木川周辺、ブレベズニック（空港近く）、ゴルニー村～恩根登山、野塚～野塚川 4km 遡行）

（3）講演会資料と筆者の足跡から見た択捉島

・択捉島遺跡地図上で筆者が歩いた地点を見ると遺跡のあるところは紗那しかない。それだけ択捉島の調査が進んでないということだと思われる。

・それ以外のところも、発見されてないだけで近くに遺跡がある可能性がある。特に沢や川のあるところは可能性がある。野塚は戦前集落もあったところで、野塚川は鮭鱒が豊富。日本

択捉島内保

＊筆者は行ったことがないが、高田屋嘉平ゆかりの択捉島南西のオホーツク海側。
＊筆者が行ったのは東の太平洋岸の野塚という単冠山の麓だが比較的近い。

アトサヌプリが見える野塚

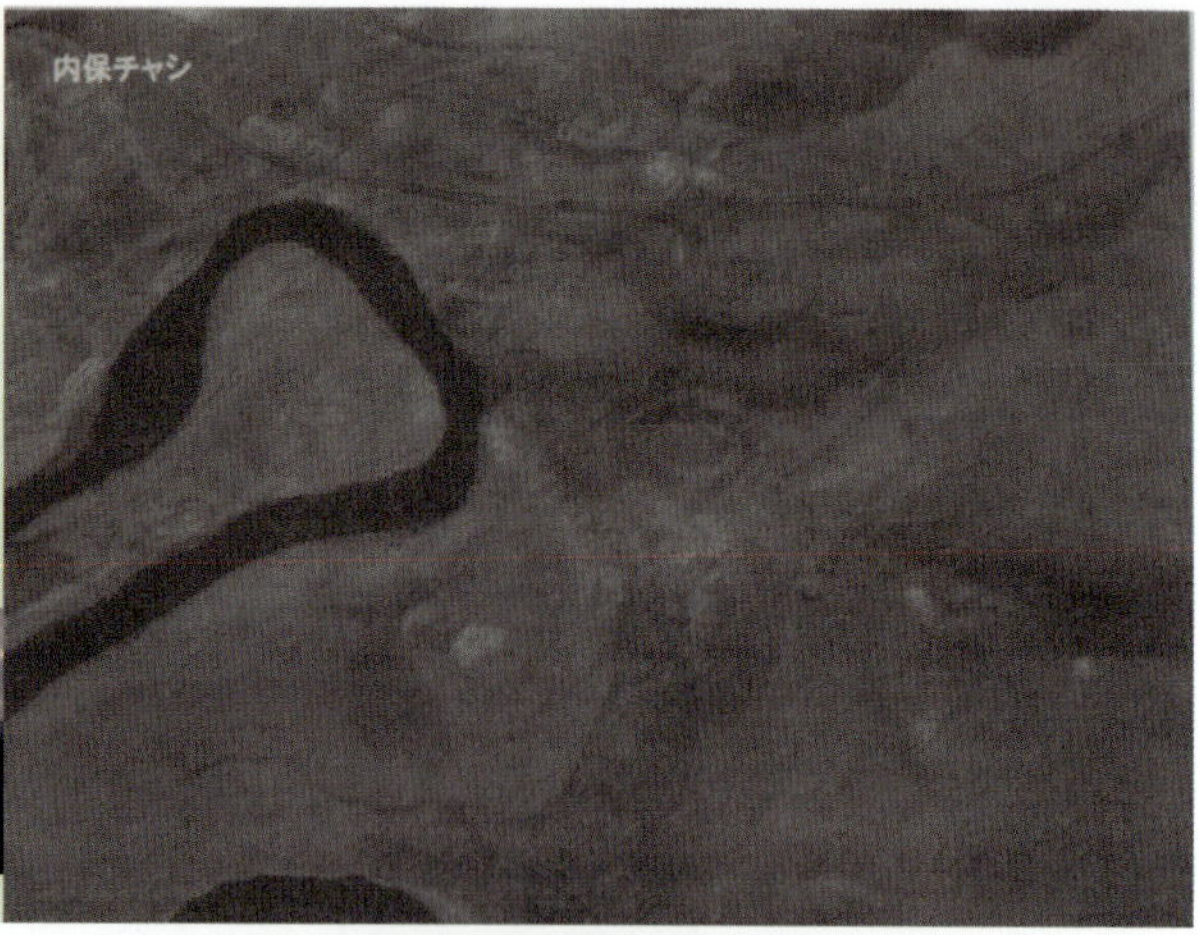

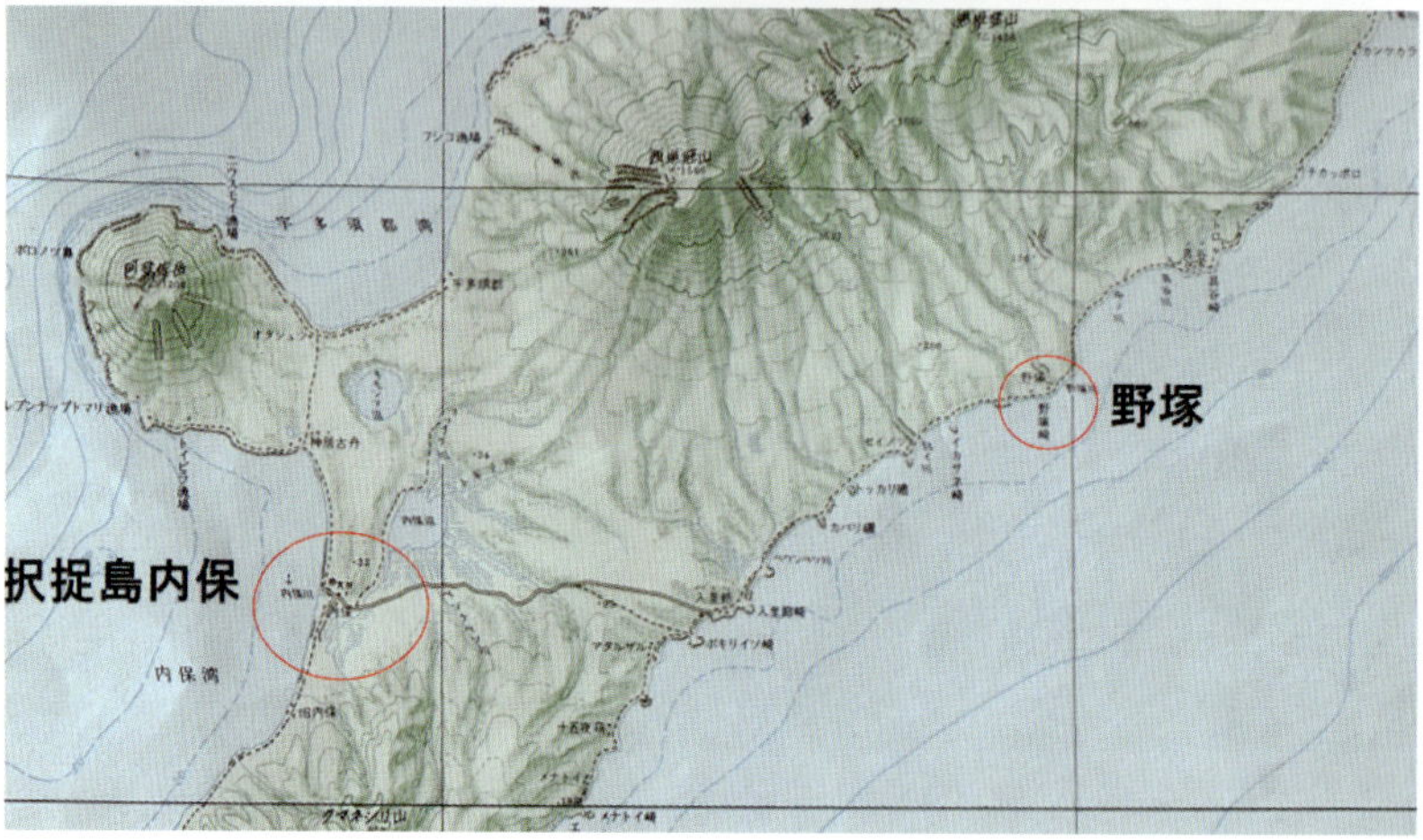

時代の橋脚跡も残っている。
・講演会資料でも、択捉島はほとんど調査できてないことを示している。遺跡は見つかってないだけで、おそらく沢山ある。
・フウレベツでは江戸時代の対露警備責任者らの墓（藤原正蔵、村田亀之丞）が発見されている。フウレベツ（振別）は、いわゆる択捉島露寇事件で日本軍が敗走した集落である。

（4）講演会資料と他の資料から見た色丹島

色丹島の遺跡

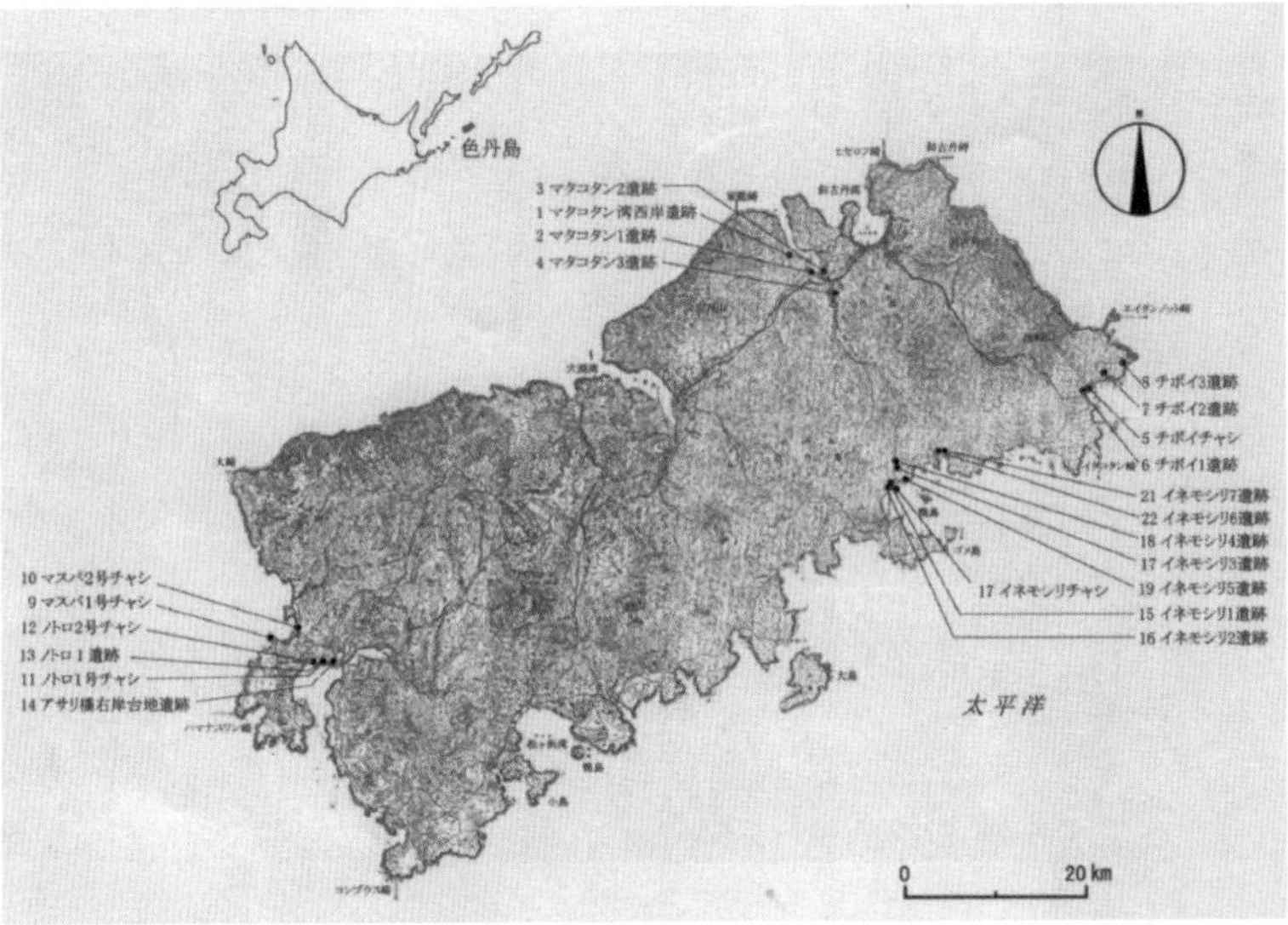

・調査に入れるところは限られている。

（補足）

筆者は、勿論色丹島には行ったことがない。ここは何と言っても鳥居龍蔵が調査した占守島から強制移住させられた人達の話だろう。鳥居龍蔵の調査で北千島アイヌの明らかになった点も多いと思う。ここのテンキは占守島の人が作ったものである。また加藤好男著『北千島アイヌ民族の記録』[29]には、北海道新聞１９９２年５月30日、31日の記事「忘れられた人々 北千島アイヌ民族、４ 運命変えた条約北米大陸との交流も、５ 語らぬ死」が紹介されているが、そこには次のように記されていた。

実現しなかった帰島

当時、無人島に等しかった色丹島への移住は、北海道が、函館、札幌、根室の三つの県に分かれていた時代のことで、県知事に相当する根室県令、湯地定基がシュムシュに出向いて自ら説得に当たった。が、「移住政策は失敗だった」と後年文書に残していたことを秋月俊幸北大講師が北大付属図書館で見つけた。北千島アイヌ民族自身、何度も北千島への復帰を嘆願した。しかし帰島は一度は政府内部で決定を見ながら、実現することはなかった。北千島のアイヌの人々は色丹島をヌーペモシリと呼んでいたと、明治時代北方防備のため北千島に入植した別所佐吉の息子二郎蔵（1907－1976）は『わが北千島記』に記している。「涙の島」という意味だった。

5年半で半数死亡

1884年に北千島を離れたのは97人、ところが、色丹島では翌年までに20人が死んだ。1889年までの死者は49人。わずか5年半の間に半数が亡くなっている。それからも死者は次々出た。「女性ばかり生まれたから。それから、無理くり日本人の生活に似せてしまったから。」と、石井さん（根室市で塗装業を営む石井徳雄さん〔70〕）は人が減っていった理由を考えている。「北千島では穴居だった。ところが色丹島では住居も壁も二重になってない。よけい寒かっただろう。年取った人は北千島のほうが暖かかったって言ってたよ。」

狩猟生活捨てる

石井さんも古い写真を持っていた。若い頃の義理の母親も写っている。羽織はかまの少女、着物姿の女性、髪型もみんな日本風だ。言葉も名前も宗教もロシア化していた北千島アイヌ民族に対して、色丹島では日本人としての同化政策が進められた。名前が改められ、学校では日本語を教えられた。大人には狩猟採集生活を捨てさせ、農業、牧畜、漁業が積極的に授産された。しかし、農業、牧畜は結局失敗した。
「わしが物心ついたころは、ばあさんばかり。男がいないから日本人と結婚する。生きていかないといけないから…。」石井さんの口調が重くなった。

千島アイヌが占守島から色丹島に強制移住させられるのが1884年（明治17年）。別所二郎藏の『わが北千島記』[16]には、「彼等の最大の生きがいである島めぐり、岩礁と激浪を舞台とした狩猟を封じるものであったなら、はからずも幼児から玩具をもぎ取るような、毛皮税以上の罪悪が成立するはずである」と記載されている。その後、占守島は10年近く無人島の時代が続き、その後和人の時代となり別所佐吉も参加する郡司成忠率いる報効義会の時代に移っていく。占守島から色丹島に強制移住させられた千島アイヌは悲劇の運命を辿るが、もし占守島に居続けたらどうだったであろうか。別所二郎藏の『わが北千島記』[16]によると、「明治30年に占守島から色丹島に移されていた千島アイヌがやっと願いが一部叶い幌筵島南端のベットブに出猟に来ていて北千島にもう一ヶ所人里ができていたらしいが、占守島の和人とは握手する関係で物資、情報、技術、生活の知恵などの交換（和人の方が受け取りは多い）が行われていた」（著者要約）とある。これを見ると占守島の和人とは良い関係を続けられた感じがする。

根室市歴史と自然の資料館で見た色丹島のテンキは、占守島から強制移住させられた人が色丹島で昭

• 占守島から強制移住させられた人たち（中央の軍服を着ている人が酋長）
• 下は酋長の墓
色丹移住17年目の千島アイヌ（クリル族）
◆1981年ごろの写真（林,1940）

和8年（1933年）頃に作ったもの。占守島を離れてから49年後ということになる。幼かった子がお婆さんになってから作ったものらしいとの説明を聞いたが、確かに苦労して生き残ったお婆さんが受け継いだ技術で作ったものらしい。これは間違いなく千島アイヌが受け継いだもので、北千島独自のものである。

（5）南千島のまとめ

・筆者が行った場所で遺跡が発見されているのは、北方四島で発掘箇所が最も多い国後島ばかりである。古釜布、ニキショロ湖、チクニ川～乳呑路などである。

・国後島は、一言で言えば知床半島とよく似ている。雰囲気は道東や知床と同じような感じがする。しかし、そうは言っても北千島から来たテンキなどの文化もある。オホーツク人が誕生するにあたり、カムチャッカの人が移動や続縄文人と混合した地域にあたるとすれば違う世界もあるのであろう。もっと調査が進んでほしいところである。

・択捉島はまだ未知の世界である。島の面積もあまりにも大きい。また行ってみたいが、現状まず無理だろう。しかし、将来時間はかかっても調査がもっと進んで先人達の動きを明らかにしてほしいと切望する。

・色丹島の遺跡地図を見ると遺跡の位置は大きく4つのブロックに分かれている。色丹島は行ったことがないが、ここもまだ発見されてない遺跡があるのではないか。占守島からのアイヌの強制移住の悲しい歴史ばかり目に付くが、北千島のテンキも伝えられているのは重要な着目点と思われる。

5. 別所二郎藏が実際に会った学者や考古学者[16)]

この本は阿頼度島に遠征したときに読んだが、改めて目を通すと実に新鮮に思えた。重要な部分は前述したが、ここでは書き残した部分を取り上げてみたい。別所二郎藏は、明治40年に占守島で生まれ昭和20年までの間、約30年を占守島で暮らした最も北千島を知る人である。この人が書いたものの中には、重要なものが残されていると再認識した。

「求真の人々」という章では、別所二郎藏は父の佐吉と一緒に多くの著名人と会っていることが分かる。学者や考古学者、登山者などと会っている。ここで特に注目したいのは、考古学者に関する部分である。その部分は原文も記載した。

・大正5年、小樽水産試験場：梶原技師（片岡湾内のプランクトン回収）
・大正9年、宮部金吾の弟子工藤祐舜（植物学者）
・昭和2年、土井久作（昆虫学者）
・昭和2年、伊藤秀五郎、小森五作（阿頼度山登山）
・昭和2年、鳥居龍蔵（26年前の調査以来の再訪、この年は再訪、原文は次に記載）

初老の見るからに狷介な一人物が来島し、義会の遺跡を始めとして、島々の名勝旧跡を写真に収めた。彼は二十六年前、道庁の調査官（千島アイヌ等）として島を訪れているが、この度は職を退き、老いがせまってからの来遊である。若い時のいかなる印象が、彼をシュムス島までいざなったたか、それはわからない。

・昭和4年、館脇操（植物学者）
・昭和4年、ステン・ベルクマン（スウェーデン植物学者）

・昭和5年、アーノルド・グブラー、佐々保雄、渡辺成三（スイス人阿頼度山登山）
・昭和6年、長谷川傳次郎、木場一夫、岡田喜一（登山、動物、植物北千島全域踏査）
・昭和8年以後毎年、馬場修（古クリル族にとりつかれた人、原文は次に記載）

ベットブのアイヌ名コタンニー（クリル族最後の集落）を発掘し、出土した数々の石器、骨器、土器のつぶやきに耳を傾けるとともに、〝古老〟（注・別所佐吉）の追憶をも収録する。定かにはわからぬが、それはあまりにも極地的であり海洋的である物語であり、超アイヌ的のヒーローに対する謎はかえって深まってゆく。ついに一人の古クリル族にとりつかれた人間が形成される。

……以後連年、彼は北千島を訪れるようになった。

・昭和9年、田中阿歌麿呂、宮地伝三郎、大井次三郎（湖沼、微生物、植物）
・昭和9年、田中館秀三（阿頼度島武富島の名付け親、第一発見者の白鳳丸船長の名）
・昭和12年、馬場修、林欽吾、児玉作左衛門（古クリル族発掘、原文は次に記載）

シュムス島はベットブ地区に、古クリル族の解明をめざす三組の探究者が集まった。第一は馬場修隊、第二は林欽吾隊、第三は〝北大〟隊（解剖学の児玉作左衛門ら）である。協力と対立とは相まって、人々のエネルギーを極度に放出せしめる。コタンニーとその周辺は精力的に発掘、測定、探索などが行われ、穴居址、墓地、貝塚、地表、砂層などから収集された体骨、生活具その他は、未曾有に大量であり、獲得せられた情報もまた大量である。しかし、それはまた当然大量の新しい謎を呼んだ。

そのうえ、この性急な発掘、ことに墓地の発掘は、一つの衝撃と疑問を一部島人とシコタン島在住のクリル族に投げかけた。それは帰着するところ、墓地等をあばいてまでも知識を獲得する必要があるのか。〝学問〟はそんなに絶対の価値があるのか、といった問題である。

ところで、発掘された人骨、ことに頭骨によってクリル族の非アイヌ系であることは決定的になる。したがって従来の南方（本道）渡来説は相対的のものになり、新たな北方渡来説（カムチャツカなどを経由）も可能になってくる。それは新しい謎の中核でもあり、幾多の論評と探究を呼んだ。

昭和十三年、戦時色の強まる本土から、また馬場隊と北大隊が来島する。馬場隊は主にバラムシロ南部を調査するが、北大隊は再び前年、〝十字が丘〟と名づけたコタンニーの墓標のある砂丘を発掘し、残っていた体骨を収容する。この他には求真人の来島はなく、探勝にいたっては皆無。時代は、もうこのような〝無駄〟をゆるさなくなっていたらしい。


鳥居龍蔵、馬場修、林欽吾、児玉作左衛門と会っている部分がとても興味深い。鳥居龍蔵は老いがせまってから再訪しているということだが、調査で訪れたときの印象がよほど強かったのであろう。馬場修については、「ついに一人の古クリル族にとりつかれた人間が形成される」と述べているように情熱を感じる。しかし3つの隊が競って発掘を行っているのは目に余るものだったのかもしれない。墓地を暴いてまでも…という問題は今も残っていると思う。

6．終わりに

過去の千島列島の山を目指した頃の記録を見直そうと思ったのは、ロシアが行ける国ではなくなってしまったという思いもあるが、自分が阿頼度島で撮った写真にテンキの原料のハマニンニクが多数写っていたことを知ったことが大きかった。

無知な筆者はテンキについてよく知らなかったが、北斗市郷土資料館の信太氏にご教示いただきテンキが千島アイヌにとってキーになることを知った。テンキは千島列島からカムチャッカ半島を経てアメリカ大陸まで繋がるもので、千島列島へはカムチャッカ半島から入った文化である。北から南への流れで動いた重要なものの1つである。

阿頼度島にはオホーツク人も到達しているが、その頃から阿頼度島のハマニンニクを採りテンキを作っていた可能性もあるのではないか。少なくともアイヌの時代は阿頼度島のハマニンニクでもテンキを作っていたであろう。筆者の撮影した写真からは、ハマニンニクは占守島でも確認できるし、国後島でも確認できた。おそらく千島列島の砂地のところには、ハマニンニクが存在するのではないかという気がする。ハマニンニクは千島列島では編み物の良い原材料なのだと思われる。釧路の博物館で見た国後島のテンキはどのような人が何時どこで作ったものか分からなかったが、占守島の千島アイヌは強制移住させられた色丹島でもテンキを作っている。

国後島では筆者が歩いた当時は意識してなかったが、国後島遺跡地図と重ねてみると遺跡のある場所を歩いていたことが分かった。人が住みやすいところは変わらないというのも分かる気がする。択捉島は遺跡の確認が少ないので、筆者は遺跡の確認されてないところも歩いているが、実際は国後島と同じであろうと思う。
千島列島が旧石器時代から人の通り道だったということを考える上では、今後もっと新たな発見や考察が進めばよいと思う。現時点ではどうしても空想が入ってしまうと思うが、千島列島は人や文化の通り道だったと信じている。

〔文献〕

16）（再掲）別所二郎藏『わが北千島記』（講談社、1977年）
20）（再掲）小杉康「物質文化からの民族文化誌的再構成の試み：クリールアイヌを例として」『国立民族学博物館研究報告21巻2号』（1996年）
27）大谷和男『千島列島の山を目指して』（牧歌舎、2006年）
28）相原秀起『一九四五 占守島の真実』（PHP研究所、2017年）
29）加藤好男『北千島アイヌ民族の記録』（藤田印刷エクセレントブックス、2023年）

Ⅵ．終わりに（結論）

筆者が独断で勝手にまとめた結論は、次のようになる。結局、日本列島に最初に来た人まで遡って考えることになってしまった。

1. 旧石器時代から見た北海道及び各地での流れ

〈旧石器時代〉

そもそも日本列島にも、ホモ・サピエンスの前にも他の人類がいた可能性がある（例えばデニソワ人）が、認知革命で虚構を語る能力を身につけ地球の征服者となってしまったホモ・サピエンスが、日本列島に来てからの話を進めることになった。

日本列島に辿り着いたホモ・サピエンスは、出アフリカのホモ・サピエンスが、ヨーロッパ人とアジア人に分化する前の状態で、つまり縄文人の祖先がインドを通り東ユーラシア大陸で最も早くに東南アジアから北上した人達だった。縄文人の祖先はアフリカから東アジアに辿り着いた最初の集団で、日本列島（沖縄〜北海道）に入り、まず広く分布した。その人達は祖アイヌ語を話していたが、通り道近くの南方にアイヌ語に近いオーストロネシア語を残している。その関係性は村山七郎が指摘している。日本列島に人が入ったルートは対馬ルート（3万8千年前）、沖縄ルート（3万5千年前）と言われているが、発見されている石器からするともう少し古い可能性もある。

〈旧石器時代第2段階〉

北海道ルートはその1万年後（2万5千年前）で、サハリンから細石刃を持った人々が入ってきた。その人達は北海道で本州から北上してきた旧石器人と出会っている。その人達の使っていた言語は不明だが（アイヌ語と同様の独立言語か？ ニヴフ語か？）、その影響で北海道では言語の祖アイヌ語の多少の変化が起きた可能性があり、またより寒さに強い北方仕様を遂げるなどの変化が本州に対して起きたのではないかと考えられる。

この頃、サハリン以外に千島列島も人が通るルートだったと考えられる。カムチャッカ半島のウシュキ遺跡の墓の副葬品と共通する副葬品が知内町の2万年前の墓から出土している。旧石器時代の石器が発見されていて、北からの動きと南からの動きが確認されている。

また北海道、サハリン、千島列島、カムチャッカの広いエリアで、石材交換が存在していたという興味深い報告がロシア研究者からなされている。古サハリン／北海道／クリール列島（Paleo-SHK）と呼ばれる半島があったころから、北方だけでも広範囲にわたって石材交換が行われていた可能性があり、その行動範囲の広さは驚くべきものである。

〈縄文時代〉

日本全体で見れば縄文時代は均質だったという議論になるが、北海道の縄文時代を見ると本州と違ってくる状況がより顕著になった。遺伝子的に見ても本州と北海道では違ってきたらしい。北方民族の影響と考えられるが、まだ十分縄文人の世界が続いた。また知床では、縄文時代に入る頃国後島が北海道から離れ、人類の前で初めてシレトコ半島が生まれシレトコ岬が北海道の東側の立派な岬「モシリ・パ

〈国の・頭〉」となった。

弥生時代になるまではアイヌ語を話す縄文時代が続いた。東北が中心だったと考えられるが、縄文時代特有の縄文人の心の時代が続いたと考えられる。最も幸福な時代が1万5千年続いたと言えるのかもしれない。約4万年前から縄文時代が終わる２４００年前まで東アジアで孤立していたクロマニヨン人を引き継いだ人の時代が続いた。

千島列島の人の活動は、南千島は北海道・道東とほぼ同じように推移した。中部千島や北千島では人の活動の痕跡は発見されてないが、何も動きがなかったということはないであろう。

〈本州：弥生時代〜古墳時代〉

弥生時代に入ると祖日本語を話す人が朝鮮半島から入ってきて、アイヌ語を話す人々は完全に分断された。埴原和郎の東南アジア系の縄文人に北方アジア系の渡来人が混血し日本人が形成されたとする「二重構造モデル」である。アイヌ語（縄文語）と祖日本語（弥生語）が混在した。

卑弥呼の時代（3世紀）には、中国では三國志の時代で戦が続いたため難民が蓬莱（中国の神話に出てくる東にある理想郷）を目指して朝鮮半島を通って東に移動し日本に渡来してきた。ヤマト王権は魏と組んで狗奴国を圧倒して統一に向かった。結局、古墳時代にまでに多くの渡来人が何重にも入ってきて、渡来人は東北まで入り込み続縄文人と古墳人が混在した「中間地帯」が東北北部にまで現れ、毛皮と鉄器の交易地帯になった。

〈北海道：続縄文時代〜オホーツク文化期〉

縄文時代末期から人の動きが激しくなり、本州が弥生時代となった北海道の続縄文時代は、人の活発な動きで各地で色々な集団が生まれた。カムチャッカの集団が南下し、千島列島か北海道で続縄文人と混合して1950年前にオホーツク人集団が生まれた。この動きは阿頼度島という大きな山がカムチャッカから北千島に移動するという伝説に残っていた。

オホーツク人集団は交易のため稚内、利尻・礼文島、南サハリン辺りに到達し、そこで今から1600年前頃にアムール集団とさらに混合するという説が出されたが、これはなくても説明できるらしい。しかしアイヌの伝説には利尻島がサハリンから現位置に移動したという話があるので、交易のためかサハリンを北から南下する人の流れはあったと考えられる。

航海が得意なオホーツク人集団は、まず交易のため日本海側の海上を南下していった。本州では太平洋側の交易拠点や日本海側では佐渡まで進んだようだが、弊賂弁嶋（奥尻島）が拠点になっていた。阿倍比羅夫が渡嶋（北海道）にまで来て、救援を求めた渡嶋のエミシ（続縄文人）のために粛慎（オホーツク人）を退治した記録（日本書紀）もある通り、日本海側では続縄文人とオホーツク人は交易上の敵対関係にもなった。

オホーツク人集団は日本海側進出の後、オホーツク海側では、まずモヨロ、目梨泊の拠点集落を造り（大陸との交易品あり）、トコロにも大きな集落を造りながら、先祖がいた方向の知床半島から千島列島に進み北千島に到達した。カムチャッカ半島には明確な痕跡は残ってないが当然到達していたと考えられる。オホーツク人もアイヌ語を使っていた可能性があり、そうするとカムチャッカ南部に残っているアイヌ語地名は、アイヌがカムチャッカ半島に到達する15世紀の500年以上前のオホーツク人が一部はもたらした可能性もある。オホーツク人はオオワシ等を追っていたのか、それとも故郷を目指したのかは不明だが、15世紀のアイヌのカムチャッカ半島到達に繋がる動きだった。

〈擦文時代〉

東北北部の太平洋側の続縄文人と古墳人が混在した「中間地帯」の人々が北海道（苫小牧の太平洋側から札幌、石狩の日本海側にかけての石狩低地帯）に移住し交易を続けた。日本海側の阿倍比羅夫の遠征で日本海側が抑えられたことが原因らしく、この頃から日本海沿岸グループと太平洋沿岸グループに分かれていったらしい。江別には続縄文文化の中核をなす「江別文化」と呼ばれるものがあり、この頃、北海道では各地で色々な集団があり、それらはまとまってなかったが、それが道央の江別辺りで（石狩川流域）でまとまりを見せてきた。それが北海道の擦文やアイヌに移行していった。擦文人は交易品の生産と流通体制の確立のための集落を作った。北海道古墳もあったが、それはこのときだけのもの。

石狩低地の擦文人集団の西に動いた集団は時計回りに動き、稚内付近のオホーツク人は短期間に征服され元地式土器を残したが、東側に動いた擦文人集団は穏やかな人だったのか、道東のオホーツク人は日本海側と異なり、時間をかけて折衷文化であるトビニタイ文化を経て擦文人に同化していく。トビニタイ文化人は内陸でも暮らすようになり、サケ漁を行っていた。サケは毛皮と共に擦文人との交易品だったが、道東では日本海側のようにサケの本州への出荷は行われなかったらしい。オオワシ猟は、ボーラ猟から鉤針猟に変えて行っていた。北海道では擦文時代には住居にカマドがあったり墓がなくなったり大きく変わった。
利尻島、礼文島が千歳辺りから現位置に移動したというアイヌの伝説は、西に動いた擦文人が時計回りに動いて、稚内付近のオホーツク人を元地式土器を残す形で駆逐したことを示していると考える。

（南千島）

オホーツク人がオオワシの一大産地である根室海峡周辺、南千島を占めることに対して、擦文人はオホーツク人との中継交易を止め、自らオオワシの一大産地に出て行きオオワシ猟を始めた。11世紀末には南千島まで入っていった。

（サハリン）

10世紀末には擦文人はサハリン南部に進出し、オホーツク人と対立する一方で交流も進め、ここでも同化させていった。オホーツク人が暮らしていたサハリン南部では、近世ではアイヌによって占められ、ニヴフはサハリン北部に追いやられてしまった。
擦文人はもはや東アジアの辺境で孤立する純粋な縄文人ではなくなっていた。富を求めて交易を進めていく人達に変わっていった。アイヌの時代になると東北アジア、日本、中国をつなぐ交易へと進んでいく。

（北千島）

オホーツク人と擦文人が融合して生まれたトビニタイ人（11～13世紀）も北千島に進出したとの説があるらしい（羅臼町郷土資料館学芸員）。トビニタイ人はメナシアイヌの先祖と考えられる。
メナシアイヌも行ったのかもしれないが、カムチャッカ半島に残るペツ地名からすると、太平洋沿岸グループが行った可能性がある。擦文人に追い出されたオホーツク人が北千島へ行き、やがてこの地域のアイヌは15世紀後半～17世紀末にカムチャッカ半島にも居住したが、18世紀初頭にはカムチャッカ半島での居住を大幅に縮小し、19世紀にはカムチャッカ半島から完全撤退した。占守島ではカムチャダールとの混血もあった。占守島のアイヌは遥か後の明治時代に色丹島に強制移住させられる。

北千島のアイヌは、東のカムチャダールを「チュプカ＝グル」、西に住む人を「ルトン＝モン＝グル」と呼称し、北海道アイヌやサハリンアイヌとは別の民族であると認識していたとも言われ、また、北千島のアイヌは長期出漁（猟）型海洋適応を遂げていたとされている。これは、オホーツク人が北千島に到達してからアイヌがカムチャッカ半島南部に本格的に入るまでの期間（５００年以上）があったが、人は残っていて、この間に醸成されたということを意味しているのではないか。

〈北海道のアイヌ〉

考古学では、平地居住化と土器を使用しなくなった13世紀を擦文時代の終了、アイヌ文化の成立としているが、東北北部と北海道の日本海側では11世紀にはその状況となり、サハリンと本州を繋ぐ北海道の日本海沿岸の人々は、大きな経済力を持った。

毛皮、サケ、オオワシ等の本州向けの交易品の生産者がアイヌの時代になると、日本と東北アジアを結ぶ中継交易者がアイヌになった。

北千島、カムチャッカ南部には、15世紀に南千島から進出している。ラッコの毛皮とオオワシの尾羽の獲得が目的であった。

サハリンでは13世紀にアイヌが中国の王朝と接触している。元は現地のニヴフの訴えにより、サハリンに侵入してくるアイヌを排除するため派兵し、両者の戦いは40年に及んだ。アイヌは毛皮などの献納を条件に降伏して戦いは終わるが、これによってサハリンへの渡海と大陸産品の入手が安定的に行えるようになった。元と交代した明も朝貢交易を続け、明の力が失われるまで中継交易者としてのアイヌとの関係が続いた。

道南では15世紀に東北北部から渡島半島南端に武装した和人集団が進出し、十二館を構え交易の利権を争うようになった。ここでは対立する和人が目立つが、上ノ国町勝山館ではアイヌも独自文化を保って共存している例も見られる。勝ち残った蠣崎の松前藩が生まれ、和人地が出来た。

2. 千島列島ルートとは

北海道の北の入り口としてはサハリンルートがまず挙げられるが、千島列島ルートがクローズアップされることはあまりないように思う。しかし千島列島ルートは旧石器時代から人が通ったルートで、その役割は大きかったのではないかと思った。北千島では旧石器時代の遺物が出ており、寒かったが海面が低く通りやすかったのかもしれないと思ったりもする。ロシアの研究者によると、北海道、サハリン、千島列島、カムチャッカの広範囲で石材交換が存在していたとしている。古サハリン／北海道／クリール列島（Paleo-SHK）と呼ばれる半島があった頃から、北方だけでも広範囲にわたって石材交換が行われていたということが事実であれば、その行動範囲の広さは驚くべきものである。

縄文時代は中部千島、北千島ではほとんど遺物が見つかってない。本当に人がいなかったのか、ただ遺物が見つかってないだけなのかよく分からないが、縄文時代は中部から北では人が活発に活動していた時期ではなさそうである。

但し南千島は人が北海道との間で動いている。道東と南千島は一体化していた。ここで気になるのは道東から千島列島へ人が動くことを示すアイヌの伝説である。「藻琴山から槍を受けた摩周岳が国後島の爺爺岳の麓に行きさらに択捉島まで行った」という話である。これは続縄文時代の話かもしれないが、縄文時代の可能性もある。アイヌ語が南から北へ動いていったという証拠と見られる。南千島までは南からの人の活発な動きが感じられるアイヌの伝説である。

続縄文時代になると北から南へ動く人の流れも分かる。カムチャッカ半島から南下する人の流れである。アイヌの伝説では、カムチャッカ半島の山の阿頼度山が北千島まで移動したという話がある。おそらくこの話はカムチャッカの人がさらに南下して続縄文人と混合してオホーツク人集団が誕生することに行き着く。実はこれだけダイナミックな動きが千島列島にあったのだ。

その後、オホーツク人は千島列島に戻ってきた。北千島に痕跡が残っているが、カムチャッカ半島にも足を踏み入れていると思う。もしかしたら、千島アイヌがやっていたと言われる沈黙交易を既に行っていたのかもしれない。カムチャッカ半島南部に残されたアイヌ語地名の一部はオホーツク人の時代からのものかもしれない。千島列島ルートはオホーツク人にもよく使用されたルートである。千島列島では空白の時代があり、なぜその時期の考古物遺物が発見されないのかが問題になっているが、オホーツク人集団が北千島に達してからアイヌが南千島まで痕跡を残すまでの間もそれに該当すると思われる。

しかし、筆者はその間もオホーツク人集団に纏わる人が住んでいたと思いたい。

アイヌの時代になるとカムチャッカ半島南部から千島列島にはアイヌが住んでいて、カムチャッカ半島南部から北千島に撤退した後は、例えば文化年間にラショワ島アイヌが択捉島に渡来するなど交易活動が行われていた。菊池俊彦はカムチャッカ半島出土の寛永通宝とロシア側の資料から17世紀末から18世紀初頭にかけて千島列島の交易を具体的に明らかにしている[30)]。しかし18世紀初頭にはロシア人がカムチャッカ半島を経て千島列島北端の占守島に進出しヤサーク（毛皮税）を徴収したり、18世紀の中頃には江戸幕府が国後島に進出し、ロシアに対する幕府の政策がアイヌに影響を及ぼすようになった。ロシアや日本という国家が支配の手を伸ばしてくることによって、千島でのアイヌ同士の交易や生産活動が破壊され分断されるに至った。

3. 千島アイヌにしかないもの

千島アイヌにしかないものはテンキであろう。カムチャッカ半島を通じて北から来た文化と言ってよいだろう。アラスカ、カナダ等のアメリカ大陸まで繋がるものである。北千島にいつどのように伝わったものなのか全く分からないが、千島アイヌはそれを受け継いでいる。人の移動と一緒に伝わったのではないかと思う。原料となるハマニンニクは北千島には豊富にある。筆者が阿頼度島で撮った写真には、砂地で条件がよいためか大量のハマニンニクが写っていた。

またコロポックル伝説のコロポックルも北千島のアイヌらしい。北千島に残ったアイヌは、北海道アイヌともサハリンアイヌとも別の民族と自認していたとされるが、竪穴に住み、土鍋を使い続けたアイヌ社会の中でも特別な存在となったのだと思う。

北千島のアイヌはカムチャッカの北からの文化（テンキなど）の受け手であり、北海道からみると古風なアイヌ文化が残る人達と言える存在だったのではないであろうか。

4. アイヌの伝説

アイヌの伝説の中で「山が動いた」という話は「人が動いた」と考えると見え方が違ってくる。アイヌの伝説の中には興味深い事実が隠されているものがあると思う。筆者が注目すべき点を再度列挙すると、次の通り。

（北方から南へ動く人の動き）

・阿頼度島がカムチャッカ半島から北千島へ移動したという伝説：カムチャッカ集団と続縄文集団の混合でオホーツク人集団が誕生したことを示す今から１９５０年前頃の話。

・利尻島がサハリンから現位置に移動したという伝説：当初オホーツク人集団誕生の２回目の混合を示す北からの人の動きと考えたが、最新の研究では既にオホーツク人集団が誕生していたらしく、１６００年前頃の続縄文時代のサハリンから人が入ってきた動きを示している。

（北海道から千島列島へ動く人の動き）

・カムイヌプリが国後島、択捉島まで移動したという伝説：北海道島北部アイヌ（続縄文人）が南千島に移ったことを示している。オホーツク人集団は北千島まで、アイヌはカムチャッカ半島南部まで北上したことにも繋がる。

（道央部から利尻島、礼文島へ動く人の動き）

・千歳から利尻島、礼文島が現位置に動いていったという伝説：道央の擦文人が西に動いて北上し時計回りに動いて稚内周辺のオホーツク人集団を追いやった話。

・礼文島が目の前に来るのを見て、サハリンへ逃げていったという利尻島の美しい神の伝説：擦文人に追われるオホーツク人集団の話。

（文献）

30）菊池俊彦「カムチャッカ半島出土の寛永通宝」『北からの日本史第2集』（三省堂、1990年）

あとがき

『「シレトコ岬の法則」を考える』を執筆中、千島列島が気になってしかたがなかった。千島列島は北海道の知床半島からカムチャッカ半島まで続く列島であると言えるが、よく見ると千島列島の国後島は北海道の知床半島の東側であり、そこから北へ続く千島列島はサハリンの中知床岬、北知床岬の東側に位置する。そこで当初は本書のタイトルを「シレトコ岬の東側」ではと考えたが、旧石器時代の人の動きの重要性を知るにつれ、シレトコ岬には拘らず人が動いたルートとしての千島列島を主体的に考えるようになった。ホモ・サピエンスが日本列島に来てから北海道の知床半島が誕生するのは縄文時代になってからである。

ＤＮＡ解析からオホーツク人がカムチャッカの人と続縄文人の混合で誕生したという研究成果には驚いた。これはオホーツク人に関する従来の定説を覆すものだし、続縄文時代に人がカムチャッカから千島列島を通った可能性を示すものである。オホーツク人の謎が完全に解ければ、かなりすっきりしてくる。

筆者は、若い頃に阿頼度山登山のために行った北千島を特に思い出し、そのときの記録や写真も見直してみた。またカムチャッカの山に遠征したときの記録や写真も見直した。もう二度と行くことができない世界であろう。そのときは考えなかったが、旧石器人が通り、オホーツク人、アイヌも来た世界であることを実際に行ったことのある人間として改めて想像してみた。視点を変えると発見はあるので面白い。

オホーツク人はカムチャッカ半島までは到達してないという説もあるが、それは信じられない。占守島からカムチャッカ半島のロパトカ岬まではあまりにも近いし、彼らの行動力からするとカムチャッカ半島に上陸しない理由は見当たらない。確かに決定的な証拠は見つかってないのかもしれないが、旧石器時代から人の行動範囲は我々の想像をはるかに超えている。長期間にわたってカムチャッカ半島から千島列島、北海道、サハリンまで広範囲に行動していたようである。

改めて別所二郎藏の『わが北千島記』を読むと、発見があった。別所二郎藏はとても卓越した人物で、この人が記していることにもっと注目すべきであると思った。特にモヨロ人（オホーツク人）がアリュートとアイヌ（続縄文人）の混血とアイヌ（続縄文人）からなる集団であり、先祖の所（北千島）に戻ってきたを示唆していることには驚いた。また、千島アイヌについて詳しく説明している部分は参考になると思われる。長年、占守島に住んだ人は他にいないし、独自で磨いた見識を持って書いている。占守島は、確かに桃源郷だったのであろう。

今後、この地域の考古学的発掘が進み難いことを考えると、ロシア側の調査結果の入手は重要であろう。今後、ロシア側との関係が正常になり、交流が進むようになってほしいと思う。また、考古学以外の科学（医学、気象、火山、植物、化学分析、地中熱など）の幅広い視点も重要で、様々なデータを入れた視点で考察していく必要があるだろう。さらに今の考古学者は無視するであろう前記別所二郎藏の『わが北千島記』や他の文献、アイヌの伝説なども読み解くことも重要で、現状を打開できる説を考えるきっかけになるかもしれないと思う。

■著者プロフィール

大谷　和男（おおたにかずお）

1960年、広島市に生まれる。

主に関東地方に育ち、大学時代に北海道特に知床に魅せられ、社会人となり、関東地方から北海道の山を目指す登山を開始する。ライフワークは知床から千島列島、カムチャツカ半島。埼玉県深谷山岳会OB。仕事は化学会社（昭和電工）の技術者（2021年5月に退職）。2005年1月〜2008年4月まで上海に赴任。上海滞在中に中国を知る。2021年以降、毎年5月〜10月を北海道で暮らし、北海道の旧石器時代〜アイヌの時代について調査している。

著書に『千島列島の山を目指して』『上海駐在員が歩いた中国』『続・上海駐在員が歩いた中国』『3つの知床岬とサハリン』『中国、モンゴルの砂漠を訪ねて』『「シレトコ岬の法則」を考える』がある。

古代千島列島ルートについて考える
旧石器時代のホモ・サピエンスも通った北海道とカムチャッカ半島を結ぶルート

2024年12月19日　第1刷発行

著　者　　大谷和男
発行人　　大杉　剛
発行所　　株式会社 風詠社
〒553-0001 大阪市福島区海老江5-2-2 大拓ビル5-7階
Tel 06（6136）8657 https://fueisha.com/
発売元　　株式会社 星雲社（共同出版社・流通責任出版社）
〒112-0005 東京都文京区水道1-3-30
Tel 03（3868）3275
印刷・製本　シナノ印刷株式会社

ISBN978-4-434-34910-2 C0025